● 柴效武 著 ●

以房养老漫谈

人民出版社

目　录

障基金寻找到收益稳定的出路吗？以房养老能否推动房地产金融的发展呢？

四、以房养老开创了家庭投资理财的新思路

"穷有穷养，富有富养"这个老观念是否已经过时？在推行以房养老后，还能否做到养老、遗产继承两不误，甚至还能应付不可预知的大病、重病呢？以房养老能否成为人生理财的新规划？以房养老能否促使家庭经济资源有效利用和配置，成为家庭资产管理的有效工具？

五、以房养老是养老保障的新思路

在家庭养老功能弱化的趋势下，以房养老能否成为整个保障体系的有效补充呢？以房养老只会在短时期内存在吗？以房养老能成为未来养老保障体系的一大支柱吗？以房养老是积极主动的选择，还是迫不得已的无奈之举呢？以房养老能否缓解养老保障的代际矛盾？

六、以房养老是金融业绩的新增长点

银行何时会推出倒按揭业务呢？以房养老存在哪些具体操作困难？购买住房需要考虑哪些因素？怎样购买住房才算够本？老人的住房能换多少现金？倒按揭业务的开办存在哪些风险？如何在有条件的城市先试点以房养老？

老年人愿意一辈子凑合下去吗？老人如何更好地潇洒明天？人为了房子花费了太大的代价,房子对人又能做些什么事呢？老人如何通过以房养老保持自己的体面和尊严？老年人一定要为子女留遗产吗？以房养老如何做到防止不孝子女私占老人资产？

倒按揭就等于替银行打一辈子工吗？以房养老会不会拉大贫富差距呢？以房养老是"算计"我们的下一代人吗？以房养老是穷人为富人养老吗？大家对住房拥有哪些权利呢？以房养老是国家试图推卸自己对公民的养老责任吗？参与以房养老后国家会减少养老金给付吗？

我国未来的房价走势如何？以房养老是否会拉抬房价呢？以房养老的顺利实施需要房价持续坚挺吗？政府面对居高不下的房价应该做些什么呢？普通老百姓在面对高房价时为何往往陷入两难境地？为何说应先降房价再谈以房养老呢？

以房养老如何更好地考虑中国国情呢？为何说以房养老既不是个人单枪匹马能做到的，也非某个金融保险机构的力量就可以顺利完成的，必须政府出面才能取得最好的效果？农村的以房养老前景如何？住房使用期70年会干扰以房养老吗？倒按揭缘何牵涉众多方面？以房养老有什么风险？

政府官员和学者如何评议以房养老？资深金融专家如何看待以房养老？普通大众对以房养老的反映如何？人们对以房养老这个新生事物主要还有哪些疑虑呢？积极赞成者、有保留意见者和坚决反对者之间是如何论战的？

前　言

用老年身故后遗留房产价值的提前变现来保障生前的养老,可谓用"死后的钱圆生前养老的梦"。

一、第三个老太太的提出

中国老太太与美国老太太天堂对话的趣闻,尚在耳畔未曾消逝,来自 N 国的第三个老太太又带来了新的理念。如果说美国老太太的引入,为国民按揭贷款购房提出了新的思路,大大推动了我国的住房建设,使得亿万老百姓提早住上了新房,用"明天的钱圆了今天的梦",我们设想的来自 N 国的第三个老太太倒按揭以房养老的话题,则为我国的养老保障增添了新的操作模式,使得养老的沉重负担变得较为轻松一些,用老年身故后遗留房产价值的提前变现来保障生前的养老,可谓用"死后的钱圆生前养老的梦"。

以房养老是将住房与养老两大事项,通过金融保险或非金融保险的机制与手段,进行组合融会后的产物。以房养老是养老保障的新思路,金融保险产品的大创新,住房在养老保障功能方面的扩张,是理论和实证上的极大创新。以房养老模式的实施,是波及面广、影响力强,关联到养老保障、房地产、金融保险、财政税收、新闻媒体、科研机构等社会各界,是一项综合性的"社会福利工程"。

虽然目前我国还不完全具备实施以房养老模式的应有条件,在思想观念、政策法规、金融技术平台等方面,也有不少问题值得商榷,但是这一理念的提出,及建立在其上的多种具体操作模式的运用,仍然具有非常鲜明的现实意义,是可以对社会、家庭、个人等多个方面都发挥积极功用的。

一对独生子女夫妇要同时赡养四个或更多的老人，这个问题应当如何妥善解决呢？

二、老龄化的状况与养老的严峻趋向

目前我国的老年人口还只有1.5亿人，在大多数家庭中，还是数个子女养育一个或两个老人，大家已经喊道老龄化危机是"狼来了"，无法承受，养老成为重大负担。据人口学家预测，到2040年，我国的老年人口将创记录地达到4.2亿的天文数字，比现在要多出好几倍，占全部人口的比例达25%—30%之多。京、沪等特大城市的老年人，还将达到全部人口的35%之多。在具体的微观家庭中，不再是数个子女养育一个老人，很可能是两个子女要同时养育四五个老人。

更为现实的是，大量数据表明，随着时代的推移，因独生子女政策的推行而引致的"四二一、四二二"式的家庭模式，将在我国大量出现。到那时，每个家庭都是由独生子女组成，一对独生子女夫妇要同时赡养四个或更多的老人，这个问题应当如何妥善解决呢？单纯讲要靠子女，但扪心自问是否靠得住呢？不要说子女可能不孝顺，即使说子女非常孝顺，但面对工作社会的激烈竞争，还要再考虑自己的孩子与家庭，也是力不从心，子女应当先顾及哪一头呢？

随着家庭两代人之间代际矛盾的加深，众多核心小家庭的涌现，家庭"空巢化"将比比皆是。家庭发展将呈现小型化、核心化趋势。家庭养老功能弱化的趋势，是一个难以逆转的潮流。在这种人口的"倒金字塔"面前，将来家庭赡养老人的义务将变得相当沉重。这就需要人们采取更适应时代发展的新型养老方式。

大家在没有养老的后顾之忧后，存钱养老的观念就会淡化，消费意识将发生较大转变。

三、以房养老的积极功用

以房养老需要给予说明的话题颇为众多，本书仅对以房养老模式的实施，可以对社会各个方面发挥的重大功用，以及还存在的某些问题给予说明。全书开篇之前首先对以房养老的功用给予概括性地总体描述，具体内容将在书中分别做介绍：

1.老年人出售自有住房以养老，可有效地解决养老资金来源问题，减轻老人和儿女的养老负担，有利于调节家庭经济生活，为家庭拥有资源的优化配置、效用提升提供一种新的思路，使他们的晚年生活和医疗健康等方面得到可靠保障。大家在没有养老的后顾之忧后，存钱养老的观念就会淡化，消费意识将发生较大转变，买房不仅可以居住消费，更是投资和养老保障的有效手段。

2.以房养老可极大地增加老年人的收入来源，刺激和挖掘老年人的消费潜力，大大地激活房地产交易市场，从而可带动50多个相关行业的增长。这就拉动了内需，形成国民经济持续快速增长的新动力。这在我国消费疲软、内需不振的今天，是非常必要的。

3.养老保障增加了新思路，传统的养老寿险的内容就可大大减少，可促使大家将较多的钱财用于对住宅的购买，增强中老年人购建住宅、改善生活居住条件、营造晚年幸福生活的积极性。

4.老年人身故后遗留住房的价值予以提前变现，遗产继承及遗产税交纳的事项将大大减少，为家庭税收筹划起到相当的功效。

5.将家庭的房地产、养老保障与金融保险投资三者有机地联系在一起,放在家庭的整个生命周期中予以有机配置,实现资源运用效用的最大化。

6.倡导老人自我保障、儿女独立自强,将我国目前两代人之间的过度依赖,改进为相对的自立自强。老年人不再单单依靠儿女来养老,儿女们也不能依赖父母的遗产讨生活。这就可以组建起适应市场经济体制的新型代际关系。

7.为国家、社会与家庭解决养老保障问题,开拓一条有益可行的思路,同时保证了社会弱势群体的生活安定和社会稳定。

8.以房养老可使住房同时发挥生活居住场所、投资融资手段与养老保障工具的三重功用,并由此在传统的儿女养老和目前的货币养老的基础上,增加第三种养老模式——以房养老,大大加固了养老保障,为应对老龄化危机提供了新思路。

9.以房养老在减轻社会保障体系压力的同时,还将突破目前严格的分业经营体制,推动银证保投一体化与混业经营在我国金融业的实现,促进银行、保险公司等金融机构的业务达成多元化转变,使得金融机构将社会责任和盈利目标紧密地结合在一起。

10.以房养老将金融投资、养老保险、社会保障与购房养老等不同工具相联系并有机融合,可形成新的金融保险系列产品,实现金融保险工具创新,给金融机构特别是商业银行带来新的业务和利润增长点。

11.以房养老的实施,将为巨额的保险资金寻找到安全、收益稳定可靠的投资出路,实现寿险资金"从养老中来,到养老中去"的新型循环机制。从长期来看,寿险资金投入房地产是很适宜的。

倡导老人自我保障、儿女独立自强,将我国目前两代人之间的过度依赖,改进为相对的自立自强。

以房养老模式的构筑，涉及房地产、金融保险、养老保障三大领域，关联伦理道德、法律法规、社会家庭、人口、土地等多个学科。

12.以房养老模式的构筑，涉及房地产、金融保险、养老保障三大领域，关联伦理道德、法律法规、社会家庭、人口、土地等多个学科，具有相当的理论研究价值。

13.以房养老模式的构筑，涉及住宅资产的价值评估，预期存活寿命的精算与大数定理，巨额购房养老资金的筹措、营运及投资管理，将对相关部门的工作带来一定推动效用。

14.以房养老模式的具体实施，需要考虑到国家相关法律政策、规章制度的构建等多方面内容，考虑特定机构的抉择、各方利益当事人的权责利关系界定和分工等，将为丰富、深化相关法律法规的研究提供大量丰富的素材。

一、以房养老是公众思想观念的大解放

我们提出以房养老的新思路，并在对各个社会层面的人员进行调研时，遇到的一大问题，就是大家在观念上能否顺利接受这一新的理念。当然，限于大家的观点不一，对同一事物的看法也是见仁见智，见解各有不同。这对以房养老行为的推行而言，是一件大好事。有比较才有鉴别，有争论才可能分出是非。以房养老模式的实施，正是对公众思想观念的一种大解放、大启迪。

在以房养老行为能否实施的问题上，遇到的最大障碍是观念问题。

（一）以房养老理念的实施与观念之争

在以房养老行为能否实施的问题上，遇到的最大障碍是观念问题。在我们东方人的思想深处，养儿防老、遗产继承的观念可谓是根深蒂固。养儿就是为了防老，防老就须养儿。作为回报，父母死亡后，包括房产在内的遗产顺理成章地归由子女继承。许多传统观念浓厚的老年人，还将如何能为子女遗留更多的遗产，视为人生的最大目标。

上海开展了一次有关以房养老的相关调查，统计结果显示：上海90%的城镇老人和85%的乡村老人希望在家中养老。

老人在决定养老模式时，传统观念的力量还是很强大的。

目前，上海有8.9%的老人独居，36%的老人与配偶单独居住，却不愿进入社会养老机构。由此可知，老人在决定养老模式时，传统观念的力量还是很强大的。

观念之一：传统的家庭和继承观念。"房子作为遗产的最重要一部分，总是要留给子女的"。杨浦区政立路580弄的多位老人表示"以房养老，把房子养没了，难以理解"。

观念之二：老年人的生活观念。陈晟认为，以房养老的主要目的是保证老人维持原有的"有尊严"的生活，但记者采访的大部分老人认为"吃、穿、住、用、行样样不缺，偶尔还能出去旅游一趟"，这就满足了。美国老太太那样拿着倒按揭的钱满世界转，暂时还不可能成为普通国人的养老常态生活。

> 杨浦区国定路600弄小区一位65岁左右的大妈对记者说："虽然我每月只有八九百块的退休金，吃饭什么的也够了，年纪大了也没什么更多的要求。目前自己虽有一套房子，但我不会把房子抵押的。"
>
> 陈晟是上海市老龄科研中心的一位专家，在接受采访时对记者明确表示，无论是从理性方面还是从情感方面考虑，都愿意接受以房养老模式。陈晟笑着对记者说："我想，我可以在退休前努力购买多套房子，而且多余的住房未必会留给子女。"

笔者在平日经常做有关以房养老的讲座或接受相关的采访，在对社会公众、学生宣传以房养老的理念时，大家对以房养老纷纷表示赞同的同时，又莫不对其能否真正推行，给予种种怀疑。最大的阻力还是个观念问题，是几千年来流传的养儿防老，遗产继承的观念，能够真正地打破吗？即使说，2006年的"两会"后，众多媒体组织的各种以房养老的调查中，质疑最多的还是个观念问题，大家能否接受这个很超前的理念呢？

我们谈到了三个老太太之争，从中国老太太的储蓄购房到美国老太太的抵押贷款购房，这个意识的转换与行为模仿，是较快的。从国家相关政策的纷纷出台，到居民百姓的纷纷跟进，踊跃贷款购房；从开始时银行仍有相当顾虑，到最终争相出台种种优惠政策，住宅按揭被视为金融界最优质的一块资产。这都表明大家很容易就接受了贷款买房的新观念。否则，我国的房地产业发展的速度，绝不会有如此的功效卓著，城市的面貌改变、居民的住房改善，绝不会像今日的这样焕然一新。

从美国老太太的贷款买房，到第三个老太太的倒按揭用房子养老，这一观念的传播与接受，则还需要相当长的时期，绝非一蹴而就之事。中国老太太到美国老太太的转化，只触及到储蓄消费还是贷款消费的问题，观念影响小，牵连问题少，不确定因素不多，居民操作无太大障碍，金融机构开办这一业务也无太大风险。

从美国老太太到第三个老太太的转变，则是对数千年来养儿防老、遗产继承的传统观念的大演变，它直接触及人们思想观念的最深处，进入父母与子女这一人际关系间最为隐蔽的深处。比如，传统的养儿防老的观念该如何突破？什么样的措施才能照顾到老人与子女的感情？东方人的观念是父母把房子留给子女顺理成章；如搞什么"以房养老"，则可能会让子女承受不必要的舆论压力。大家会有某种错觉，一定是子女对父母非常不孝顺，才迫使父母采取了以房养老这个"下策"。父母有这种顾虑，即使知晓这一模式千好万好，也不大愿意亲身去尝试；子女顾虑大家可能会有的种种想法，也会极力阻挠父母这样做。

传统的养儿防老的观念该如何突破？什么样的措施才能照顾到老人与子女的感情？

3

对绝大多数的中国老人来说，房产是他们最大的一笔财产。

（二）以房养老是对传统养老观念的挑战

以倒按揭为代表的以房养老的模式提出后，各种新闻媒体上众说纷纭，展开了一场几千年来流传的"养儿防老，遗产继承"的观念是否变革的大辩论。

对绝大多数的中国老人来说，房产是他们最大的一笔财产。按照传统，老人通常会把房产留给愿意照顾他们的子女。很多老人认为，赡养老人是子女应尽的义务，用外人给的钱养老，无论是老人还是子女，在面子上都说不过去，都不会接受"以房养老、死后卖房"这样的观点。这一观点正好击中了我们传统观念的"要害"。随着经济发展和人口流动的加剧，我国的传统家庭观念已经有所改变，以房养老模式不仅纷纷为广大老年人接受，也可以期望在中青年人中扎根。

在考虑到中国国情的基础上，多数中国人的养老观念还由老观念左右着。如美国是一个移民国家，房子对他们来说只是一座房产。但在中国，房子代表的是"家"，抑或还是自己的"老根"。北京大学社会学教授夏学銮说，目前以房养老与中国人传统的价值观念有所冲突。在调查中，老人们也说不愿接受以房养老的最大理由，就是怕孩子们有意见，会对老人撒手不管。

有人说，中国几千年的传统思想就是"养儿防老"，现在提出以房养老的新模式，是难以接受的。我想大多数中国人也会难以接受。还是"养儿防老"更为现实一些，当你老了以后，衣、食、用、住、行都需要有人照顾时，自己的儿女在身边总会显得更体贴、更亲切一些。老人最怕孤单，有儿女在身边就踏实一些。另外，养儿防老无后顾之忧，不会担心透支。反之，参与了以房养老，需要靠银行或其他外人来照顾自己的衣食住行，这使老年人感到凄凉，假如自己活的岁数大一些，用于以房养老的那部分房产价值不会出现透支吗？所以有相当一部分人还是赞成"养儿防老"！

对中国老人而言，养儿防老的观念根深蒂固，即使有房产身后也一定要留给子女，否则总是感觉对子女有某种亏欠。若选择倒按揭，无疑是对这个传统道德的"底线"提出的挑战。尽管倒按揭的适用人群十分庞大，随着老龄化的进程加快，未来适用人群还会更为浩大；但国情有别，真正愿意接受倒按揭的受众人群又有多少？这才是倒按揭是否可行的关键。

> 一位房产中介公司的市场总监说，中国人习惯将财产留给子女，对绝大多数的老人来说，房产是他们最大的一笔财产，按惯例老人通常会把房产留给愿意照顾他们的小辈。深圳某理财师也持同样的观点，认为目前大多数老人不会以放弃亲情和关爱的方式来换取现金。这位理财师也表示，只有那些"丁克"家庭或是子女较为富裕、老人比较开通的家庭，以房养老才是一种合适的新选择。当以房养老的作用范围，从孤残老人拓宽到一般老人时，便遭遇到了强大阻力。

从某种角度而言，我们推出以房养老的新养老模式，是否就是要将此制订为一项法规，大家必须要照此办理呢？并非如此，这一模式的推出，只是为大家的养老多了一种选择。多一种选择总是比少一种要好。有愿意实施以房养老的，也有目前还不愿意实施这一方案的。有众多的老年人可能财大气粗，银

> 若选择倒按揭，无疑是对这个传统道德的"底线"提出的挑战。

5

对传统观念的注重是对的，但不需要过于看重这个传统观念。

行有众多的存款，不必借助于以房养老；也有许多老人人穷气短，尚未拥有属于自己的住宅，自然是谈不上以房来养老。这些都是正常的。

（三）传统观念需要关注但不能过分看重

以房养老模式的推出中，遇到的最大阻力就是所谓观念，或曰不合中国国情。笔者认为这个观念障碍无疑要重视，但没有必要将它看得高于一切，不能老拿观念做借口"说事"，原因是：

1.人的观念并非板上钉钉，一成不变。对传统观念的注重是对的，但不需要过于看重这个传统观念。否则，我们的国家就不需要进行任何改革，只要一直遵循着传统观念好了。这就不会有今日的大好生活，不会有今日大家思想观念的变化如此快捷。在目前的状况下，还会变得相当快。随着经济形势的转化、时代的演进和家庭财富的集聚，人们的思维走向多元化，人生的种种选择也将趋于多元化。人的观念会随着经济社会的变化而发生相应的改变。

从1979年的经济体制改革以来，至今只有三十年的历史，我国已经发生了翻天覆地的变化，公众的观念，更是与以前有着天壤之别。在现在的市场经济社会里，大家的观念又是如何呢？早已是天翻地覆慨而慷了。我们还不妨再设想，我们在30年以前的观念是如何，现在又是如何，到了30年之后，人们的观念又将会演变到何种程度。30年之后大家的观念会呈现为何种情形，现在不大好猜测。但值得肯定的是，不论社会和人的观念是如何变，肯定是向符合大多数人的理性的方向改变，向更能够解决实际养老问题的方向改变。目前，大家对以房养老还不能完全接受。未来的老年人，今天的中年人甚至年轻人，或许在将来都会成为倒按揭的中坚力量。

2.社会存在决定社会意识，社会意识又影响人们的社会行为。在严重的老龄化危机面前，以房养老已经不是大家是否乐意为之的话题。即使说大家不希望推出以房养老，在未来的老龄化危机的压迫下，也迫使大家不得不走这一条路。

3.我国人口众多，市场特大。虽说按照某些社会调查，目前对以房养老模式持反对意见者占到60%，但这正好说明还有40%的人是能够认同这一养老理念的。这就是一个很大的数字。即使说有90%的老年人，将来不会参与以房养老业务，反过来也说明还有10%的老年人乐意参与这一事项。10%的数额是多大呢？我国目前有1.5亿老年人，将来到2040年，老年人将达到4.2亿。目前，我国城市家庭拥有住房资产的数额有多大呢？经笔者的大致预测，有40万—50万亿元之多。这正是一个天文数字。

4.今日不大能够接受以房养老理念的，主要是年龄较大的人员，这毫不奇怪。老年人本来接受新事物就要慢一些。中青年人士赞成以房养老的比例，就要大得多。中青年人士会以自己的实际行动，对老年人产生重大影响。再过若干年后，正是我国老龄化危机最为严重的时期。目前的中年人到那时大都已退休在家，接受以房养老就是顺理成章之事。

大家习惯认为，老年人相较年轻人而言，思想观念保守，更不容易接受以房养老的做法。事实上，根据我们多次访谈和问卷调查，反而是老年人对这一事项更有兴趣，也更有切身体会。

以房养老在中国并非仅仅停留在口头,供人们在闲暇之余讨论。

有位70岁的老爷子听了以房养老的宣传后,就深表赞同,还在报纸上发文《养儿子不如养房子》,意思是养个儿子要花销数十万元,养个房子同样要开销个数十万元,但房子是绝对听话且能增值保值,儿女在幼小时是儿女,长大后却不一定能靠得住。文章发表后引来众多非议,持有相同意见者也不在少数。这是发人深省的。

5.以房养老在我国的推出,并非一蹴而就之事,尤其是其中的倒按揭贷款,因其业务的复杂性,联系的广泛性,从目前的宣传倡导到方案制订、产品策划到最终的实际推出,需要一个较长期的过程。即使这一业务真的推出了,我们认为也需要假以相当的时日,才可能达到轰轰烈烈的程度,真正为多数人所接受。在这个过程中,经过大量的宣传引导,会有更多的人士观念出现转变,踊跃加入到以房养老的队伍之中。

(四)以房养老是人们思想观念深处的大革命

以房养老在中国并非仅仅停留在口头,供人们在闲暇之余讨论。事实上,很多地方已经开始了以房养老的实践。

家住上海市徐汇区的张先生夫妇退休后,将市价60万元的产权房出售给某金融机构,每月能从该机构领取2000元。夫妇俩过世后,该金融机构将住房向社会拍卖处理。这就是目前上海公积金管理中心正在研究的以房养老方案的雏形。

在目前的独生子女政策下，"四二一"家庭将成为未来家庭的主体形式。我国的人口年龄结构将呈现一种"头重脚轻"的态势，单单依靠一对中年夫妇，是绝对不可能同时赡养两对老年夫妇和一两个子女的。依照今日大家的寿命，老年人死亡大致上都在七八十岁左右，此时的儿女也都在四五十岁左右，都有了自己的房屋。四个老年人死亡后遗留的两套住房，也难以成为两个中年子女的迫切需要。这正是"儿欲养父力不支，父欲赠房儿不欲"。在这种状况下，退休老年人用自己的住房来养自己的老，就完全是天经地义的。事实上，父母乐意办理以房养老时，还减轻了子女在赡养父母行为中沉重的经济负担，对父母或子女来说都是一件大好事。

当以房养老的理念逐步渗透到人们的思想深处时，变化也就在一点点地发生。

尽管在中国目前，还存在着种种制约以房养老得以顺利推行的因素，但不可否认的是，这种思潮已经深深地影响了人们的观念。以房养老带来了人们思想深处的一场革命。在这场思想革命的过程中，第一个得到好处的应该是老年人。以房养老带来的思潮还在继续，这场思想深处的革命也将会进行到底。

每一场新型理念的思潮，都会推动社会的极大前进；每一次观念的洗礼，也必将带动社会随之发生相应的变革。当以房养老的理念逐步渗透到人们的思想深处时，变化也就在一点点地发生。这种过程就像是化学反应，原有社会及人们的生活状态在某种催化剂（某一理念或观念）的调节下，产生了质的变化，新的社会形态及人们的生活方式也随之产生。当然，这其中的变化可能是局部的小变化，也有可能是想以房养老涉及社会家庭、房产养老、金融保险等多层面、全方位的大变化。但无论变化是大还是小，人们都会深深地感受到与原来的不同。

真正到了老龄危机滚滚而来之时，恐怕不是大家是否乐意大家真正认识到以房养老的极大优越性后，也就无所谓怕这怕那了。

以房养老，而是时势在强迫着大家必须在儿女养老、货币养老的同时，也将房子养老作为一种重要的养老方式。假如，以房养老真正成为一种社会潮流，成为大家喜闻乐见的一种养老方式，大家真正认识到以房养老的极大优越性后，也就无所谓怕这怕那了。

即使说在今日，以房养老的观念才刚刚开始宣传，就立刻得到公众的热烈拥护，这是很了不起的，也大大出乎我们的预料；即使说有许多人因为各种原因，不一定会参与以房养老；但大多数人还是认为这种方法不错，值得推广。真正感觉到怕这怕那的固然有，但只是很小部分。我们在这种社会风气面前，更应当解放思想，消除顾虑，积极参与到这一事项之中。

（五）以房养老影响着人们的思维方式

以房养老的好处，经过大家的深入发掘，七嘴八舌地集思广益，还真找出不少。

有位高明人士就这样谈道，"实践是检验真理的唯一标准，在一项新事物出现之后，势必会有一些反对的呼声，但也应该看到需要它的人的迫切呼唤。以房养老究竟怎样，需要经过市场的严峻检验。我相信只要这个想法能够很好地付诸实践，势必会得到积极的效果。也许当每个家庭、每一代人都享受到了以房养老带来的好处时，就不会再有人在乎父母是否把房子留给自己了。到那个时候，以房养老不仅改变了人们的生活方式，更改变了中国人乃至全世界的思维方式。"

一、以房养老是公众思想观念的大解放

这位人士对以房养老的评价甚高，认为它"不仅改变了人们的生活方式，更改变了中国人乃至全世界的思维方式"。这一提法拔得过高，我们愧不敢当。但以房养老理念的提出，可以对经济、社会、家庭，对养老保障和房地产业的发展发挥重大功用，进而改变、丰富人们的思维方式，或者说对改变、丰富人们的思维方式带来新的启迪则是必然的。

以房养老的一个典型做法，即国外目前正在广泛推出的反向抵押贷款，在我国又俗称倒按揭。

以房养老的一个典型做法，即国外目前正在广泛推出的反向抵押贷款，在我国又俗称倒按揭。何谓"反向抵押贷款"和倒按揭，意指它同正常的抵押贷款相比，一切都是运用反向思维的手段，行为手法都是"倒"着来的。这个"反向"和"倒"着思维，是如何表现的呢？这里随意举出几例看看：

1.正常住房抵押贷款的目的，是用金钱来买房子，是在买房资金不足时申请贷款来购买，然后再在工作期间逐步归还贷款本息；倒按揭的申请目的，则是用房子来换取金钱，是养老资金不够用时，以住房为抵押向银行申请贷款，最终在自己身故后用房子来还贷。

2.正常抵押贷款运营的结果，是将大量的货币凝结为可以居住的房屋；倒按揭贷款的结果，则是将这种已经凝结在住房中的资金重予以释放，使它重新变成货币用做晚年生活中的养老资金。

3.正常抵押贷款只有在人们中青年时代才可能操作。在目前的情况下，如某位老年人仍然期望从金融机构贷款买房时，按照规定这种期望往往是要落空的；倒按揭贷款则是正常贷款在大家晚年退休时的延续，如某人期望在中青年时代就做用房子"养活自己"的美梦时，这个如意算盘往往敲不响。年轻时正是赚钱的大好时机，这时就要"吃"房子过活；到了老年时

代，又应当"吃"什么呢？

4.正常抵押贷款的风险会随着时间的推移款项的归还而变得越来越小；倒按揭贷款的风险则是随着时间的推移，老年人向金融机构借款的数额及累计利息日益加大而逐年加大的。

5.当我们将住房看做一个生命体，并对住房与金融的关联度作出全方位思考时，正向抵押贷款瞄准的是住房的前半生，是在人们购买住宅感觉资金短缺时采取的有效手段，并在以后的一段时间里归还上这笔贷款；倒按揭贷款则是瞄准着住宅的后半生，是在人们感觉养老缺乏资金的有力保障时，借用住房中已经凝结的巨额价值，做提前的变现套现供给晚年生活用度。

要寻找正向与反向两种住房贷款之间这种有趣的差异，还可以找出大大小小十多种。笔者曾经在某篇论文中专门就此问题展开过深入的讨论，这里就不再一一列出了。当然，倒按揭贷款又只能是正向抵押贷款的派生物，没有先前的借款购房，前者也就不可能出现。

我们现在要做的，就是打破这种常规。这就需要对传统的金融保险工具和制度设计以相当的改造，并以"反向思维"的手法来实现这一点。在正常情形下，住房使用价值的消耗是以较为平滑的态势出现的；住房蕴含价值的运用期限与方式，却完全可以根据人们的需要任意地拉长或缩短，以便更好地满足人们对住房消费和其他生活消费（如养老等）对资源的需要。

日常生活中的诸多事项，当我们用传统手法难以解决时，反向思维即倒过来盘算，往往能取得意料不到的结果。20世纪80年代，胡耀邦同志在甘肃省调研时，为尽快改变落后地区的贫困面貌，曾经提出"反弹琵琶"的思路。平时，笔者给学生授课，当某些事情用正常的思维方式难以加深理解时，也往往

当某些事情用正常的思维方式难以加深理解时，也往往是用"倒着来"的手法。

12

是用"倒着来"的手法，比如这一事项的出现将会发生何种功用，而没有这一事项的出现，又将会产生何种负面效应等，结果是大家的理解更为深刻，授课效果也更好。有一次为某大公司的资产管理人员讲授现代化资产管理手段时，发现相当一部分学员的思维还停留在计划经济时代的实物管理上，注意的只是如何使所管辖的各项资产不丢不损、摆放齐整，而非现代社会的价值与金融管理上，即如何运用资产管理的种种金融与非金融手段，将这些资产管好搞活，尽量地流动起来，并在这种流动中实现较高的收益。有的人员试图找到新型的资产管理模式，却又往往不得其法。我就特别从资产管理的角度，讲授了以房养老这种反向思维的新办法。最后我还特别指出，既然我们连人死亡以后遗留的财产，都能够想办法提前挖掘出来在生前变现使用，在资产管理中还有什么好办法想不出来呢！学员听课时觉得深有启发。

既然我们连人死亡以后遗留的财产，都能够想办法提前挖掘出来在生前变现使用，在资产管理中还有什么好办法想不出来呢！

（六）实施以房养老不必顾虑太多

　　有个读者"问身"说话了，在我国的传统伦理观念中，子女赡养父母天经地义，承继父母家业理所当然。这种观念根深蒂固地存在于老百姓心目中，有着广泛的群众基础。以房养老挑战了传统的养老方式和遗产继承方式，势必受到传统观念的极大阻碍。有种很普遍的观念是：用这种方式养老，很难在社会中得到认同，认同感不强，就很可能给老人带来各种思想包袱，怕被他人耻笑，可能会给子女带来沉重的心理压力，甚至让他们背上不孝的道德骂名。同

如果我们的经济社会体制改革也是如此怕这怕那，怕来怕去，那么，到如今还可能是旧面貌，难以有大的变化。

时，由于父母不靠子女养老，子女无权继承遗产，父母与子女之间经济联系的纽带变得松散了，也会无形中淡化相互间的亲情，更会增强老人的孤独感，从而不利于老人的身心健康。上海市人大代表周人明也认为，许多老人担心如果将住房来个反抵押，子女很可能就不肯再照顾他们了。

"问身"的顾虑在相当多数人员身上是存在的，顾虑这，顾虑那，怕在社会上得不到认同，怕给老人带来思想包袱，怕被他人耻笑，怕给子女带来沉重的思想压力，怕子女因此会在社会上背上"不孝"的道德骂名。这些顾虑都是现实存在的。也是我们提出以房养老理念后，大家在交口称赞的同时，又提出疑问最多的内容。

首先，需要指出的是，以房养老的理念推出后，能发现其中可能存在的问题并正视这些问题，指出由于这些问题的出现，将会给以房养老带来的种种障碍。这都是很对的，是我国目前大力倡导制度创新与观念创新应有的态度。但在这种"怕"字当头的状况下，往往不可能逾越旧规矩一步，从而难以实现养老方式的大踏步跨越和前进。

在以房养老的情形下，完全不需要有众多的"怕"字。以房养老是对传统观念的重大变革。如果我们的经济社会体制改革也是如此怕这怕那，怕来怕去，那么，到如今还可能是旧面貌，难以有大的变化。这种改革正是对传统东西的极大挑战，好的传统内容要继承并发扬光大，落后于时代、跟不上时代潮流或时代已发生重大变化的事项，就无法固守传统，而必须给予相应的变革创新才可。

"问身"认为，"父母不靠子女养老，子女无权继承遗产，父母与子女的经济联系纽带松散，也会淡化相互间的亲情，更加增强老人的孤独感，从而不利于老人的身心健康"。这种说法不能说是不对，但只反映了问题的一个方面。以房养老推出后，老年人都有了相当的积蓄，也不再期望子女的经济资助。父母与子女之间的经济物质上的联系是减弱了，但此时就可以将关注的重点转移到精神文化等方面，如精神慰藉、生活劳务起居的照料等，将养老提升到一个新的层次，使精神情感的联系得到大大增强。物质条件丰富后，对父母养老而言更为需要和注重的，是子女的"常回家看看"，是在自己生活不能自理时来自儿女的生活起居关照和精神上的抚慰。

　　通过以房养老，将物质赡养和精神赡养区别开来，老年人只需要子女生活上的照料和精神上的慰藉，为老年人的晚年生活开创了一片新的天地，一种新型的父母与子女的融洽的代际关系将会形成。大家谈到了，以房养老可以在经济资助上解放两代人。子女不需要对父母的钱财物质给予太多资助，就大大减轻了子女的经济负担；没有了遗产继承（不能说完全没有，只是其中占据重要位置的房产继承消失了大半），也就减弱了遗产继承中矛盾纠纷的根源。这是个好事，而非坏事。大家看问题，应尽量从积极方面来理解，不必"戴着有色眼镜"去看待一切事情。

大家看问题，应尽量从积极方面来理解，不必"戴着有色眼镜"去看待一切事情。

15

二、以房养老建立了代际关系的新模式

（一）支持父母以房养老是子女对父母的大孝

以房养老的推行中，人们往往会将此同几千年来流传的"养儿防老，遗产继承"相联系。认为老人实行以房养老是迫不得已之举，是子女对父母不孝顺，不供给父母养老金，不赡养老人，老人迫不得已只好参与住房的倒按揭，自己养活自己。不少媒体还对以房养老评价是"科学有余，亲情不足"。父母也会顾虑将房子拿出来为自己养老，子女继承不上，是否会对自己产生埋怨，使家人之间的亲情大幅减少。这种说法我们认为十分不妥。子女主动放弃自己继承遗产的权利，支持父母参与倒按揭，是子女对父母的大孝。

其实道理很简单，房产毕竟是父母在中青年时代大力操持购办，房屋的产权属于父母，父母对自己精心操办的住宅，有着决定支配的权利。是否选择用房子养老，完全应当由父母说了算。作为子女，在父母遇到重大事项时，可以帮忙分析，提出参考意见，最后由父母作出选择。无论父母作出何种选择，都应尊重其选择。当然，父母作出的选择可能已落伍于时代，或已不大合时宜，子女可以劝说，而非横加阻拦。当然，假如说该住宅是由子女花钱为父母买的，那么，事情怎样做，当然要尊重子女的意见了。

父母们看到以房养老可以带来的种种好处，一定会觉得心理上非常欣慰。中国的父母确实是为子女付出、操劳太多，为自己考虑太少。用房子养老对父母正好是个弥补。作为子女而言，不应该热衷于承接父母的遗产，当父母选择以房养老时，子女自然应表示积极支持。同时，最为重要的是用自己的实际行动支持父母的主张来彻底打消父母的顾虑。

有的子女坚决反对父母将住房用于养老，原因有多种多样。比如：

1.父母以房养老，是出于不得已的原因才出此"下策"。

以房养老为什么一定要称为下策而非最上策呢？显然是大家对以房养老还有种种误读，对以房养老可发挥的积极功用，还未给予很好理解。父母参与这一事项，实际上也是子女的一大解脱。子女每日忙于工作、学习，参与社会竞争，没有太多的精力和时间对父母以特别关注，甚至连歌中唱道的"常回家看看"，也往往难以如愿。这并非子女是否十分尽力，而是形势所迫不得不如此。尤其是未来的四二一家庭结构下，两个子女更不可能同时承担四个老人的养老问题，经济条件达不到，时间与精力顾不上，都是很现实的问题，也是大家能够想得到的。作为父母来说，又怎么忍心看到子女如此劳累呢？！

2.父母这样做，使得子女应当继承得到的房产得不到，严重伤害了子女的利益。

今日有相当多的年轻人反对以房养老，主要原因就在于此。有的儿女讲了"父母将住房做了倒按揭，死亡后房子一揽子交给了银行，留下子女住在什么地方呢"？但这种观点做子

以房养老为什么一定要称为下策而非最上策呢？显然是大家对以房养老还有种种误读。

17

子女是否一定要将父母赖以养家活命的住宅作为留给自己的纪念品呢？

女的似乎不大好意思说得出口。今日的老父母死亡，差不多年龄都在七八十岁之多，此时的子女也都应当是四五十岁了，难道四五十岁的老子女连自己的住房问题都没有解决，一定要眼巴巴地盯住老父母的住宅吗？子女是要继承父母的遗产，但这种继承又并非平白无故地继承，总需要子女对父母做点什么，付出一些代价吧？比如，怎样将父母的养老生活能够安排得更为周到、妥帖等。

3.父母的房产对子女来说是一种有价值的纪念品，父母用房产养老，最终使得该房产被银行收回变卖，使这个纪念意义缺失了。

这种观点似乎不大能够成立。今日的住宅若像什么四合院，特别的庄园、别墅，可能还有一些纪念价值。大多数住宅因建造设计的问题，不是千篇一律，就是像个"火柴盒"似的，已很少能谈上作为纪念品传承后代。即使说子女希望拥有父母的纪念品，有纪念价值的内容也有很多。比如父母的照片、录像、录音、日记本等，都有相当的纪念价值。子女是否一定要将父母赖以养家活命的住宅作为留给自己的纪念品呢？或者说，做子女的先将父母的养老问题给予妥善安排后，再考虑留取父母的纪念品也不迟。倒按揭还有个办法，就是当父母身故后，子女可以向保险公司交纳一定的用费，将该住宅重新赎回。这也不影响子女对父母的纪念意义了。

从某个角度来讲，子女主动放弃自己继承遗产的权利，支持父母参与倒按揭以房养老，应当说是子女对父母的大孝。

（二）以房养老促使子女从过度依赖父母转向自立自强

父母与子女之间的相互依赖，是天然形成的，完全符合血浓于水的父母子女间的情感伦理。

在脍炙人口的《古文观止》经典之作中，首篇收录了晋代李密的《陈情表》一文，李密在文中向皇上陈情，为奉养祖母不愿意出仕做官，奏折上对父母子女之间的依赖关系描述得异常清晰："臣无祖母，无以存命，祖母无臣，无以终天年"。父母与子女之间的相互依赖，是天然形成的，完全符合血浓于水的父母子女间的情感伦理。幼小子女必须依赖父母的庇护，才能平安长大；年迈的父母也必须依靠子女才能够走过人生的晚年时期。这是无可厚非的。或者说，这正是家庭之所以能够作为家庭，数千年来一直存在于世，而未能被其他社会组织取代的基本缘由。

以房养老的一个好处，就是它将使两代人的代际关系，从目前的这种"过度依赖"向各自的自立自强趋进，这是件大好事。在我国两代人的关系处理上，首先是一种父母与子女间血浓于水的相互"依存依赖"的关系。尤其是在年幼子女和年迈父母、祖父母之间，这种依赖关系表现得更为明显。但若将两代人之间的这种依赖心理与行为，给予无原则、无限制地"发扬光大"，直至达到目前我国现实社会出现的这种"过度依赖"时，事物必然会走向它的反面，那就绝非什么值得恭维的事情了。

比如，已经进入大学走向社会的大儿大女们，尽管在生理上早已经度过了"断乳期"。但在心理上、经济上乃至生活自理能力上，却还没有度过"断乳期"，就只能是一群永远长不

目前的养儿防老，主要是起一种精神安抚、劳务帮助的功用，这是切合现今社会家庭代际关系特点的。

大的孩子，事事、时时、处处，仍需要在父母的指导帮助下过活。这样培养出来的子女，显然无法适应激烈竞争的市场经济的社会要求，更不利于子女本人的健康成长。

再如，受"父母在，不远游"的观念影响，成年子女只能守在父母身边，舒舒服服地却又是极为乏味地过自己的小日子。成年子女们认为"将父母送进养老院"，是自己不孝顺。不少生活已无法自理的孤寡老人，明明可以住进附近设施完好、护理服务周到的养老院，但囿于"传统观念"的束缚，不愿意或不敢这样做。社会中这种看法也是比比皆是，这就使许多好事未能成行。老父母孤苦伶仃地在家中过苦日子，子女在紧张的工作之余，仍要分出大半时间和精力来照料父母，生活与精神负担都是难以承负之重。

以房养老模式的推出，将会极大地改变成年子女同老年父母间的经济物质联系。表面看来，养儿防老似乎变得不大必要了，其实并非如此。目前的养儿防老，主要是起一种精神安抚、劳务帮助的功用，这是切合现今社会家庭代际关系特点的。随着市场经济体制改革的深入，生活方式、价值观念的极大转变，有关"子承父业"、"养儿防老"等传统思想观念，正在发生较快变化，独立自主、自我养老的理念逐渐得到确立强化。子女继承父母房产的期望值不高，可能性也不大了。"养儿防老"模式已经不适应社会经济的发展。听到以房养老的新理念以后，许多做儿女的就很高兴地谈道，将来一定要支持父母的以房养老行为。自己要凭借自己的知识和才干打天下，躺在父母身上吃现成饭，是没有出息的打算。

通过倒按揭养老模式，老年人在有生之年能得到一笔持续稳定、数额较高的养老年金，这就可以保证在经济方面不依靠子女，衣食起居方面也能完全由自我支配。父母在其晚年生活中，也要尽量地自主自立，至少在经济物质生活中要能做到如此。要自己养自己的老，而不必要过多地依赖于儿女。老年人除满足自己的生活费用之外，还可以发展兴趣爱好，重温青春的旧梦。不再完全依赖于子女的抚养，即可相对脱离来自子女的约束，同其他老人组成社团，过上群体生活。老人如失去伴侣后，也可自由选择住进养老院过群体生活，减少孤独感。这将促使老年和谐社会尽快出现，从而在较大程度上减少老年生活中可能会存在的某些弊端。确立这种理念，在今天是有着重要的现实意义的。

随着就业压力的增大以及独生子女的逐渐成年，中国"啃老族"的队伍在不断扩大。

老年父母应当确立健康的心态，尽量依靠自己的老有所为，自立自强，能够自己解决的就自己努力解决，尽力减少对成年子女的依赖。父母必须意识到，现实的社会生活中，已经很难期望再靠养儿来防老。在未来"四二一"的家庭结构下，不要说在经济物质资助、生活起居照料上，子女不可能对自己有太多帮助，即使"常回家看看"，也因为竞争激烈而往往成为奢侈品。在可能的情况下，父母将会承担的一个新角色，就是为成年子女的工作、生活做好后勤保障，促使他们将主要的精力用在为社会多作贡献上。

（三）以房养老是对"啃老族"的根本诊治

根据中国老龄科研中心公布的一组调查数据显示，我国有65%以上的家庭存在着"老养小"的现象，其中有30%左右的成年人被老年人养着，成为社会中的"啃老族"。随着就业压

"啃老族"是指已经成年并有谋生能力，却仍未"断奶"，得靠父母供养的年轻人。

力的增大以及独生子女的逐渐成年，中国"啃老族"的队伍在不断扩大。

在2007年全国"两会"期间，不少代表委员都敏锐地观察到中国即将面临的人口老龄化问题，而被有关社会学家称之为很可能成为影响未来中国家庭生活的"第一杀手"的"啃老族"，代表委员们也给予了广泛的关注，并建议通过改变教育方式、畅通就业渠道等理性方式予以解决。随着我国逐渐步入老龄化社会，以往中国人传统观念上的养儿防老演变成时下的"老来养儿"。广东省基督教三自爱国委员会主席陈顺鹏表示，解决这一问题，除了要进一步为他们畅通就业渠道之外，还要切实抓好教育，将以往的溺爱式家庭教育转变为重视培养孩子自立能力的教育方式。

"啃老族"是指已经成年并有谋生能力，却仍未"断奶"，得靠父母供养的年轻人。社会学家称之为"新失业群体"。据有关专家统计，在城市里，有30%的年轻人靠"啃老"过活，65%的家庭存在"啃老"问题。

大学毕业已经五年的小朱，至今仍然依靠父母每个月给他的1000元作生活费。说起孩子，家住海珠区新港中路的朱老师感慨地告诉记者，他们夫妻俩都是大学里的老师，每月都有固定的收入。因为就这么一个孩子，从小便溺爱有加，总觉得让孩子吃苦就是对不起孩子。尤其是老伴，什么事都护着孩子，只要孩子有什么要求，她总是毫不迟疑地答应。"在孩子身上可算是倾注着我们一生的心血。"朱老师说，孩子后来考上了一所不甚有名的学校，大学毕业后在一家电脑销售公司找了一份工作，月薪1500元。没上两天班，孩子就天天回来唠叨：公司经常加班，工作太累。

不到半个月，他就自动辞职了。后来，孩子干脆工作也不找，白天在家听听歌、看看电视，到了晚上，就呼朋唤友外出游玩半夜才归，没钱就向爸爸妈妈伸手。看着邻居们的孩子每天都是早出晚归地工作，他就觉得不好意思。后来他又托一位老友给孩子介绍了一份工作。可是没两个月，孩子就跟办公室的主任闹了意见，一气之下又辞职不干了。

"真不知道他能干些什么样的工作。"朱老师无奈地说，在他的多次叨唠下，孩子极不情愿地到人才交流市场应聘。每次回来不是说这家公司工资太低，就是那家公司的压力太大，这样过了三年时间，孩子又娶回了一位同样没有职业的媳妇。大家住在一起三天两头就吵架，后来儿媳提出给他们买房搬出去住，于是老两口又拿出一生的积蓄为孩子在海珠区买了一套两居室的房子。为了资助孩子生活，他们每月还得从退休工资中拿出 1000 元给他们作生活费。2006 年年底，煤气忽然涨价，孩子家里竟然用不起煤气，只好每天烧煤球。说到这里，朱老师十分担忧："现在的孩子都怎么啦？苦些累些的活都不愿干，真不知道我和老伴过世以后他们怎么过日子。"

"啃老族"在生活中不计其数，他们比"40—50 岁的下岗族"更怯于竞争，对社会压力产生了极大的恐惧感。一方面，"啃老族"的产生，从观念上分析，是因为父母们觉得自己要尽全力让孩子成年后过上"体面"的生活；另一方面，"啃老族"的实质是一些青少年拒绝或不愿长大，"太辛苦"是他们拒绝工作的重要理由。

面对"啃老"一族的大量出现，父母实施倒按揭以房养老，可能是一种有效的根治方式。父母与子女的相互关系处置上，必须要给子女"断奶"，然后才能促使子女彻底地长大，否则就只能是永远长不大的孩子。这是父母培养孩子时所不愿意看到

面对"啃老"一族的大量出现，父母实施倒按揭以房养老，可能是一种有效的根治方式。

23

的。断奶包括：生理上的断奶，这是在孩子一岁左右完成的；心理上的断奶，这是在孩子成长到青春期应予完成的，摆脱对父母的过度依恋的情绪；经济上的断奶，这是从孩子学校毕业后通过就业成为社会的劳动力后就应当完成的。只有实现了这三次断奶，孩子才算真正的长大了。父母如何将这一代"啃老族"，从经济上予以无条件的"断奶"，就是必须要认真关注的话题。

上海的张乐天教授做了这样一个假设：一对老人依靠退休金养老，而他们的儿子与他们同住，由于文化程度较低又挑三拣四，儿子没有工作，甘愿沦为"啃老"一族。当银行推出了"倒按揭"项目后，这个"啃老"的儿子怂恿父母把房子进行"倒按揭"，每月领取的款项供儿子挥霍。当老人百年之后，银行拍卖房子之时发现，老人的儿子只有这一处住处不肯搬走，成为执行的障碍。而根据有关法律规定，被执行人只有一处住所的，是不能被驱逐的。这样，这个"倒按揭"成为银行的坏账。

张乐天教授的这个假设，或许有人会觉得不可思议，但这个假设是有根据、且完全可能发生的。张教授曾做过大量的调研，在中国，即便是在上海，就业形势也不容乐观，尤其是没有受过高等教育的青年人的就业更加困难。而这类人往往又有着地域歧视和职业歧视，不愿去外地，只愿在上海；不愿干累活、脏活，好活又干不了，高不成低不就。这样的心态造成了大量的青年人不就业，成为"啃老族"，而且这类人群在上海的数量还不少。当有了"倒按揭"的业务时，这些"啃老族"完全有可能成为老人办理"倒按揭"的幕后推手。

银行在办理"倒按揭"时，虽然和老人发生了合同关系，但是无法知道是否有"啃老族"在背后推动。这样的情况发生后不仅原本设立"倒按揭"给老人养老的初衷难以实现，反而增加了银行的风险，甚至是坏账的危险。

以房养老模式的推进，它对代际关系协调、家庭生活的正常进行，乃至关键的老年人的养老行为而言，都将是一把"双刃剑"。

（四）以房养老模式是否会切断父母与成年子女的经济联系

　　许多父母力图为子女留下较多的遗产，以供儿女们能尽情享受，少吃些苦，也是人之常情。许多父母更将儿女的住房问题，也纳入到自身的资产购置计划。如目前的杭州市民，许多家庭都购买了第二套住房，除投资盈利的因素外，多是为子女未来的结婚成家做准备。不过从人类社会发展的长河，尤其是最近百年来的发展历程来看，这种操心是不大必要的。儿子的生活水平、拥有财富及收入状况，在将来只会大大高于父母，而不会低于父母。父母大可不必将过量的财富向儿子身上转移。再者，老年人吃苦是受罪，应当尽量避免；儿女们于青少年时代受些苦，却是人生历程中的难得经历，是一种花钱也买不到的财富。

　　以房养老模式的推进，将会在一定程度上切断家庭代际间的经济物质的赡养行为。它对代际关系协调、家庭生活的正常进行，乃至关键的老年人的养老行为而言，都将是一把"双刃剑"。既会带来一定的积极效应，也会产生诸多的负面效应。这是很客观的。父母对子女的代际抚养关系是不能切断的，孩子不可能脱离父母的养育而独立生存，幼小子女无以自立；父母对子女的抚养教育是不能斩断的，保育院、托儿所只能适应特

25

以房养老固然帮助贫苦的老年人解决了养老资金不足的大问题，却使他们应对突发事件的能力有一定的减弱。

殊状况，不能够完全取代来自于父母的特别关照。成年子女对老年父母的赡养关系，在相当大的程度上则是可以切断的，尽管这种切断带有种种弊端。原因在于，除了高龄老人、残疾老人、重危老人、生活无以自理的老人外，大多数老人或者说老人在大多数情况下，都具有相当的生活自理能力，能够依靠自身的努力生活下去，同时还能在力所能及的情况下，给子女较多的资助。当父母决定实施以房养老时，即有意无意地割断了与子女的这种赡养与遗产继承的纽带。

应当说明，在以房养老的模式下，老年父母与成年子女之间，是否就完全不再有任何经济联系，并因此而隔断了双方间的亲情联系了呢？并非如此。父母与子女间的经济联系是多方面的，不可能因此而一刀两断。这里只是说其中最主要的经济联系——成年儿女赡养老年父母，父母死亡后将遗产传承给子女的联系给予某种隔断。再如我们谈到了老人实行以房养老，是自养自老，但鉴于寿命预期的不确定性，也就是说每个人都不可能清晰地把握自己的死亡时期；鉴于大家心目中存有的对子女、对家人的美好愿望，是很难将自己的全部资产（房产和金融资产）在自己死亡前花销得干干净净。这只是一种从理论而言预期可能达到的目标。宽打窄用，尽量留有后备，以应付可能发生的事先难以设想的各种突发事件。当然，这只是养老生活中必须给予注意的，并非真正一定要达到这一步。

以房养老固然帮助贫苦的老年人解决了养老资金不足的大问题，却使他们应对突发事件的能力有一定的减弱。比如，某些突发事件来临时，人们一般会想到对住房作出某种特殊制度安排，如出租、出售、典当或置换房产等，以套取部分资金以积极应对。但当这幢住房已被我们用于养老，已为晚年期的养

二、以房养老建立了代际关系的新模式

老生活作出贡献时,是不可能将这种功用再发挥第二次的。这就需要有来自子女的特殊资金保障,老人实施以房养老后,子女可能不再在经济上定期供养父母(同时也不再能继承父母的遗产),但并不意味着父母与子女间的经济联系被完全中断。在父母发生大病重病,急需大笔的资金开销之时,而且这笔开销单靠父母自身的财力又无以解决时,成年子女是不能袖手旁观的。

老年人以房养老后,仍可能出现的某些资金的不足,也应当由子女来"埋单"。

有些子女会因为父母参与以房养老后,到期时金融机构要将房产收回,无法继承父辈的遗产而反对接受这一服务。部分儿女还会认为留下父母遗产作纪念的价值,要大于抵押给金融机构按月获得的收入。但我们需要询问的是,这些儿女口口声声对父母怀抱着"无比的崇敬",要接受父母的住房等遗产作为对父母的纪念,并认为这一价值远远大于每个月倒按揭后可取得的那点可怜的现金收入。但子女在这样做时,是否对父母的养老问题先作出妥善到位的安排,使父母完全没有后顾之忧?假如情形真是这样的,这些子女有情有义,是好样的。假若情形并非如此,子女对父母的房产继承关注备至而对父母的赡养等却是毫无打算,那我们只能很不客气地讲,这些子女是居心不良的。

父母在晚年生活状况相当拮据之时,动用自己拥有的住房价值来克服困境,尽量不给子女添麻烦,既是父母应有的权利,又是对子女的一片爱心。子女对此应当给予充分的理解与支持,而非采取各种手段阻挠这一事项的出现,更非假借纪念父母的名义,将父母们陷于经济贫困之境地。

当然,老年父母实施以房养老,于终年时仍会遗留的若干资产,自然是归子女继承。老年人以房养老后,仍可能出现的

27

以房养老模式的推出，有助于提高养老预期，减轻老人的育儿负担和年轻人的养老负担。

某些资金的不足，也应当由子女来"埋单"。来自国外的经验数据表明，老年人于死亡前一年所花销的医疗费，完全可能达到整个老年生活期间全部医疗费开销的1/3之多。这是无法清晰把握的。对于这种未能事先清晰把握而发生的费用，显然需要老年人留有相当的后备才可。但当真正出现资金不足时，成年子女是难辞其咎的。我们不能由此认为，既然子女不能继承遗产，就不应当承担赡养费用，两者之间显然不能简单地划一个等号。

我们中华民族的传统美德中，父母总是以子女为重。父母生活的重要目的之一，就是精心照料子女的健康成长，为子女留下较多的包括住房在内的遗产，自然也就把晚年生活寄托在子女身上。有的老人购建住房，固然有自己晚年居住舒适的打算，但更多的是考虑自己百年之后，可以将该房产留归儿女继承，自己养老的重任则指望在儿女身上。但这种传统的养老思路已经不适应现在社会的要求。现实的经济生活中，有许多儿女的自私行为，使父母根本不可能有这种指望。还有许多父母担心儿女晚年不予养老，就提早许诺要将住房交给子女，甚至提前将房产证予以转让，结果使自己沦落到被扫地出门的境地。这种悲惨局面是不应该让其出现的。

（五）以房养老有助于建立适应时代要求的新型代际关系

在对以房养老的众多溢美之词中，重塑"代际关系"可谓独树一帜。以房养老模式的推出，有助于提高养老预期，减轻老人的育儿负担和年轻人的养老负担；有助于老人自我保障，儿女独立自强，将两代人之间的过度依赖改进为相对自立，从而形成适应新时代要求的新型"代际关系"。父母的经济来源有了强有力的保障，子女每个月应当为父母交纳的赡养费就可以少出或不出。尤其是在未来所谓的"四二一"家庭中，这种经济物质上的资助，将会是一个繁重负担。

市场经济的规则已经对家庭生活、家庭人际关系造成了太多的"侵蚀"。

以房养老模式的推出，一项重要的副产品，就是对父母子女的代际关系，如两代人之间的职责、权利、角色分工等，予以新的定位。并借此来适应市场经济社会对代际关系调整变革的新要求。尤其是对培养新一代接班人正确的人生观，走上自立自强之路等，可起到良好的推动作用。这一"副产品"如真能得以很好地发挥，其功劳应是远远超出其他积极效应的。

有位自称"三明"的网友，给予以房养老好的评价。他认为，"以房养老这种方式给老人们提供了一种解决养老问题的新方法，增加了一种获得'养老收入'的好渠道，补充了单纯社会化养老的不足。既减轻了子女的压力，也减轻了社会的压力，大家何乐而不为呢？当然，作为实现的前提条件，父母就不能把房产留给子女了，但我认为这是应该的。中国父母为子女付出的太多了，他们也应该享受一次生活了。"

今日已经是市场经济社会，社会经济生活运营中的一切，都有必要用市场经济的观点给予重新审视。社会经济生活是如此，家庭生活也有必要这样来做。简单而言，社会上存在以"金钱商品"为标志的现象，在社会中生活的家庭在处置内部的人际关系时，也不可避免地融入商品与金钱的要素。

众多的家庭不妨一试，使得自己家庭的代际经济变得更为简捷明快、利益直接、权责分明。

市场经济的规则已经对家庭生活、家庭人际关系造成了太多的"侵蚀"。比如，家庭内部的人际之间，如父母子女之间、夫妻之间的经济利益因素的考虑，已经呈现为上升趋势，传统伦理道德的因素影响在减弱。父子、兄弟之间算经济账，夫妻实行ＡＡ制、婚前财产公证等，这些舶来品在城市家庭中已有相当显现。

在今日的市场经济社会里，父母子女之间的抚养、赡养的经济联系，有必要给予新的改造，以促使其符合新时代的要求，更符合现实社会的实际情形。父母实施以房养老，对子女、对自己而言都是件好事，有利而无害。它不仅可以提高老年人的生活质量，还能切断代际间的经济物质的供养与赡养联系。老年人在养老问题上采取主动态度，将激励儿女的自主精神，改善某些家庭由于房产继承而出现的纠纷，有助于改善老年人与子女的关系。

随着独生子女政策的推行及时间的推移，其负面效应已逐步显现。在以房养老的状况下，父母用自己的住房为自己养老时，子女无需赡养老人，也就没有继承财产的可能。那种子女期望什么都不做，最少是什么都不对父母做，就平白无故地继承遗产的打算化为泡影。这就迫使子女们必须自立自强起来，依靠个人的自我奋斗打天下。而非什么都不干，就可以舒舒服服地躺在父母的怀抱里，依赖在父母的遗产上安心过日子。年轻人要尽早地从父母的羽翼下脱颖而出，成长成才。老年人实现自我养老，这对子女是一种鞭策和激励，能激发年轻人的独立能力和上进心。只有从小培育子女的良好的自立能力，才能保证在当今激烈的竞争环境中较好地生存下去。

就某种程度来说，以房养老是为在市场经济时代的代际关系与财富传递行为、养老行为的改革等，打开了一条新的思路。众多的家庭不妨一试，使得自己家庭的代际经济变得更为简洁明快、利益直接、权责分明。

在我的心底最希望看到的还是以儿养老，儿女在自己的老年时期，能够真正地对自己的养老问题发挥出作用来。

（六）如何培养儿女以保障以儿养老

有位听众如此谈到自己的养老办法，她认为，"我想我这一辈子的养老方式绝对会摒弃以儿养老！这种方式给了孩子太多无形的负担，弄不好还会影响母子的感情。在物欲横流的今天，谁都不敢绝对100%的保证自己的骨肉就不会因为物质问题与自己有分歧或纷争。谁对自己教子方式和中国的教育体制都能有这么大的把握和信心？所以，我认为在中国不久的将来，新一代的老人以房养老会居多。"不管是以房养老还是以儿养老，还是在年轻的时候就积攒一笔可观的养老金，或是买养老保险，都是一种养老方式。只是以房养老对中国人来说是一种新事物而已。要实现养儿防老，大家可能想到这是最为简单的事情，千百年来，大家都是这样做的。但要真正做到"养的儿"肯定能够实现养老的目标，恐怕也并非容易的事情。有个人谈到了要"真正地做到以儿养老，最重要的是培养好下一代，让你的晚辈有孝心有能力与你共享天伦之乐"。

虽说我每日在研究以房养老，宣传以房养老，并期望以房养老能够在对广大的老年人的养老问题的解决上带来种种受益；但是在我的心底最希望看到的还是以儿养老，儿女在自己的老年时期，能够真正地对自己的养老问题发挥出作用来。然

31

真正要做到以儿养老，重要的是培养好下一代。

后就可以非常欣慰地说一句，这个儿女就算没有白养。这个要求是否过分呢？完全不是。但这个小小的期望有多少人是真正实现了呢？虽非屈指可数，却也不是太多。

真正要做到以儿养老，重要的是培养好下一代。为了达到这一个目标，大家应当怎样做，才可能使得子女能够有孝心、有能力与父母一起共享天伦之乐呢？这里提出的目标有三个：一是有孝心，这就需要培养子女相当的情商；否则经常见到的是培养的子女是相当不错，既有赚钱的能力又有相当的知识与才干，能够为父母脸上争光，但美中不足的却是一个白眼狼，六亲不认。那么，对父母来说，这个子女算是白白培养了一回。二是要有能力，既要有相当的智商，能够考上一个好学校，读到一个好专业，还要有赚钱的能力，在今天的市场经济社会里，摸爬滚打，游刃有余，而赚取的钱财也能够向父母孝敬相当部分。三是最好整日能与父母住在一起，共享天伦之乐。否则，一切状况虽不错，但儿女却远走高飞，也难以同父母经常厮守在一起。

这样的子女在今日的社会里多吗？不多。作为社会中芸芸众生一员的您，是否能够打保票，我培养的孩子没错，肯定能达到这一点？这种大话还是先甭说。可能比自己赚钱买房子，要难得多了。

养儿防老的前提是孩子有这份心并且有这个能力来"养老"，就这两点就足够让我们再三考虑了，先不说那份心有多少"难得"，赡养老人的能力也是个难题。现在社会竞争这么激烈，很多年轻人养活自己都很累，还要养活自己的家，而现在都是独生子女，也就等于一个年轻人要养活四个老人，再加上一个小孩，还要包括自己，这是多么庞大的开销啊！如小孩

32

的教育费、老人的医疗费，所有这些都是要用到钱的，这种种的客观原因不是光靠有孝心就能解决的。如果作为老人的有自己的房子，年纪大了以后，把房子抵押出去换取自己所需要的开销，不依赖孩子，这可以说是一件双赢的事。中国人的传统观念里面要孩子孝顺老人，但是为什么一定要以金钱作为基础呢？亲情是不能用钱计算的。我们一直认为年纪大的人没有孩子来照顾非常孤独，但是有没有想过，我们花点钱，请个保姆一样可以照顾自己。

（七）要以房养老，也要亲情关爱

　　某位青年谈到以房养老时，这样发表自己的意见："作为一个年轻人，对这种新兴的以房养老理念，我认为是个很不错的选择，但我还是更赞成以前的"以儿养老"。老人们为子女吃了一辈子的苦，也应该为自己多想想，享受一番了。以房养老可以让老人在经济上无后顾之忧，虽然有了钱，但不快乐又有什么用呢？诚然，我们的经济压力会大一点，但一家人在一起的那种融洽与亲情，我相信是无论多少金钱都无法替代的。孝敬父母、赡养老人，是我们每个做子女的应尽责任。父母养育了我们，含辛茹苦把我们拉扯大，其中不知费了多少心思，付出了多少辛劳呢！"

　　这位青年是很孝敬父母的，他认为"一家人在一起的那种融洽与亲情……是无论多少金钱都无法替代的"。这话说得很对。但这里要提出的是，在目前的社会里，这种其乐融融的景

33

以房养老和亲情关爱，两者之间呈现为何种关系呢？

象，在一般家庭中已经较少看到了。据新闻媒体报道，在北京、上海等大城市里，"空巢家庭"的比例已达到40%之多。孤寡老人的单身家庭也占相当份额。这些老人并非没有子女，却因种种原因无法同了女共同生活在一起。还有众多的三代同堂家庭，子女仍然同父母在一起生活，并非是子女乐意同父母住在一起享受天伦之乐，只是限于经济状况不大宽裕还买不起自己的房屋，迫不得已只好同父母住在一块。这类家庭一旦经济实力好转，肯定是先买房后分家，其家庭景象也很难谈得上是其乐融融。

要以房养老，也要亲情关爱，这话说得很对。但以房养老和亲情关爱，两者之间呈现为何种关系呢？是否就像大家所讲到的那样，是完全的对立，要亲情关爱，就不能参与以房养老，否则，老父母将房子用来给自己养老，儿女们就会对老人很不孝顺；大家要选择以房养老，那么就不能指望从子女那里还可以得到相当的亲情关爱。现实生活真是这样的吗？儿女对父母的关爱，难道是要靠父母用金钱或房子来购买的吗？建立在这种情形下的亲情，还能够算是真的亲情吗？真需要打上几个重重的疑问号。

在大家参与以房养老业务之后，是否就无法再顾及亲情；要顾及亲情，就不应当参与以房养老？还不能这么说。当以房养老真正将老年人的经济物质生活的需要给予很好地满足之时，来自儿女的亲情，就完全可以摆脱所谓金钱因素的困扰，从而变得纯净情真。

作为老父母一辈大都是如此，为子女乃至孙子女活一辈子。我国的传统观念正是这样一代又一代地传承下来的。子女在父母身上有较多的欠账，又在自己的儿女身上给予过多的补偿。在老一代身上，这种"为子女"的观念可以说已经根深蒂固。作为子女一辈，尤其是作为具备现代化思想意识的年轻一代，难道就应当对此心安理得地接受吗？正像相当多数人员曾经讲到的那样，"以房养老这种给老人自由和独立的模式是很好的，但还是要结合中国的国情，更多地给予亲情上的关照"。

有人说道："我们的爸爸妈妈操劳一辈子，省吃俭用，清清贫贫，不为别的，就是能让我们过得更好一点，把所有的财产都留给我们后辈，这种观念已经根深蒂固了。"儿女们能够切身地体会到这一点，父母应该是颇感欣慰的。但父母们愿意这样做是一回事，儿女们在父母的深情厚谊面前又应当持何种态度呢？是心怀感激，还是司空见惯，漠然受之？即使是心怀感激，也应尽量劝阻父母为自己多操点心。父母希望儿女们有好日子过，在改革开放，经济社会迅速发展的今天，应当是不成问题的。成问题的是，在过去的数十年里，父母一辈一直过着苦日子，生活水平低，财富积累少，节衣缩食；现在生活水平提高了，正应该在有限的晚年里多做些享受才是正途。以房养老，正是让这些辛苦了大半辈子的父母们，在晚年能动用最大限度的资源，过上好日子。

如果真的施行以房养老的政策，无疑将对养儿防老的传统观念造成冲击。传统的养儿防老的观念该如何突破，怎样的措施才能照顾到老人与子女的感情？在东方人的观念里，父母把房子留给子女是顺理成章的事，如果父母参与以房养老，可能会让子女承受不必要的舆论压力。这种伦理困局会给以房养老的推行造成一定的阻碍。这种观念是否会得到转变，以房养老能否减轻老人和子女的养老负担，以及两代人之间的过度依赖能否定为相对自立，还需要时间来证明。

我们只有先将物质钱财这个最基础性的东西做好，伦理亲情等才会有一个很好的实施条件。

35

假设我们宣称发明了一种新药，能够"包治百病"，大家一定不会相信，反而要讥笑我们是江湖骗子呢！

仅仅凭借以房养老，不会做到家庭的伦理气氛浓郁和由此而来的儿孙绕膝、和睦融融，但我们只有先将物质钱财这个最基础性的东西做好，伦理亲情等才会有一个很好的实施条件。某位副教授曾经点评以房养老是"理智大于亲情，经济多过伦理"，这有一定道理的。我们不能企望以房养老在任何方面都能做到最好状态。假设我们宣称发明了一种新药，能够"包治百病"，大家一定不会相信，反而要讥笑我们是江湖骗子呢！

若要实现社会养老保险，这些低收入群体除满足日常基本生活需要外结余很少，交纳养老费用目前尚有困难。社会养老保险在落后的地域还只能是试点，不能全面进行。实地调查得知，在20世纪90年代里，某县的乡村一般是第二代把老人的财产（主要是房产）做提前分割，如房产分割到位，老人的食宿由儿子轮流负担；如等到老人死后再实现房产分配，老人就仍住在原来的房子，物资供应则由儿子平摊。这种养老方式在"孝子观念"根基牢固的前提下，老人的晚年生活还是有所保障的。在上海市，近几年有关房产和赡养的民事纠纷案件直线上升，还出现了许多因房产纠纷而拒绝赡养的现象。就此而言，以房养老还从法律上体现了老人对自己拥有住宅的权益，应当完全归由拥有者本人享用支配，包括自己儿女的其他任何人员，要取得这一住宅就必须按照市场经济法则，支付相应的价格。

应当说明，老父母参与了以房养老后，晚年的经济物质生活将更有保障，对子女的经济压力将会完全减除，甚至还可以拿出一定钱财来补贴子女的生活。当然，除子女应当得到的房产继承会大大缩水外。对老父母和子女的生活几乎没有任何影响，大家过去怎样做，现在还是怎样做；子女除不必对父母资助外，应当怎样孝敬父母还是怎样孝敬父母，并不差分毫。这又怎能同父母与子女的关系恶化、亲情缺失联系在一起呢？除非子女赡养父母的主要动机，就是为了得到父母的房屋。今日得不到了，就立刻是不管不顾。情况显然不应当是这样。

再如老人大多都是有子女的，晚年时同子女们住在一起，靠子女养老，将来把住房移交给子女继承。这是传统的养儿防老，但也可以说是一种最为古老的以房养老。老年人参与了以房养老，并非同子女就断绝了亲情，更非因子女继承不到原本应享有的房产，就立刻同父母们绝交，不再承担养老的责任。我们倡导的以房养老，绝非要导致这样的结果发生。可以设想的是，即使说老父母没有采取以房养老的做法，子女也不会真正将赡养父母放到重要位置对待。假如子女赡养父母的目的，只是为了得到父母的房产，而非为履行自己的职责；那么这既不会为下一代作出好榜样，也很难有助于老父母顺利走完人生最后历程。

老年人参与了以房养老，并非同子女就断绝了亲情，更非因子女继承不到原本应享有的房产，就立刻同父母们绝交，不再承担养老的责任。

（八）老人不愿以亲情换取现金

网站上有位"辣妹子""发言了"，"对老人而言，他们所谓的幸福，不在乎你能给他多少钱，买什么贵重的礼物，他们更在意你能抽时间回去看看他们；在他们寂寞时打个电话，和他们聊聊天；能简简单单陪他们上街买菜、看电视；多吃几碗他们做的饭，多说几句暖心的话。有多少老人因为孤单而抑郁而终，又有多少老人因思念亲人而更加苍老、多病。我们应该给予他们更多的亲情关怀。试想孤苦伶仃的一个老人住在宽敞空旷的大房子里，怎么会不更

37

国人习惯将财产留给子女，我们承认，目前能接受倒按揭的可能只有少部分家庭。

加孤寂？让我们仔细想想以房养老并不能做到这些！生活虽不富裕但也是儿孙绕膝、和睦融融。和以房养老相比较，我更喜欢这样的生活。"

在大多数人的心目中，传统的观念亲情是难割难舍的，这必然会影响到对以房养老模式的选择，也是无可非议的。传统观念并非都是不大好的内容，必须要给予改革，乃至像许多过激人士所设想的那样同传统观念的"最为彻底的决裂"。事情并非如此简单。传统观念能够经过数千年流传到现在，正说明这些观念中有众多我们应当接受、也值得接受的优秀内容在内。

国人习惯将财产留给子女，我们承认，目前能接受倒按揭的可能只有少部分家庭。同时许多老人还会担心如果将住房来个反抵押，子女很可能就不肯照顾他们了，很多老人不愿用放弃亲情和关爱的办法来换取现金。所以，"辣妹子"就此讲了："只有当一些老人将财产交给子女却又得不到子女的照顾，老人的生活面临很大风险时，才会出此下策。"

"辣妹子"的发言自然带有火辣辣的味道。这里需要说明，以房养老这项有关家庭购房与养老大事的重要决策，应当算做养老的明智上策，还是属于老年人迫不得已之时的下策呢？应当说明，老年人选择以房养老，是要有自己的考虑的。在正常的情形下，如父母与子女的关系很不错，充满了亲情和爱意，相互之间的照料、资助都是无以复加之时，确实是用不着以房养老的。即使说父母养老遇到在金钱上的困难，子女也会悉心关照。假若子女的经济状况也是很不如意，无法对父母过多地关爱之时，父母大多也不会仅仅为了自己的更为潇洒地生活，就将住房给予反抵押或用其他方式变换现金。

> 2006年3月9日出版的《北京晨报》，发表了一位加拿大籍华人唐维镇的文章《子女介入是"房养人"的关键》，这位加籍华人是个金融分析师，兼任当地中文媒体《新生活周刊》副主编。文章中写道，在北美的金融机构咨询住房倒按揭的，往往是一些老年人的子女。这些子女在父母如何安度晚年的问题上，往往付出的只是关心和爱心，而非物质和金钱。没有任何一种"养老计划"，可以代替子女的亲情关心。以房养老只是为老年人的养老经济保障提供了一条新路径。

人们在谈到以房养老的模式时，认为"虽然能减轻子女的负担，但对老人太残酷了"，这句话不知从何说起，据我接触的许多老年人，初始闻听有这样一种养老的方法，都感觉到很高兴，说正对我们老年人的胃口。有些性急的老年人，还一再催问这种方式什么时候能够正式实施下来，好马上参加。当然，也有些老年人对此仍持有怀疑态度，这都是再正常不过的事情。

经济体制改革初期，有句名言是大家都很清楚的，"金钱不是万能的，没有金钱是万万不能的"。在今日的市场经济社会里，没有金钱固然是万万不能的，但如果大家都是仅仅一切向钱看，也有众多的弊病蕴涵其中。商品、金钱已经广泛地影响到社会的一切方面，但在家庭这种特殊的人际环境里，总是需要有伦理、亲情布满其间，需要有一点不能完全用金钱来评判的"净土"。否则又何以算是个家庭呢？如果夫妻之间也是整天就每件事都斤斤计较，父母与儿女之间也是精明地你吃亏我

在家庭这种特殊的人际环境里，总是需要有伦理、亲情布满其间，需要有一点不能完全用金钱来评判的"净土"。

39

如子女对父母同样十分孝顺、精心关爱，那就不会出现这里讲到的"亲情换取现金"的事情，父母在考虑参与以房养老之时，也可减少了众多额外的担心。

占便宜地勤算账。这就不是个家庭，而是个夫妻合伙的股份公司了。众多的家庭功能，在这些家庭里也是无法顺利履行的。

另外，还需要说明，这里谈到以房养老是"放弃亲情和关爱来换取现金"，这种言论是具有较多市场的。是否亲情与现金就一定要成为对立面，并非如此。父母自力更生，用自己积蓄的财富购买的房子来养老，应当是对子女赡养负担的一大解脱，为何会变成对亲情的一种唾弃呢？我们知道，在目前的独生子女政策下，"四二一"家庭将成为未来家庭的主体形式。我国的人口年龄结构将呈现一种"头重脚轻"的态势，四位父母所需要的物质赡养和大量经济资助，是一对子女无能为力承担的，甚至是日常生活起居的照料，都很难做到。依照今日大家的寿命，老年人死亡大致都在七八十岁以上，此时的儿女也都在四五十岁左右，都有了自己的房屋。四个父母身故后遗留的两大套住房，并不为子女所看重。这正是"儿欲养父力不支，父欲赠房儿不欲"。在这种状况下，退休老年人用自己的住房来养自己的老，就完全是天经地义的。

事实上，父母乐意办理"以房养老"时，无论对父母还是对子女都是一件大好事。这之间是不需要有任何不必要的舆论压力的。有篇文章就说："以房养老是对两代人的解放，对父母对子女都是正确而又明智的抉择。"为此，子女应当对以房养老以正面理解，而非从反面想，"父母不给我房子，我就不给父母养老"。这种想法是完全错误的，是对以房养老行为的大的误读。

许多老人还会担心如果将住房抵押，子女很可能就不肯照顾他们了，这种担心是客观存在的。为什么会有这种担心，还需要从子女的身上寻找原因。父母对子女的关爱，大多是无微不至的。如子女对父母同样十分孝顺、精心关爱，那就不会出现这里讲到的"亲情换取现金"的事情，父母在考虑参与以房养老之时，也可减少了众多额外的担心。

（九）以房养老将建立代际间的新型亲情联系

> 有位自称"杞人忧天"的人士认为，以房养老模式的推出相当不错，我们将来很希望能参与到以房养老的队伍中来。但它有个最大的缺陷，就是人为地割断了父母与子女间的经济物质联系，进而减弱了双方间的亲情联系，使得一家人不大像一家人。这也是大多数人所担忧的。

"杞人忧天"的态度，正是多数人对待以房养老的态度。一方面感觉以房养老这种方式很不错，能够解决养老中相当多的问题，很值得亲身参与；另一方面，又感觉到它将对父母子女之间的经济物质联系乃至更为重要的亲情联系隔断与减弱，使得"一家人不大像一家人"。这种担忧是有道理的。

对子女而言，于父母退休时精心赡养，尽到自己的孝道，并于父母身故后继承父母的遗产，本是天经地义、自然而然发生之事。以房养老则是对此的一种彻底性的变革。它有很好地适应现代社会要求的一面，即父母和子女虽然血浓于水，是割不断、理还乱的一种血缘关系，但在生命体上又是完全独立、物质利益相对独立的个体。两代人应当相互扶持提携、养育反哺，又应经济自立、生活自理、心态自强。对老年人而言，退休后的时光主要是独自度过，不可能过多地波及儿女；儿女们

父母的住房是他们用尽大半生精力省吃俭用得到的，该住房应如何支配使用，完全是父母自己的权利。

有自己的小家庭，有自己的事业和工作，不可能将过多的时间、精力和钱财物质放到自己身上。两代人的关系处置中，养老和养小应当怎么办，就是个问题。养小是父母的天然职责，大家都养得很好；养老同样已经成为中年父母的天然职责，但大家在这方面做得却差强人意。

尤其是在未来的一二十年里，当今天的独生子女相继成为社会的中坚力量，而目前的社会中坚又相继步入人生的最后历程时，所谓"四二一、四二二"式的家庭结构必将大量涌现。这种"子欲养而力不足，母盼儿归难如愿"的景象，必将普遍出现。今日的人们，必须对此有明确的正视，并提前做好精神的、心理的、经济的各种准备。以房养老正是这诸多准备中的一项重要内容。

说实在的，以房养老将会比儿女养老担负起更大更好的功用。房子是绝对听话，服从主人的安排的；房子的价值呈现持续上升，涨幅高于通货膨胀，更高于银行存款的利率。住房能发挥养老保障功用的大小，还同主人对住房的安排密切有关。主人购买的住房价值高、坐落地段好、面积大，可发挥养老保障的功用也较大；购买住房花费的价值低、面积少，可发挥养老保障的功用也相对较小。儿女担当养老保障的功用时，往往是有其名而无其实。

同样应当明确的是，父母的住房是他们用尽大半生精力省吃俭用得到的，该住房应如何支配使用，完全是父母自己的权利，做儿女的无权干涉也不应干涉。再者，父母从哺育自己成长到今日，耗费的时间、精力、金钱是不可胜数，难以匡算的。自己对父母的这份养育之恩，正应当于父母晚年时光，在经济资助、生活起居照料和精神慰藉等诸多方面给予很好回报。今日父母选择了以房养老的做法,用自己精心打造的住房来自我养老,这是对子女在物质供养上的极大解脱,是父母对儿女的体谅和关爱。为此,儿女们应衷心地感谢父母,而非埋怨父母们只顾自己享用,不给儿女们留取遗产。这种埋怨是极不应该的。至于说儿女对父母生活起居的照料、精神慰藉等,则是儿女必须对父母履行的义务。子女们同样应当自立自强,完全依靠自己的力量创建自己的小家庭,包括购买房屋等,而非得了不能自强独立的"软骨病",必须躺在父母的遗产上过舒心日子,"寄生虫"式的生活是要不得的。

父母实施以房养老,同子女在一起共同生活并没有矛盾。

> 有位网友"木子"讲得好,以房养老这种模式既然是新兴的,那么从它的产生到被接受,就需要有个过程,也需要有适合它生长的土壤。"木子"认为,"这种模式本身可以采纳,但不能排斥以儿防老。我会像美国老太太那样将住房来个倒按揭,将凝结在住房上的价值释放出来,又不影响自己的正常生活居住,何乐而不为呢?这样可以缓解自己和儿女经济上的压力,等以后自己去世了,房子被收回了,还给儿女留了点遗产。关键的是,有儿女相伴的生活不会太孤单。这才是一个幸福安详的晚年生活。"

"木子"的这个算盘是打得比较响的,既照顾了亲情,又顾及了自身的养老,可谓两全其美。事实上,实施以房养老固然与遗产继承相违背,但也不完全如此。美国实施的一种倒按揭贷款产品,大家可以将住房的全部产权都给予反抵押,也可以只抵押其中一部分,当然每个月的得款也少一些。这样一是稳妥,免得住房价值已花销完毕,自己仍然是"老不死";二是自己去世后,仍然可以为子女遗留部分房产价值作

老有所养，需要最起码的生活条件，也需要有来自子女最起码的尊敬。

为继承物。

"木子"讲到"有儿女相伴的生活也不会太孤单。这才是一个幸福安详的晚年生活。"这是很对的。父母实施以房养老，同子女在一起共同生活并没有矛盾。目前我国的两代人大致呈现为分居局面，子女一旦结婚成家，大都离家单独居住。但当父母已经十分年迈，身体状况日益变差，生活自理能力变弱时，还是同儿女们共同居住为好。父母已抵押的住宅够大，可以邀请子女一起居住，或者儿女主动将父母接到自己身边，共享天伦之乐。这就使儿女的伦理亲情与父母的养老生活，都得到了很好的照顾。

（十）养儿防老在现今社会应补充以房养老

有位网民对以房养老这样发表意见："以房养老对我们这个年龄的人来说是件好事。如果真有这样的事，我想大多数人都会以这种方式养老。养儿防老这句话，在现今的社会已经不大时兴了。我曾经去过养老院，那里居住的老人有很多各不相同的遭遇：有位金老太太有五个儿子，一辈子没有女儿，五个儿子为了谁养老太太打得兄弟反目成仇，只有老儿子愿意无条件接受老太太，但儿媳却容不下她，经常给她脸色看。老太太无奈跟老儿子商量几家出钱把她送到养老院吧，可出钱的仍是老儿子一人。养儿防老在金老太太身上，五个儿子只有一个勉强能应了这句话。"

这位网民从自己的切身感受中发表了很好的意见。当然，

二、以房养老建立了代际关系的新模式

"养儿防老这句话，在现今的社会已经不大时兴了"，也不能都如此言。老有所养，需要最起码的生活条件，也需要有来自子女最起码的尊敬。对老人的养老来说，这只是个最基本的要求。但就连这一点也做不到，晚年生活该如何度过呢？金老太太的境遇并非该老太太一个人的特例。这种有儿不养，养儿不孝的事情，在现今的社会里已经出现得太多了。我想金老太太闲暇回忆往事时，有一件事是肯定会萦绕心头的：早知道子女们这样不孝顺，当日为什么要生他们，还一连生育了五个孩子，只有一个孩子是管用的。若再考虑老儿子的媳妇的表现，那就只能说只有半个儿子真正对自己的养老发挥了作用。笔者在上海东方卫视做以房养老的节目时，有位老人就说："大家讲养房防老，我的感觉是'养房防儿'，每日总怕自己好不容易得来的房子被儿子夺走了，要提防着一点。"

对这种事情应当怎么办，大家会提出一大堆的解决办法，这些方法也应该起到一定的功效。但这类事情目前已经出现得太多了。要期望根治它，就应当采取某些特殊的办法。以房养老正是这个特殊方法。如金老太太是否拥有自己的住宅，如果有，老太太用自己的房子养自己的老，和不孝的子女尽量少打交道。老太太手头宽裕了，就不用整天和那些不肖子孙为钱财赡养的事情生闲气，也不会整日要看子女们的脸色过日子。

以房养老正是这个特殊方法。

上海市黄浦区有位杨老太太，是只有一位女儿。大家想应当不会有太多问题。数年前同样是为子女的赡养费，拿不到手，自己的日子过不下去，一气之下到法院报了案。经过东方电视等新闻媒体的报道后，搞得沸沸扬扬、尽人皆

45

这笔钱从哪里来呢？都在价值五六十万元的住房中找齐就是了。

知。但在大家不注意的一个细节中，可以看到杨老太太并非穷得过不下去。用现在的眼光来看，其他资产不多，却在闹市区拥有一幢40平方米的住宅。这幢住宅虽说面积不算大，但在上海这种风水宝地之地，尤其是黄浦区这样的寸土寸金里却是价值不菲。再加上房价是一天天涨，这幢小居室价值几何呢？如出售的话，五六十万或更多钱财都是好拿的。可见杨老太太还是个拥有价值五六十万住房的富婆呢？

按照常规，女儿为老母亲养老送终，母亲身故后将住房遗留给女儿继承，自然是正当之理。对这个女儿也再合算不过。养活一个老太太的开销能有多大，难道能用得了五六十万元吗？但这位亲生女儿偏偏等得不耐烦，为什么不耐烦？女儿整天念叨着"这个老不死的，趁早死掉好给我将房子腾出来"。老太太在家中的日子自然是很难过得开心。女儿着急要房子，是她自己没有房子住吗？不是。女儿拿到房子的结果也就是一卖了事，将五六十万元钞票尽早装到自己的口袋里。

在这种情形下，老太太还有必要整日为向子女讨要每人每月一二百元的赡养费打官司吗？显然是很不必要的。将住房来个倒按揭，自己照旧住在这幢房子里，在自己寿终正寝之前，不会有人来催搬家。如老太太嫌家中太寂寞，还可以挑选最好的养老院住进去，生活保健、护理，同大家聊聊天，搓搓麻将等，都是好生活。这笔钱从哪里来呢？都在价值五六十万元的住房中找齐就是了。

三、以房养老是国民经济的新增长点

（一）以房养老可促进消费意识和生活观念发生重大转变，刺激消费增长

以房养老模式的推出，将促进人们的消费意识和生活观念发生重大转变。

以房养老模式的推出，将促进人们的消费意识和生活观念发生重大转变。不仅老年人可以从容消费，中年人甚至青年人，也会认为只要拥有一定价值的房产，就可用于将来防老，剩余的钱就可以大胆消费，从而扩大内需，拉动国民经济的发展。购建住房是人们一辈子的大事，自然是以年轻时代筹措最好，可以很好地享用数十年。但鉴于我国的实际状况，居民家庭大多是最近几年来才有了较多的积蓄和收入增长，才有了购建新房的期盼。推出以房养老的新模式后，老人手中的钱财有了购房和养老的双重用途，这必然会激发房地产交易市场，使不少老人加入到购房大军之中。房地产交易市场的激活，在我国目前积极推行住房商品化之时，是非常需要加以考虑的。

1997年至今，消费需求不足一直困扰着我国经济的发展。政府部门一直把刺激消费、扩大内需、推动经济增长等，作为经济工作的重中之重来抓。有关方面为此多管齐下，各种对策、方法、措施配套齐全，但收效并不显著。城乡居民储蓄率居高不下的直接后果，是他们的即期消费往往转变为远期消

大家都是只讲赚钱不考虑花钱的，这将对经济社会的又好又快地发展造成极大的威胁。

费，造成有效消费需求的严重不足，直接制约着我国经济社会的发展。2005年，我国城乡居民一年的储蓄存款余额，就增长了3万亿元，相当于当期GDP的全部增长额度，而居民收入消费指数则破大荒地下降到50.3%之多。这就是说，大家每收入1000元，只拿出503元用于生活开销，剩余半数都用于积蓄和投资。如这样的事情长期延续下去，一年GDP增长的数额，都统统转化为银行的储蓄存款，大家都是只讲赚钱不考虑花钱的，这将对经济社会的又好又快地发展造成极大的威胁。是否大家都已经是非常富裕，不需要再花钱购买了呢？并非如此。

是什么原因造成我国居民即期消费的下降与远期消费的增长呢？根本原因在于城乡居民对未来收入增长的预期并非很看好，而对未来消费支出的预期则大大提高。其中原因是多方面的。社会经济运行环境的巨大变化及不确定性因素大量增加，居民抵御市场风险的能力还比较弱，并缺乏有效的社会保障。故此，城乡居民的风险意识、忧患意识和自我保护意识都在大大增强，这种增强必然会对居民的消费观念及行为产生重大影响。如为了应对可能到来的失业威胁、养老和医疗费的大幅支付、教育费用开支加大及住房商品化带来的沉重压力，增加储蓄、变即期消费为远期消费，就必然成为城乡居民的明智选择，当然也是一种无可奈何的选择。

消费的增加会导致储蓄率降低，由于储蓄率是决定投资率的主要因素，储蓄率的下降可能导致投资率的下降。按照索洛的新古典增长理论，投资率是决定长期经济增长的重要因素。储蓄水平的降低是否会对中国经济的长期增长产生负面影响，是一个值得探讨的问题。改革开放，尤其是20世纪90年代以来，中国在大多数的年份里都保持了超过38%的投资率，资本的高速积累为我国经济的快速粗放型增长作出了重要贡献。然而，随着卖方市场向买方市场的转变，消费需求持续疲软，企业投资机会减少，规模庞大的储蓄无法全部转化为资本，很大一部分储蓄就成为闲置资金。这对国民经济持续快速的增长而言，显然是很不利的；对老百姓的消费生活水平的提升而言，就更为糟糕。

在这种情况下，适当降低储蓄，增加消费需求，可引导企业增加投资，促进闲置资金向资本的转化，从而引起投资率的上升。投资效率的高低，也是决定经济长期增长的重要因素。我国的投资效率是较为低下的，主要依靠消费需求引导投资，进而拉动经济增长的增长方式，比主要以投资驱动经济增长的增长方式，更能提高投资的效率。目前，我国企业获得资金的渠道主要是国有商业银行，由于存在"体制偏好"问题，国有银行更倾向于给效率低下的国有企业提供资金支持，而很多投资效率较高的非国有企业，却很难获得银行的贷款，造成我国整体投资效率低下的局面。更重要的是，前一种增长方式可以通过居民的货币选票，引导消费资金流向效率高而且产品适销对路的企业，通过优胜劣汰，使效率低下的企业尽快被淘汰出局。

今日的老龄化趋向日益明显。货币养老时，老龄化是个极大威胁。预期存活寿命的持续增长，被称为"长寿风险"，使得社会保障基金入不敷出，遭遇极大危机。如20世纪50、60年代里，人口的平均预期寿命只有50多岁，人们正常工作到60岁退休，距离生命的终结已经是很近了，处于养老期的时间很短，养老负担几乎不必加以考虑。当今日人们的预期寿命都延伸到75—80岁，甚至更长时，人们有生之年的工作期同养

投资效率的高低，也是决定经济长期增长的重要因素。

49

住宅由于其附着地产价值的天然增长性，可以大大减缓老龄化到来之时的负面影响，起到较好的增值效果。

老期相比较，后者就显得过大过高，养老负担就显得很重。

住宅由于其附着地产价值的天然增长性，可以大大减缓老龄化到来之时的负面影响，起到较好的增值效果。这就可以有效解除老年人对生活没有保障的担心，放心大胆地花钱消费，心情愉快地努力延长寿命，而且大家能够活多久，社会保障系统就会供养多久。这就大大减轻了家庭的养老负担，为国家、社会与家庭解决养老保障问题，开拓一条有益可行的思路，发挥住房除生活居住场所、投资手段之外的养老保障工具的第三大功能。

（二）以房养老有助于拉动消费

养房和养老，是当前个人和家庭的两大重要支出。一般而言，房产构成了家庭的主要财富。个人在解决自己老年保障中的责任日益突出，加上养老资源的匮乏，房产的提前兑现将成为一个有效的突破口。用以房养老的观点来看，住房是一种有效的个人养老资源，巧妙地将房产和养老相结合，可开拓家庭理财的新途径，增加个人在有生之年的可支配收入，尤其是老年时期的养老金流入。以房养老的一大好处，就是能够在居民年老时，将住房这种不动产的价值得以提前变现套现，为老人带来稳定可靠、持续长期的现金流入，从而有效解除中老年人对未来生活的后顾之忧，使他们能够大胆花钱、放心消费。

我国的老年人经过长期的积累，实际上已拥有了相当的资产。目前，我国城乡居民的储蓄存款总额，在2006年中期，已跨越16万亿元大关，1年时间增长了3万亿元。再加上居民家

三、以房养老是国民经济的新增长点

庭的手持现金、股票债券及养老保险等，金融资产合计20多万亿元。据央行研究人员的评论，其中应当有40%即约七八万亿元为老年人持有。居民储蓄存款的用途中，据《文汇报》于2005年3月10日公布的一项有关权威机构的调查，"为子女上大学做准备"、"准备买房"、"留做将来养老"又高居前三位。其中人们"留做将来养老"的储蓄，占据整个储蓄的比重在逐步上升，占了10%之多，这就是二多万亿元，再加上居民个人在保险公司的养老保险金的缴纳，累计也达到数千亿元。两笔用于养老的款项合计近三万亿元。如将"准备买房"和"留做将来养老"的资金融会打通，以钱买房，用房养老。那么，房地产交易市场又该呈现为何种发展势头，养老保障的资源短缺还会继续出现吗？

笔者曾以国外老年人中普遍推行的"抵押房产、领取年金"的寿险服务为例，说明以房养老将给老年人带来的好处：

如赵女士今年62岁，住房面积150平方米，房屋九成新，位置离市区较远，但增值潜力较大。经评估该房屋现价为60万元。按当地女性人均寿命为74岁计。投保人的寿命计算基数为12年。据测算12年后房屋本身的价值将折损18万元，而其地价增值预计为24万元，共计增值6万元。保险公司扣除预支贴现利息30%（按年息6%计算），按70%计算，给付额约为46.2万元。再将给付额分摊到投保人的计算基数12年中去，每年赵女士可以得到3.85万元，每月可得到3200元。如考虑人均寿命的可能延长，再加保险公司为预防风险等因素，可能会将每月支付的3200元打折发放。即使如此，每月仍可达到2500元左右。可以想象的是，一个退休老人每月能多得到几千元的额外收入，且储金养老是可行的，但为增加未来的生活保障，居民必须将大量的钱财用于储蓄或交纳保险金，这必然会减少当期的生活消费。

终生源源不断，其生活将会得到很大的改善，整个社会的消费水平也必将因此而有极大提高。这一基本思路值得大加赞赏。

储金养老是可行的，但为增加未来的生活保障，居民必须将大量的钱财用于储蓄或交纳保险金，这必然会减少当期的生活消费。减缓消费，增加投资，强化保障是无可厚非的，它是推进经济增长，保障社会稳定、公正的重要举措。但过多的积蓄保障，又必然会对同期的生活消费产生重大的长期影响，又必然使国家刺激内需的愿望落空。最为典型的是，大家在中年时代既要准备数十万元用于购房，又需要再拿出数十万元用于晚年养老，这就是不可调和的一大矛盾。再者，众多的老年人一辈子都居住于又小又旧的房屋中，通过房改拿到了住房的产权。到了退休时期，既希望更换新房来安度晚年，又发愁手中好不容易积累的钱财会因此开销干净，晚年养老用费落空，这又是一大矛盾冲突。

目前，我国内需不旺，居民顾虑重重。居民家庭的各大类支出中，有子女抚养教育费、购建住房用费、医疗保健养老保障费等等，都需要大量花钱，却又是有钱不敢花。如各项资金全靠自我筹措与积累，不啻是一大负担。相当多数家庭是无力承担的，或是勉强承担，又使其在有生之年里，时时陷入负债、还债、攒钱、花钱的怪圈难以自拔。大家考虑最明智的解决方法，就是舍弃购买新房的打算，将这笔钱财全部用来养老。这一做法的后果，就是消费更为疲软，经济生活难以振作。养老与住房的两重负担减轻了一个，对刺激消费应当是大有好处的。

以房养老模式推出后,专门的保险养老几乎是不大必要之事。每人只要考虑有生之年的住宅购置即可。大家将养老款首先用来购房,到晚年时再用该住房的余值提前变现来养老,两个问题就可以一揽子地全部解决。显而易见的事实是,在购房、养老、子女教育等诸多负担中,养老负担得以相当解脱,不必再在工作期间就养老金的筹措、交纳等下太多功夫,使大家可以生活得更为轻松。

以房养老的前提,首先是大家要有房,有产权完全属于自己的住房,而且该房子还需要具备一定的价值,至少是不能太小太破,价值太低,然后才可能盘算用这套住房来养老。

(三) 以房养老可刺激国民经济增长

以房养老的办法是很好的,它可以有效地增加老年居民的收入水平和支付能力,推动消费增长。这对我国目前的国民经济增长而言,是非常重要的。目前,我国的国民经济增长的幅度虽然较快,但是主要是依赖投资拉动和出口带动,最为重要的消费拉动则显得较为薄弱。大家有钱不敢花,对未来养老、医疗、教育等预期状况不是太好,感觉保障力度缺乏,收入的钱财有相当一部分不是拿出消费,而是大都变成了储蓄存款,这是非常不利的。

以房养老的前提,首先是大家要有房,有产权完全属于自己的住房,而且该房子还需要具备一定的价值,至少是不能太小太破,价值太低,然后才可能盘算用这套住房来养老。如果某人只是住公房或租赁私房住,没有属于自己的住房,显然不可能谈到这一事项。

从整个国民经济的快速持续增长来讲,以房养老模式的推出,对大家增强购房的积极性,从而拉动房地产交易的增长,

通过住房养老模式的落实，老人可将房产这种"僵化的资产"，从价值上给予激活。

显然是大有帮助的。它不仅促使百姓大胆消费，也使房地产业得到进一步发展。平常有着"明年想买房又恐房价涨"想法却又囊中羞涩的民众，也可以放心大胆地先去购房，再用房子来养老。这样既有钱花又有房子住，真正是在自己的有生之年就完全享受了自己所积累的财富。这正是大家最看好以房养老的地方。

以房养老方式的推出，确实可以增加部分老年人的收入，提高生活质量，减少老年时期对养老问题的担忧。老年家庭或个人，收入来源渠道极为有限，最重要的理财项目就是养老金筹措运用。以房养老使得大家在中年期就开始考虑养老问题，对其有限收入做跨时期的消费安排，使之更为合理，这就可以大大提高一生的总福利水平。通过住房养老模式的落实，老人可将房产这种"僵化的资产"，从价值上给予激活，既可以融资变现增加收入，又可以在有生之年一直居住在原房屋不变。这就满足了部分老年人故土难离，希望较长期地在自己熟悉的环境里养老的夙愿。

美国总统布什曾经发表言论，对中美贸易的巨额逆差提出异议，结论是什么呢？中国的老百姓整日只考虑赚钱，却不大愿意花钱，或是有钱不敢花，美国的老百姓则正好相反。为什么大家有钱不敢花，正是对未来预期的不大看好所致。以房养老正是个人科学理财、享受晚年的选择。它有效地增加了老年居民的收入水平和支付能力，使他们在人生收入的低谷期，也可以开启已经形成的"房产金库"，将积蓄在房产上的巨大财富分期支用，有效补偿老年生活来源。以房养老从心理上提高了老年人对今后生活的乐观预期，有效减少了部分老年人对生活保障的担心和迷茫，放心大胆地花钱消费，心情愉快地享受晚年。能活多久，养老保障系统就会供养到多久。

以房养老有效地提高了老年人的购买能力，也会深深地影响到中年人，改变他们的理财观念和消费方式。多年来，我国居民都是储蓄率过高而消费率过低，原因之一是养老、住房、医疗、教育等保障制度的不健全。在最具有购买能力的中年时期，人们出于对未来生计和病患问题的担心，源源不断地把钱存入银行，原因之一就是为了防老。因为大家难以预计自己的寿命会有多长，按常规总要多留一笔钱使未来生活增大"保险系数"。这样省吃俭用地储蓄，结果是把不少的钱留到了身后。有句话说得好："人生最大的遗憾，是人死亡了还有大量的钱财未能花销干净；人生最大的悲哀是人还没有死亡，钱财就提前花销得干干净净。"这虽是一句笑话，但也有一定的道理。

全面推行以房养老，将使得人们不必为晚年生计问题而拥有过多的储蓄。如果再进一步设计，老年人的医疗保障问题，也有可能从住房中得到解决。这种服务制度的建立，将极大地改善养老与医疗保障制度，使中年人大大打消对晚年生活的顾虑，放心大胆地花钱消费，更可以大胆购买第二套住房，将产权房作为一种特殊的养老储蓄。这样看来，面向老年人的住房养老融资服务，不单是一项普通金融产品的简单设计，而是一项具有重大社会经济意义的系统工程。它对有效扩大居民消费，刺激内需，来拉动国民经济持续发展，必将会发挥重要作用和积极影响。

我国的老年人曾长期生活在计划经济时代，是低工资、低消费，目前的退休金也不为多，个人积蓄存款都有一些，但又不是很多，大多数人还比较穷。等再过十多年，目前先富起来的一代中年人士相继进入退休时期时，也很可能会出现消费不

多年来，我国居民都是储蓄率过高而消费率过低，原因之一是养老、住房、医疗、教育等保障制度的不健全。

以房养老模式出现后，金融机构、商业保险公司可以参与其中，把闲置的资金投资于房地产领域，不仅能盘活资金，还可以获得高于一般市场利润率的收益。

足的状况。以房养老正可以在此方面发挥较大作用。老年人一旦解除了后顾之忧，就可以放心大胆地花钱了。

调查资料显示，我国城乡居民的储蓄存款和其他金融资产，已经多得惊人，但这笔钱却存在银行里不敢动作。其中不少就属于老人防老之用。对未来生活状况预期的不大确定，他们只能省吃俭用地生活。售房养老、倒按揭贷款等以房养老模式的推广，无疑可增加老年人的可变现资产。老年人对生活质量的追求势必大大提升，由此极大地拉动生活消费，并持续长久地拉动国民经济增长。这种状况又有什么不好呢？

（四）以房养老为社会保障基金寻找收益稳定的出路

目前，我国商业保险公司及社会保障机构等，都积聚了金额庞大的保险基金，其中大部分是以银行存款的形式持有，利息收益很低。为这部分基金寻找安全可靠、收益稳定的投资渠道，直接影响保险公司的盈亏。保险公司以往是用这笔基金投资股票或债券，因资本市场的风险较高，不仅投资收益很低，严重者还可能血本全无。

以房养老模式出现后，金融机构、商业保险公司可以参与其中，把闲置的资金投资于房地产领域，不仅能盘活资金，还可以获得高于一般市场利润率的收益。试问在各种投资形式中，还有何种投资的收益，能够比房屋这种不动产更为稳定可靠呢？利用以房养老模式，将养老与房地产投资结合在一起，向房地产投资应当是更为精妙。它可以为保险公司每年收取的巨额保险金，寻找到一条安全可靠、收益稳定的多元化投资出路。保险公司从事这一业务时，正可以将每年收取的大量养老金，用于支付购房款（也即养老款）。两类款项的用途、目标是完全一致，都服从于养老这一大目标。尤其可贵的是两条现金流的一出一进，既打开了巨额保险资金寻找较好的投资出路之门，又解决了开办以房养老保险所需的资金来源，正是相得益彰。

保险公司开辟以房养老保险业务，还可以增加新的保险品种和工具，大大扩充资本金，提高资产质量，增加新的利润增长点。城市房产呈现持续增值的态势，倒按揭业务的开办，将会比其他险种更利于保险资产的改善和优化，带来长远而持续的效益同时，增强机构的业务拓展能力和竞争能力，培养自身抗御风险的能力，以积极应对国外大保险公司进入国内市场带来的挑战。

以房养老倒按揭模式作为一种新的金融保险产品，刺激内需，为社会闲置资金打开一条较安全、收益稳定的投资出路。同时，在此基础上衍生出其他的金融保险产品，有利于行业间的联系，推动银证保投的一体化进程。保险公司可借此开拓新兴保险业务，有利于我国保险公司适应国际化的需求由单纯的小额投保、大额赔付，变为部分保险是大额抵押、分期给付；它还可促使保险产品多元化，有利于我国保险公司适应国际化的需要，加快建成为现代金融企业。

以房养老为保险资金的运作提供了一个新思路——"以险养险"，保险公司可以利用自身的优势，将保险资金用于以房养老，间接进入房地产市场。以房养老业务的开办，既是金融机构很好的盈利模式，也是缓解社会保障压力的有益事业。自我国加入 WTO 后，金融业是竞争加剧，住房抵押贷款这一重

以房养老为保险资金的运作提供了一个新思路——"以险养险"。

推出房产养老模式，实际上是为保险资金的多元化投资，提供了一条有效途径。

要业务，已经成为各金融机构争夺的焦点，市场会进一步细分，各种更为合理的贷款形式将被设计出来，如针对老年人的拥有房产的具体状况设定房产养老寿险，根据家庭生命周期所经历的收支状况设定住房分级偿还抵押贷款，根据家庭两代人的经济关联设立父子接力贷款等。这些在国外已被验证为行之有效的金融工具创新，应当在我国发扬光大。事实上，这些新的贷款模式，在我国有着比国外更为强烈的迫切性和现实性。

从 1980 年恢复保险业务以来，金融政策对保险资金的运用，经历了一个从禁止投资到无序投资、再逐步规范的过程，保险投资领域在逐步拓宽。1999 年，政府允许保险资金通过购买基金的形式间接进入证券市场，这具有里程碑意义。因为，原来保险金投资强调稳定保值，证券市场是风险程度很高的地方，允许保险资金进入证券市场，表明收益的重要性越来越突出。

从上述事实可以看出，政府对保险资金的运作的限制是逐步放松的。我国加入 WTO 之后，迫于外来大保险公司的竞争压力，政府各项经济金融政策开始放松管制，鼓励创新。我们相信政府的限制将会进一步放宽。保险资金直接进入证券市场或房地产市场，只是时间的问题。我国的房地产市场目前正蓬勃发展，进入迅速成长的快车道，正是保险公司介入的最佳时期。推出房产养老模式，实际上是为保险资金的多元化投资，提供了一条有效途径。

（五）以房养老可推动房地产金融的发展

以房养老这种做法可以大大加强个人、家庭同金融保险机构在住房金融上的密切关系,推动金融部门对房地产运营全过程的参与。这对国民经济生活的影响,对金融保险部门的业绩、利润增长,对个人家庭的资产搞活、优化配置、功用发挥而言,都是极为有益的,值得大力推广。金融保险部门更应顺应民意,早日将这一金融产品推出,满足大家的需要。

金融部门目前对住宅建造开发、销售购买的参与日渐增多。可以说,没有这一参与,我国房地产业的发展,老百姓生活居住条件的改善,就不会呈现为今日这样欣欣向荣的局面。一个显而易见的事实是,房地产业运营的全过程,不论是房产商的前期规划、筹备建造与出售,还是住户的购房资金筹措、按揭到实际购房、居住使用,都离不开金融的支持。据央行2006年的有关数据资料,房产商住宅开发建造所动用的资金中,有70%—80%来自于金融部门的贷款融资;居民百姓购买房屋所需要动用的资金中,有60%—70%来自于按揭贷款。在某种程度上来说,离开了金融业界对房地产开发、营销、购买的资金支持,房产商开发住宅到居民购买住宅,都是不可设想的。至少运作的规模,要比目前状况大为萎缩。

但在住房的长期居住使用中,除住户续借及归还按揭贷款外,却似乎同金融毫不相关。这笔凝结在住房上的价值尽管数额巨大,却往往被视为一种资金的沉淀,已经不可能在家庭资源的优化配置和经济生活的运行和管理中发挥影响。银行部门几乎不对这部分住房资产打任何主意,只是保险部门在尽力开拓包括房产在内的财产保险,但将这笔巨额房产价值做其他"非分之想"者则近似于无。其实并非如此。

住房资产具有天然价值高而稳定、保值增值、长期拥有、不会移动等特性。将住房视为资产管理的重要内容,给予进一

> 金融保险部门更应顺应民意,早日将这一金融产品推出,满足大家的需要。

以房养老不仅可减少闲置资金浪费，而且能够开辟金融资金新的盈利途径，为金融机构进军21世纪的老年产业，抢占经济领域新高地作出好的开端。

步的运营融资，对住户和金融机构而言都颇为有益。住户和金融部门完全可以利用这一特性，尽可能运用住房具有的巨大价值发挥功用。金融部门将目前之抵押贷款的限制性条款尽量放开，以住房作为担保物，开办住房抵押、质押贷款，将更多的住房资产纳入业务运作范围。住户则可尽量运用拥有房产向金融部门融通资金，用于家庭生活中的各个方面。

住房在使用后期濒临报废时，金融部门对房地产的参与仍是大有必要的。原因是住房本身虽因长期使用而日渐陈旧破损、功能落伍，日益不堪生活居住，亟待清理报废、重新建造，但住房所依附的土地仍然具有很高价值。这笔蕴含在土地中的价值是住户与金融机构再建合作的基础。金融部门可以联合房地产部门大量收购需要改造翻建的住房，使其重新焕发青春。对行将报废住房的重新修建，目前是以规划拆迁的形式进行的，并给予住户以相当补偿。金融业界参与本事项的最好办法，就是通过以房养老的方式大量收购住房，到拆迁时就可以以产权人身份参与这种讨价还价，并由此取得相当收益。

以房养老作为解决金融机构资金使用矛盾的新型手段，不仅可减少闲置资金浪费，而且能够开辟金融资金新的盈利途径，为金融机构进军21世纪的老年产业，抢占经济领域新高地作出好的开端。商业银行开辟个人信贷服务的历史不长，目前尚处于发展初期，个人贷款额仅占全部贷款的不足10%，与西方发达国家银行业40%的个人贷款业务相距甚远。将以房养老的理念融入老年住宅市场，可以开拓银行新的个人信贷业务，增加盈利空间，实现金融资金的多元利用。保险业目前正面临养老保险开展难度大的困境，企业职工有限的经济承受能力形成普遍投保的障碍，个人账户创造的代际接力的养老条件，由于不能保障完全归个人所有，而降低了对投保人的吸引力。保险业需要探求更新颖也更易于执行的养老保险方式，以房养老作为房地产业和老年金融的结合，将是保险业走出养老困境的极佳方式。银行和保险作为金融主要机构尚且如此，其他相关的金融组织同样也可以在老年住宅转换养老模式的过程中寻找到新的盈利点。

其他相关的金融组织同样也可以在老年住宅转换养老模式的过程中寻找到新的盈利点。

四、以房养老开创了家庭投资理财的新思路

（一）穷有穷养，富有富养

贫困人士想到的养老很为简单，"只要没饿着、病着"就行了；有钱人士希望达到养老的标准，肯定不同于芸芸众生。

　　房子要能够担当养老的重任，首先要求住房必须具备一定价值。但这个价值应当是多大才能完成养老的使命呢？俗话说，"穷有穷养，富有富养"。贫困人士想到的养老很为简单，"只要没饿着、病着"就行了；有钱人士希望达到养老的标准，肯定不同于芸芸众生。有人在传统消费观念的影响下，简单设定能接受"倒按揭"的人群，就是"拥有一所房子、收入低且存款也不足、没有子女或子女不肯赡养、生活上需要人照料"的老人。很明显，这样的受众范围相对狭小，同时也涉及我们应当如何养老，是"讲究"还是"将就"。

　　李老师是个中学教师，今年60岁，刚刚从辛苦大半辈子的讲台上退休下来。退休金不多也不算少，但家中还有位80多岁的老母亲，有个已经结婚但仍旧在一起居住的大儿子。人口多，负担重，经济状况不能说太差，却也不算乐观。退休后的十多年应当怎样过，李老师有各种打算。其中有一点就是想把目前住的房子变换些价值，将自己的晚年生活搞得更宽裕一些。李老师辛苦一生，上有老，下有小，还真没有过上几天好日子。李老师想抵押房子换钱搞

62

四、以房养老开创了家庭投资理财的新思路

好养老生活的议案，刚摆上家庭会议，就遭到来自各方的齐声反对，包括妻子、儿女，甚至比他更年迈的母亲。大家一致认为养老能将就着过就将就着过，只要没饿着、病着，就无需将休养生息的家园抵押出去。

国外老人会选择旅游等高消费，如果资金不足便会考虑以"倒按揭"的方式来增加收入。

养老能将就着过就将就着过，只要没饿着、病着就行。这类观点在老年人的身上还是表现得很突出的。这里需要提出的是，李老师的母亲提出反对的意见应当是正常的。老人家按年岁来说，应当有80多岁了，一辈子是能将就着过便将就着过，对贫穷生活是安居乐业，毫无怨言。李老师的子女提出反对意见，就有些不应盗吮。这个子女按年岁也该有三四十岁了。三四十岁的子女，应当凭借自己的努力创业打天下，自己攒钱买新房。难道新房居住起来，不比老爸的旧屋住起来更舒服吗？

国外老人会选择旅游等高消费，如果资金不足便会考虑以"倒按揭"的方式来增加收入。他们以想做的事情、目的为中心，然后尽量解决资金问题。而中国传统的消费观念则不同，中国的消费观念就是节俭、知足常乐，以收入的多少为中心，然后考虑可以做哪些事，还要有部分存款应对万一，超过预算或收入的事情不做。这些差异直接影响到中国老人对财富、养老的需求，同时影响到大众对"倒按揭"的需求程度。

有位读者大致构架了乐意采用倒按揭养老的人群，认为受众的范围相对较为狭小。事实上，收入较高，储蓄存款较多的人士，同样是倒按揭的参与人群。有房子但钱财缺少的人员需要倒按揭，以试图将住房变换为所需要的钱财，倒按揭的功用可谓雪中送炭；收入高、储蓄多的人群同样需要将住房变换为金钱，以保证晚年生活过得更为宽裕，这时的倒按揭可称为锦上添花。前者固然是必需的，否则非如此就无法得到养老最为

63

起码的生存条件；后者的积极参与对倒按揭的顺利推行也不无
好处。

现在大家的收入是大大增加了，生活水平也是普遍地上
升，老年人的养老事项也应当是水涨船高。以前是将就、凑合，
现在就应当是讲究，是生活标准与质量的提升。有幅对联写得
很好，"今年已比去年好，明年更比今年强。"以后的生活只能
够比现在好，而非相反。年轻人应当享受的好日子还在后边
呢？何必着急。而老年人则是时光不多，现在不享受更待何
时，难道真要将终生的遗憾，带到火葬场去了吗（现在大都实
行火葬，不应该说棺材了）？"只要没饿着、病着"，这个标
准不是太低了吗！

（二）以房养老是获取养老收入的新通道

据大量数据资料显示，我国 60 岁及以上人口的主要收入
来源是亲属提供（51.09%），其次是劳动收入（24.84%），再
次是离退休金（15.82%），最后是社会保险和社会救济。老年
人口的收入来源，主要是靠亲属资助及个人劳动收入，社会保
障水平低下。

这些数据表明，目前，家庭在赡养老人方面仍旧承担着最
为重要的责任。随着独生子女政策的推行，家庭成员结构将发
生深刻的变化，"四二一"式的家庭将普遍出现。在这种人口
倒金字塔的结构下，家庭养老将显得力不从心，商业保险养老
和社会保障养老，也会因资金短缺受到极大阻碍。随着人们对
自有房产拥有数量的逐步增加和质量改善，以房养老将成为养

四、以房养老开创了家庭投资理财的新思路

老决策的可选择方案，构成家庭养老制度的积极变迁。

　　我们需要有以房养老这一新生事物的出现，以面对老龄化危机，更好地解决每个人都将面对的年老退休问题。财富是收入减去消费的结余，按照个人工作期间的总收入在个人的整个生命期间做平均消费的生命周期理论，工作期间财产的积聚，最终是要在晚年养老期间给予最大限度地消费运用，并尽量在自己余存寿命终了时将遗产减少到最低限度。家庭积聚财产的目的，正在于为其晚年生活做最好的养老储备。

　　以房养老这种做法是"将房子的价值应用在一生的消费之中，大大提高了老年人生活的质量"。这是很对的。以房养老可以让住房在住户晚年发挥养老保障的功效，大家在中青年时代需要考虑的养老储蓄、商业养老寿险等，就可以尽量少办或不办，将节约下来的钱财用于购买较好的住房，提升过于窘迫的生活质量。如争取早日将购房贷款的本息还清，免得交付过多的利息，减轻生活压力；如注重文化娱乐生活，多来点旅游观光；多增加点营养品，免得整日考虑还贷款而节衣缩食，"就窝头啃咸菜"地过活。以房养老正从经济角度上，体现了老人对其有生之年创造和积累财富的最佳处置和支配，真正做到了莫迪格利亚尼所声称的，一生（主要是其劳动期）创造的财富在整个一生期间里平均分配，使得个人效用达到最大化。

　　以房养老可以增加父母们的养老收入，而且是稳定可靠、持续至人生的寿终正寝才宣告终结的收入。这笔收入还有一个特点，就是一笔不需要交纳任何税费的纯收入。以房养老有多种方式，其中有一种年金式的倒按揭，就是人能够活到多大年龄，机构就负责供养到多长时间。这就使得老年人终生有靠，试想还有何种待遇能比"终生有靠"更让人放心的呢！

以房养老可以增加父母们的养老收入，而且是稳定可靠、持续至人生的寿终正寝才宣告终结的收入。

65

有的老人日常的退休金是有保障的，只是操心万一发生大病重病难以招架。以房养老同样可以发挥作用。

　　有的老人日常的退休金是有保障的，只是操心万一发生大病重病难以招架。以房养老同样可以发挥作用。需要资金时，将住房申请一次性贷款若干，到日后凑到资金时再行归还，或者到自己身故时用住房来还账。假如，子女对该幢住房有浓厚的继承意识，也可以由子女向银行还贷付息，赎回该幢已经抵押的房产。

　　有的老人希望来个养老、遗产继承两不误，利用该幢房产同样可以达到这一目的，只是每个月可从房产中得到的收益大为减少。如该幢房产的价值为60万元，现在只就其中的部分产权向银行做抵押，每个月也只得到部分款项，一直到最终身故为止。如该老年人目前年龄为65岁，预期可存活到80岁，尚有15年余命，假设房产价值增值与利率呈现为4%的同度进行，该老人每年可从房产抵押中拿到4万元，若适当打个75折，每年可以拿到3万元。假定该老年人经过仔细算账，每年的养老金补贴有1.5万元即足够。就可以只将该住房的半数予以抵押，另外半数将来还可以留给儿女们继承。到老人最终身故时，子女可以拿出一笔钱财归还银行，将该幢住宅重新赎回归自己所有，也可以用该住宅的拍卖价款归还银行本息，自己仍可继承到相当现金。

　　这里谈到在该住宅抵押时，打个75折，老人每期应得货币也从4万元减少到3万元，是否该老人吃亏了呢？不是这样。打个折扣，是从机构经营稳定性的角度来讲的。假若老年人最终的寿命足足活到了85岁，或贷款利率实际执行的结果，远远大于房价上涨的比率，或者该住宅到期的实际价值还有所降低，这时的折扣率就可以发挥功用。机构虽然开办了这一业务，遇到这些难以预料的事项时，是否发生亏损了呢？因付款有一定折扣而没有发生。这就保障了机构的利益，促使机构开办业务有了积极性。

　　当然，话又需要反过来讲，机构的利益是保障了，抵押房产人的利益是否受损呢？也没有。俗话说"盖棺论定"，老人身故时，为保障双方的利益，极有必要来算个总账。如这幢住宅的价值是多大，拍卖得到的价款是多少，抵押老年人在整个抵押期间总计得到多少款项，再加上实际执行利率又达到多大，两者相抵是否均衡，否则又应怎样办？这些都要事先在相关合同中详细载明，并按照合同实际执行。如抵押房产的价值大于还贷付息的数额，多出部分还可归由老人的子女或其他合法继承人继承；如抵押房产的价值小于还贷付息的数额，不足部分也可以考虑由子女负责埋单。最终的结果是这一业务的开展，能够尽量建立在机构与抵押房产人利益双赢的基础上。

（三）以房养老是"住宅富人、现金穷人"的新出路

　　在住户对其拥有住宅的产权或使用权的永久性的让渡（出售），或一定时期的让渡（出租或售后回租等）的过程中，这种权利变更使住户得到了自己希望得到的收益，同时也付出了对自己来说相对不大的代价。如通常称道的"不动产富人、现金穷人"的老年人，欠缺的是日常可以用度养老的货币钱财，住宅对他来说是必要的，否则就只能是露宿街头。但当像通常可以看到的那样，老人的预期存命只有十年、八年，而住宅的可用年限尚有二三十年之久。老人死亡后该住宅的剩余可使用年限，尽管也是一大笔财富，但是对该老人来说，其实际效用

经常可以看到许多老年人，虽然住房很好，但是每日发愁生活费不足使用，被称之为"住宅富人、现金穷人"。

则几乎等于零。故此，这种对拥有住宅的权利变更和变现套现，完全符合老人的利益需要。

经常可以看到许多老年人，虽然住房很好，但是每日发愁生活费不足使用，被称之为"住宅富人、现金穷人"。许多老人也说，自己花费一生的积蓄约上百万元购买了住房，也算个"百万富翁"了，但日常生活仍然是简陋如常，根本找不到作为百万富翁的任何感觉。

贷款买房是对的，但将这一事项推向极致，就会像今天大量出现的房奴那样。为买房还欠了一屁股账，每日要为筹钱还账想方设法，生活搞得更是狼狈。这种"资产大增、债台高筑"显然不是好办法。尤其需要考虑的是，"资产大增"只是住宅资产的大增，在家庭生活中只能满足"住"的功能；"债台高筑"则需要实实在在地拿出"真金白银"来还债。对这些老人而言，前者显得过多，对自己并非很为需要；后者又是极为欠缺，养老金、子女供养、积蓄存款等日常现金收入有限，除应付日常生活开支外，已是非常缺乏。能否将此种反常现象加以有效改变呢？仿效第三位老太太的做法，以房养老就是一个切实可行的好办法。

实施以房养老后，老年人可以获得百万富翁的感觉。原来他要放着几十万、上百万的家产，却过着每月几百块钱最多不过一两千元钱的日子。要让老人过上较为富裕的生活，就要把这个几十万、上百万的房产提前变现，让他在活着的时候充分使用。有了这样一个资金源源不断的金库，不但不要儿女负担，还可以给生活困难的儿女一定补贴，老人就维护了他在晚年生活的尊严和体面。老年人手中有了更多的钱，子女不用再为赡养老人花费支付金钱，也有助于带动整个社会的消费。

四、以房养老开创了家庭投资理财的新思路

今天有太多的人，尤其是老年人，往往陷入房子该买还是不该买的怪圈。经过大半辈子的积累，手头有了一些资金；在小房旧房中住了大半辈子，极希望在晚年生活中有个好房、大房，舒舒服服地养老居住。一旦房子买到手，养老的钱财就没有了。虽说每个月发放的退休金足够维持生活，但想要提高生活质量就达不到了。再者，万一养老生活中发生大病重病又该怎么办？其实，在长期的退休生活中，出现某些大病重病绝非什么"万一"，而是几乎每个老年人都要或多或少经历的。还有个很现实的问题是，货币存放在银行里，每天都可能贬值；房价却是在不断地升值，现在不买房，将来的房价更高，更买不起。有了以房养老之后，人们的决断就简单多了，先买房子，然后再用房子来养老，不必再担心如果花太多钱在买房上，到年老后面临养老难的问题。

以房养老的最大特点，就是把有产权的住房变成了一种特别的储蓄，把不动产变为货币流动资产。通过这种住房价值形态的转换，来满足晚年生活期间对现金的持续不断的稳定可靠的需要，达到养老保障的结果。住宅资产占据全部资产的比重很高，但这笔巨额财富被占压在不动产上无法流动，也就只能发挥生活居住场所的一般功能，而变现融资实现价值流动，从而使养老保障乃至其他功用的发挥，则被忽视或完全无法进行。为此就需要建立一种有关住宅不动产的价值流动机制，提供一个完全开放的交易市场，以便顺利地实现金融资产与住宅资产的价值转换。

笔者曾针对老年人拥有大额房产而日常生活又颇为拮据的现象，做了一个十分恰当的比喻，"一边捆着草，一边饿着牛"。为什么"饿着的牛"吃不到一旁捆好的干草？正是渠道不通、

大家是拥有了上百万的房产，却总是找不到百万富翁的自豪感，更无法像百万富翁那样生活。

观念滞后，以房养老政策与有效沟通的机制平台未能建立之故。这一矛盾借助于保险和银行等金融机构力量，通过以房养老的手段就可以很好地加以化解。再如，在目前的北京、上海、杭州等地，只要某个人家能在不错的地段拥有一套稍像样的住房，都可以称做"百万富翁"。但大家是拥有了上百万的房产，却总是找不到百万富翁的自豪感，更无法像百万富翁那样生活。如果该住宅的贷款尚未清偿完毕，每日仍要为欠债还钱节衣缩食而大伤脑筋，那就只能说是百万"负翁"，是"房奴"而非房东。为此，以房养老，让住房发挥最大的价值是非常必要的。

（四）以房养老可为老年人养老提供稳定的现金来源

以房养老在中国的推行，目前已经被提上议事日程。我们幸福人寿保险公司正会同有关部门，投入紧张的产品研发中。这一发源于美国的房产养老寿险产品，是否适合中国的国情，能否在中国也得到广泛应用？这一产品推出后能否受到社会公众尤其是众多老年人的青睐并积极参与，都是值得大力探讨的。

以房养老的推出，确实为老年人的养老提供了稳定的现金来源，大大提高了老年人的生活质量。根据以房养老的发源地——美国的数据，在住房与城市发展部（HUD）开展的房屋价值转换抵押贷款（HECM）计划这个最受欢迎的倒按揭产品中，借款人的平均年龄为76岁，平均收入为10400美元，是所有拥有住房的老年人的平均收入的44%；借款人的房屋平均价值是102000美元，比所有老年房屋所有者的平均房屋价值高42%，是典型的收益少、房价高。通过以房养老，老年人可支配的现金增加，从而可以更好地满足日常开销和其他支出，如医疗费用、房屋维修费等。

　　作为居民户，尤其是中老年居民户，将是以房养老行为的最大受益者。它增加了养老资金的来源渠道，为大家安度晚年，又最大限度地改善生活居住条件提供了可行途径。使住宅这笔居民家庭拥有的最大财富，得以在价值上实现流动，实现居住与养老的双重性功用。这种行为模式要求居民户改变"安土重迁"的传统观念，一幢住房不再是家庭固定乃至永久性的住所，而是可以随时予以更换、搬迁。每个家庭都可以也应当根据自己的经济状况和生活需要，自主随意地作出自己最佳的选择。每个家庭的一生中，都可能搬家频频，如从小房搬迁到大房，也可由大房搬迁到小房。这就需要社会上拥有数量众多、类型多样的住房，乃至相当数量的闲置房，即有较多的住宅资源可供大家自主选择；需要有健全便利的围绕住宅变迁、交易转让、资产评估的房地产交易市场；需要政府制订各种相关法规政策和优惠条款，以鼓励这种交易行为的实现，并使交易成本不至于过高；还需要居民的住房产权观念有较大转变，"不求所有，但求所在，不求所在，但求所用所益"的意识应当深入人心。

　　我国的特殊情形下，大多数国民只是近十年来才脱离贫穷进入温饱阶层，能自称进入小康社会甚至富豪阶层的，还只是经济发达地区的部分经济富裕人士。老年人在经历了大半生辛勤劳动和艰苦生活后，迫切希望自己的晚年生活能有个好的结局。这种好的结局，包括在适合养老地段拥有一套适合居住、功能齐全、面积较大的住房，持续稳定的养老金收入作为晚年

需要居民的住房产权观念有较大转变，"不求所有，但求所在，不求所在，但求所用所益"的意识应当深入人心。

个人理财规划是针对客户整个一生而不是某个阶段的规划，以谋求投资获益并防范风险为己任，宗旨是向客户提供整个生命周期全过程的资源合理配置与运作的方案。

的生活保障，生病期间能得到较好的医疗保障服务，来自子女后代的孝敬、生活起居照料和亲情的慰藉和社会的尊重。这些都是正当合理，应当给予积极满足。

（五）以房养老是人生理财的新规划

个人理财规划或者说个人金融理财，是目前财经金融界最为流行的话语，今日已受到相当的注重，金融机构对理财表现出极大的热情，各家银行保险公司争相开办个人理财服务业务，新闻媒介大打理财牌，个人理财需求日益旺盛。有关个人理财规划师和金融理财师即国外通谓的（CFP）的资格证书考试，在我国已经大量开办，处于炙手可热状态。

个人金融理财今日正作为一大热门职业，受到众多白领人士的广泛关注。理财规划的意识与观念已逐步为广大家庭所接受，相关的个人家庭理财规划也逐步为国人认同和重视。它作为一种综合性金融服务，是通过明确个人客户的理财目标、分析客户的生活和财务现状，专业理财人员帮助客户制定理财方案，实现目标。

个人理财规划是针对客户整个一生而不是某个阶段的规划，以谋求投资获益并防范风险为己任，宗旨是向客户提供整个生命周期全过程的资源合理配置与运作的方案。个人理财规划的内容，分别包括了个人家庭一生各阶段的重大事项的规划，如个人财务规划原理、个人生命周期阶段的资产负债分析、现金流量预算和管理、婚姻生育规划、子女养育及教育规划、投资目标确立与实现、个人风险管理与保险规划、融资规

四、以房养老开创了家庭投资理财的新思路

划、就业择业的职业生涯规划、住房购买与居住规划、员工福利与退休养老规划、个人税务筹划和遗产传承规划等。

在个人理财规划中，财务自由是非常关键的，实现财务自由是大家追求的终极目标。

国内外理财专家的研究和大量理财实例表明：理财是一生一世的事，从3岁顽童到垂垂老翁，只要是在市场经济社会中生活，每日要花钱消费，都离不开金钱和对金钱的打理，即理财。那么，我国究竟有哪些理财产品呢？实在是太少太少。即使有一些理财产品，也多是低水平重复，含金量很低，难以登上大雅之堂。许多金融保险界人士讲到了要打造金融超市。我们随意走进一家商品超市，发现物品是琳琅满目、目不暇接。走进了所谓的金融超市，却发现几乎是空空如也，没有什么太有价值的东西。再如，大家听到保险公司营销大师的宣讲，自然是精彩异常，大有恨不得马上将其买回家的感觉，但实际感受该产品时，却远不如宣讲得那样好，再加上理赔或获得收益时的种种冷遇和折扣，自然难以对此产生多少好感。

在个人理财规划中，财务自由是非常关键的，实现财务自由是大家追求的终极目标。养老生活也一样，只有达到财务自由的情况下才能真正做到"不依赖"，即不依赖社会，不依赖子女，不依赖家庭，完全依靠自己的财务策划舒适幸福的养老。考虑时下的一些虐待老年人的报道，很多子女把赡养老年人看做一个负担，究其原因之一正因为老年人的过多财务依赖。试想老年人能依靠房子实现财务自由，就可以避免很多不和谐的声音。从财务自由的角度来说，以房养老比养儿防老更接近目标。

今日个人理财规划的内容，经过大致梳理，可有如下数点不足：

1. 短期行为，一般只是就某个人或某个家庭的某一时期的

73

个人家庭的经济物质生活及相关的婚姻、生育子女、教育、养老、遗产继承等，是人生必经程序的密不可分的整体。

金融资产投资、收入消费等，给予规划安排，很少涉及更为长远的内容。如对该个人或家庭的整个生命周期全过程及各个阶段的重大事项，给予全面规划，或还能够将抚养、赡养、遗产继承及代际财富传递等，也给予相应的长远安排。

2. 主要是对家庭金融资产的形成、运用、配置、耗费等给予规划，而对占据家庭财产最主要内容的住房资产却很少给予考虑。或至多只是对住房购买的按揭、还本付息等给予规划，而对这笔家庭财产的进一步利用，如晚年生活中倒按揭养老保障等，未做深入考虑。这显然是一大缺陷。

3. 规划分项制作，综合度不够。今日的个人金融理财规划号称有八大规划，各个规划有严格分工，相互间又有密切联系。但问题是分工明确，综合联络一揽子解决问题的状况，则有较大欠缺。

对个人家庭的一生全过程或说重大事项作出分门别类的规划运筹，向客户提出完整的理财方案，供其实际运行实施，并在实施中修订完善，是理财规划师引以为自豪的。个人家庭的经济物质生活及相关的婚姻、生育子女、教育、养老、遗产继承等，是人生必经程序的密不可分的整体。首先，我们需要从整体状况对家庭收入、财富拥有等经济状况、理财水平、抗御风险能力、赚取收入能力及消费支出需要等，给予全面、整体地把握、解析。其次，我们又需要考虑所处生命周期及所在阶段，面临的主要问题及应予解决的途径，根据理财最终要达到的目标等，分门别类地提出与解决问题，最终得出解决问题的方案，提出如婚姻生育、生涯教育、住房买车、投资融资、退休、养老、纳税交费、遗产继承等具体规划，一揽子提交给客户。这一工作是否对头呢？是的。它比眉毛胡子一把抓的做法要好得多。但这一解决问题的方法，是否就是最为完善？并非如此。

我们可在理财方案中看到这样的提议：购房方案建议某中年人购买100平方米的住房，首付款若干，每期付款若干，若干年还清贷款本息；养老规划中谈到该中年人每期应交纳商业养老保险若干元，到退休后可保证每月有若干寿险金返还，一直到死亡为止；遗产传承规划则包括该中年人于临终时如何将所购买的100平方米住房向子女传递下去。就每个规划而言，都要设想合理、科学到位，但将各个规划综合考虑，则又是缺陷多多。比如，购房需要申请长期限、大面额的贷款；每个月储蓄、缴纳养老寿险，又需要长时期将钱财存储于银行或缴付保险公司。向银行贷款利率是年6%之多，将款项储蓄于银行，利率则不足3%，养老寿险的收益率也只有2%左右。这明显是大笔损失。

单个规划制作的最大缺陷，还在对住房价值的未能很好地利用上。以房养老思路的提出并付诸实施，是个人理财规划的一种高级形式。它将家庭中支出开销最大的住房与养老两大项目，通过一定的金融保险机制或非金融保险机制，予以最好的对接。使同一幢住房，既能充分发挥其正常生活居住的功用，又能充分发挥住房价值提前变现套现的功用，将老年房主身故后仍旧遗留的房产价值给予提前变现套现，充分发挥对养老保障的功用。所以说，以房养老还是一种高级的个人理财规划的方式，推行以房养老，势必会对传统的个人理财规划以不小的冲击，并促使个人理财规划能在一种更高档次的平台上顺利运行。

以房养老还是一种高级的个人理财规划的方式，推行以房养老，势必会对传统的个人理财规划以不小的冲击，并促使个人理财规划能在一种更高档次的平台上顺利运行。

以房养老思路的提出并付诸实施,是家庭投资理财的一种高级形式。

(六)以房养老是家庭投资理财的一种高级形式

以房养老是目前方兴未艾的个人理财规划的一大创新,是个人拥有房产资源最好运用的结果。它将家中拥有的住房作为一种养老资源,将已凝结在住房财富上的价值搞活流动起来,大大强固了养老的物质保障,为人们的生活造福。

以房养老思路的提出并付诸实施,是家庭投资理财的一种高级形式。它将家庭中支出开销最大的住房与养老两大项目,通过一定的金融保险机制或非金融保险机制,予以最好的对接。使同一幢住房,既能充分发挥其正常生活居住的功用,又能充分发挥住房价值提前变现套现的功用,将老年房主身故后仍旧遗留的房产价值给予提前变现套现,充分发挥对养老保障的功用。

有人说,人活一世就为忙一套房子,这句话难免有点言过其实。不过,住房占到家庭财产的大半却是不争的事实。在个人金融理财蓬勃兴起的今天,面对漫天飞舞的股票、基金、期货、保险等各种理财产品,房产这种已被"僵化"的不动产,应该怎样在理财舞台上翩翩起舞呢?倒按揭作为以房养老的代名词,正掀起了一场新的理财运动,开创了一种新的理财思路。

随着经济社会形势的发展,我国的个人金融理财产品必将大大增多,更为需要的非金融理财产品,如房产打理规划、子女生育教育规划、税收、遗产传承等规划也将大量出现。中国居民素来重视的"不动产理财",以房养老正作为一种新的金融理财产品,而且是一种高级的理财产品走到人们的面前。

在以房养老的思路安排下,个人家庭理财规划的若干方面，将受到如下程度不等的影响：

1.住房购建规划

在住房购买的选择上，不仅要注意住房的朝向、面积、地段、结构、功能等使用价值及坐落环境、居住舒适度等因素，还要考虑该住房的价值保值升值、土地使用权限、该地段未来发展潜力等。住房能否很好地发挥养老保障功用，并不在于该住宅的结构、功能是否适于老年人养老居住，更在于该住宅的价值能否保值增值以及增值的潜力有多大。再者，大家考虑买房，就不需要一次到位，而可能考虑一生中多次购房售房。这类似于美国的通行做法：经济基础尚未建立的单身和新婚之家购买单身公寓或小户型住宅；有孩子后换购中套房间；随着孩子长大和经济状况富裕好转再换购大套房间或豪华公寓；到了退休养老期，孩子们相继长大"离巢"而去，老夫妇再将大套房间出售掉，换购到郊区环境好的地段购买小居室，安居养老。

依靠房子来养老，就可以促使家庭将较多的资金用于购置房屋，或购置高质量、大面积的房屋，从而使居住生活质量大幅提高。同时又使家庭资源得到有效利用和配置，为养老问题的解决提供一种新的思路。

2.养老保险规划

为养老早做财力准备，是家庭投资理财中奉为经典的格言，且做这一准备的时期是越早越好。但缴纳寿险年金的获益在我国只能维持在很低水平上，这种参与不是很合算的。应考虑减少甚至取消寿险费用的交纳，而将同样的钱财投资于房产更为适宜，担当养老保障的力度也会更为强大。目前，我国养老寿险的年收益率只有2%左右，储蓄存款利率即使按5年期整存整取利率计算也不足3%。住房的房价增值则可持续保持

大家考虑买房，就不需要一次到位，而可能考虑一生中多次购房售房。

77

考虑用房子养老，故不妨将住房购买得大一些，档次高一些，功能多一些，希望升值的潜力高一些，现在舒适居住，将来养老时也能建立起较为雄厚的物质资本。

在5%乃至10%以上。杭州、上海、北京的房价，更是破天荒出现了三年翻一番、五年翻两番的纪录。若再考虑20年或30年的长期限，这笔收益率的差异累积就是很为可观。我们再考虑加大住房投资，尽量购买环境优、地段好、面积大、功能全、增值潜力大的住房，除了可带来优厚的收益外，还带来了居住环境彻底改善和身价、地位提升，家人愉悦和每日的好心情。将同样的钱财存储于银行，在真正将其用于养老时，固然可发挥较大功效，但平日除心理满足外，只能起个价值符号的功用。

考虑用房子养老，故不妨将住房购买得大一些，档次高一些，功能多一些，希望升值的潜力高一些，现在舒适居住，将来养老时也能建立起较为雄厚的物质资本。中青年时期在住房购买上多投入，养老储备上就可以少花费。日常只要参与社会养老保障，每期缴纳养老金外，其他形式的养老金存储，如养老储蓄、商业性养老寿险适度低层次参与即可，到退休养老期就可以用建立起雄厚的住房价值为自己养老。

3. 投资规划

以房养老的思路下，个人家庭的投资规划中可尽量加大房地产投资，如购买第二套住宅、用租金收入贴补家用或缴付按揭贷款。到退休养老期还可将该住宅出售，用出售价款来养老，足以度过晚年的幸福时光。各种股票债券、期货期权、黄金外汇、古玩集邮收藏品等投资，就不必再予大搞特搞。

住房投资收益一般高于养老寿险和储蓄收益。尤其是在我国目前特定的经济社会发展的大背景下，国民经济持续快速增长，20年再度翻两番的宏伟目标必将实现；数亿农民将进入城市，城市化进程在大大加快，土地资源的严重短缺与不可再生性，居民收入与拥有财富的大幅提高，城市地价与房价都处于长期快速上升的通道。在这种状况下，人们为未来养老而储蓄存款或交纳寿险年金，远不如将其购买住房更为合算。当以房养老成为现实，老年人居住在自己的住房充分享有应拥有的使用价值，还能便利地享有自己身故后住房价值提前变现而带来的现金流入时，中青年时代大力投资住房，晚年依赖住房养老，将显得更为合算。

中青年时代大力投资住房，晚年依赖住房养老，将显得更为合算。

4.遗产传承规划

以房养老思路的建立及真正实施后，父母能够作为遗产传留给子女的最大资产——住房，已因养老使其价值几乎消耗殆尽，除外其他遗产项目并不多。故此，遗产传承这个很重要的规划也就变得可有可无。父母不必视为子女留取尽可能多的遗产为人生的最大责任。换句话说，父母是为自己的人生幸福生活，而非尽量为子女得到最大享受而生活。这是两种差异很大的人生观。鉴于此种状况，遗产税的缴纳与规避同样因可继承遗产的大幅缩减，而变得可有可无。

5.子女生育规划

养儿防老是凝结于国人心目中的重要情结所在，多子多福是人生的一大信条。以房养老的理念推出，将使养儿防老的传统观念进一步弱化，当子女已经不再担当养老的功能，父母对生育子女尤其是生育过多的子女，就会丧失经济上的充分自由，从而大大减少对子女数量上的需求，转而更加重视对子女的养育质量。某位老人得知笔者以房养老的观点后，深表赞同，撰写了一篇《养儿子不如养房子》的文章。此文刊登后引发强烈的争议，反对者不绝于耳，赞同者也是大有人在，且赞同者多是老年人。

到了老年时代, 将大套住房用于养老之时, 照样可以规避税费交纳, 这对家庭而言是一大福音。

6.税收筹划

以房养老理念的推出,同个人家庭的税收筹划也有一定的链接所在。老年人倒按揭或出售住房产权的目标,是完成养老的重任,故此应得到免除税费的优惠。假如老年人将住房一次性出售,用所得钱款居住于养老院养老,售房收入依法要向国家缴纳房产税、契税、营业税、个人所得税等税费。若当老年人将住房反向抵押给银行,并于每期向银行借贷一定的款项用于养老。到该老年人死亡,将房产移交于银行归还贷款本息时,期间看不出有任何住房出售的事宜,也就不必缴纳任何税费。可行的方法是,人们于青年时代购买小面积住房,中年时代出售小住房换购大面积住房,此时出售小套房的收入应缴的税金,依照各国惯例,完全可以在购买大套住房时给予抵扣,不必纳税。到了老年时代,将大套住房用于养老之时,依照上面所述,照样可以规避税费交纳,这对家庭而言是一大福音。

7.教育规划

教育规划包括子女教育和父母本人继续受教育的规划。依前者而论,父母往往有这样的矛盾,家中有限的钱财是尽量用于子女身上,供其接受昂贵的大学、研究生教育;还是将这笔钱财尽量安排于自身的养老事宜,如每期多交纳寿险年金,为未来退休养老做好坚实的物质保障。同时,还需要考虑自身购房规划的实施。家庭负担是很沉重的。大多数父母尤其中国的父母为了子女有出息,是不惜一切代价的,即使有损自身的利益也在所不惜。有的父母就提出,只要子女学习好,能考上大学,即使倾家荡产、负债累累也要将子女培养成才。这种精神令人敬佩,这种做法却未必令人完全赞同。也有少数理智而冷静(或"冷血"的)的父母,则是首先为着自身利益不致受损,认为"儿女们为自己读书，为何要老爸老妈掏腰包？"

在以房养老的思路安排下，父母们可以在中青年时代尽量减少养老金交纳，将结余款项用于子女教育和自身的教育上来。并通过加大教育投资力度，使自己和儿女未来的人力资本技能，即赚钱的能力更为充实，更易于实现养老的目标。到晚年时代，凭借较为雄厚的财力和住房，就可以尽情享受晚年的幸福时光。对子女在教育上的高投入，也会在晚年时节得到来自子女在物质资助、生活起居照顾和精神慰藉上的高回报。

8.退休养老规划

人们在何一时间段退休，不仅是政府的制度规定，还更多地依据于个人的身体健康状况，以及是否为养老准备了雄厚的财力，得以在晚年过上体面、尊严而又丰裕的生活。某篇文章谈到大家在四十岁前要赚钱数百万，四十岁后退休周游世界，做自己喜欢做的任何事项而不需要过多地为钱财做打算。现实生活中，我们看到更多的则是众多年逾七旬的老头、老太太每日仍在辛勤做事，为一日三餐、衣食住用而紧张忙碌。农村的老年人更是活一天，干一天。以房养老的理念推出，将对退休规划产生较大影响。老年人据以养老的资财，不仅仅是货币钱财储备，还包括了价值更为可观的房产，这无疑会加大对养老生活满意度的预期，从而将真正结束工作、舒心养老的日期大大提前。大家有了可观房产足以养老时，不必要一定储蓄充足的钱财方可。

家庭投资理财是大家今日非常关注的。人们希望能将自己拥有的人力、财力、物力资源，通过有意识地筹划安排，使之发挥最大效用，也最符合自己个人和家庭整个生命周期阶段的需要。以房养老，正是住房、养老与家庭金融理财这三大热门

在以房养老的思路安排下，父母们可以在中青年时代尽量减少养老金交纳，将结余款项用于子女教育和自身的教育上来。

经济学有个简单原理，人们在整个一生中赚取的收入，应当在整个一生的各项支出购买中作出合乎比例的配置，才能达到最好的消费效用与结果。

话题的有机结合，是通过金融保险机制，将个人家庭拥有住房价值的妥善安排，使之在满足正常的生活居住的效用外，还能够发挥晚年养老生活保障的功效。

（七）以房养老促使家庭经济资源有效利用和配置

家庭考虑养老问题，可以有多种选择，储蓄存款、参与社会保障或商业养老保险来积蓄资金，都是实现晚年养老的好办法。但又都需要在工作期间拿出相应部分的资金作为积蓄，而使之不能在家庭日常生活中正常发挥功用。或者为了积蓄养老资金，使家庭正常生活质量受到一定的影响。

在以房养老的新型理念下，大家于青壮年时期通过按揭贷款的方式购买住宅，60岁之前归还完全部贷款，取得该住宅的完全产权；到60岁退休时再出售该幢住宅用作养老，用住宅的余值供养自己的余生，这就不必在工作期间过多地考虑养老保险金的筹措问题。

经济学有个简单原理，人们在整个一生中赚取的收入，应当在整个一生的各项支出购买中作出合乎比例的配置，才能达到最好的消费效用与结果。支出购买上的这种畸轻畸重行为，显然不符合经济学原理，能否有效改变此种反常现象呢？美国的著名经济学家F. 莫迪里亚尼提出了生命周期假说，这一理论是以微观经济效用最大化和理性消费为出发点。他认为，一个理性的消费者是要以接近于他一生的时间来近似平均地消费其一生的收入的。这就是说，为了保证在没有收入的时候仍能维持一定的消费水平，理性消费者必然要在他有收入时进行积累,以备后患。

以微观家庭的角度而言,以房养老是家庭的一种长期理财行为。理财的最大目的是以确定的或尚不很确定的未来收入,来应付现实经济生活中种种不确定的事项。货币储蓄是一种重要的财富积累形式,此外,购置房产也是积累财富的主要形式。相形之下,房产因其可保值增值的特点,不易受通货膨胀侵扰等特点,比较货币积蓄应是更胜一筹。中青年时代将住房购买得大一点好一点,步入老年时就可以利用积累的房产价值实现养老保障功能。保险作为一种养老保障,是低风险的;房产作为不动产,既是生活居住的场所,又是一种很好的投资融资的工具,除非遭遇房产泡沫,出租出售都不存在太大问题,且投资收益在一般情况下要高于其他投资形式。

日常生活中,大家为满足某方面物质精神生活的需要,要求拥有某一项资产,但实际上需要的并非该资产本身,而是这项资产所能提供的一种服务。当它已经不能给人提供预期的服务,其价值再大,其经济意义也要打上很大折扣。反过来说,当该项资产仍然忠心耿耿地为主人提供长期性服务,主人却因喜新厌旧,早早将这一资产淘汰处置了事,这项资产的实际效用发挥同样大打折扣。

住房这类资产是使用期特长,通常可作为传家宝传之于后代,房子历史达到上百年,房主则早已过世。这种事项是大家司空见惯,无足为奇。这里能否深入询问自己,我们是否能通过一定的方法,将这笔自己去世后遗留房产的价值提前"挖"出来用于自己的晚年生活呢?这是很有道理的。如果我们有子女为自己养老,等自己死亡后,是子女承接这笔房产,可谓是"肥水不流外人田"。如果自己并没有子女,或子女对房产继承

理财的最大目的是以确定的或尚不很确定的未来收入,来应付现实经济生活中种种不确定的事项。

房产是家庭的主要财富，价值一般都比较高，要占到全部家庭财富的45%—50%左右。

全无兴趣，而子女对自己的养老生涯的关心又很难做到时，我们为什么还一定要将子女拉入传统的"养儿防老，遗产继承"的"窠臼"，而不想方设法予以打破呢？

房产是家庭的主要财富，价值一般都比较高，要占到全部家庭财富的45%—50%左右。老年人拥有现金资产已经大幅缩水，房产占据家庭财富的比例就更高。房产养老可以给投保人带来一笔很大的收入，再加上收入来源的确定与稳定可靠，投保人的养老预期会得到大大改善。如果能把房产和养老通过某种制度设计结合起来，充分挖掘房产价值，以房养老，必将大大改善养老现状，缓解养老压力。大量数据表明，随着独生子女政策的推行，"四二一"式的家庭模式正在形成之中，家庭赡养老人的义务即变得非常沉重。房产养老就是这样一种制度安排，它将住房与养老两者紧密结合一起，使一幢住房既能居住，满足人们对居住的要求，又能投资赢利，还能作为一种养老的手段。

家住沈阳市铁西区的张大爷今年61岁，工作了大半辈子，所有的积蓄基本上都花在买房上了。儿子家住的两室一厅和自己家住的两室，共花了张大爷50多万元。买完了这两套房子，老人的日子便过得紧巴巴的，老两口每月生活费不足800元，想到年纪越来越大，张大爷不禁发愁：这钱都买了房子了，将来房子能养活我们吗？记者在调查中了解到，有这样困惑的不只是张大爷，很多沈阳人也处在买房与养老的矛盾中，他们希望将来能通过房子养老。记者调查时发现，独生子女政策推行使"四二一"家庭在未来盛行，两对父母遗留的两套住房如欲都作为遗产传给子女，子女也都有了自己的住房，没有居住的需要，这时，房子反而会成为很多家庭要处理的负担。那么，房子能不能帮老人养老呢？这个矛盾完全可以通过以房养老来解决。以房养老是对目前盛行的养儿防老和货币养老的有益补充，同时也是对个人家庭拥有资源，特别是房产资源价值的最好的发挥利用。

住房可作为家庭资产管理的有效工具。

以房养老模式的推出，老年人以自有住房作抵押，可以有效地解决养老资金的来源，大大减轻家庭的养老负担，为家庭拥有资源的优化配置提供一种新的思路。有利于更好地实现家庭资源的长期地、综合性地、全方位地优化配置，实现个人家庭效用的最大化。尤其是对于那些被称为"住宅的富人、现金的穷人"的老年人的养老，具有特殊功效，这就为解决中国的养老危机提出了新的思路。我们今日应当强化对以房养老问题的研究，争取这一模式能尽早推出同大家见面。

（八）住房可作为家庭资产管理的有效工具

我在一次以房养老的讲座中，谈到以房养老主要是对老年人开办专项业务。会后有个学生询问，以房养老可以解决养老的问题，但如我们希望用住房解决日常生活中出现的种种要花大钱的事情，如某个成员生了大病、准备搞个重大投资项目、孩子考上大学教育金等，都是一笔不菲开销。用房子来解决这些问题是否可以，问题又应当如何解决呢？

这个问题提得很好，房子作为家中最大的财产，大家购买住房时花费了最大的精力和心血，它除了正常生活居住、投资赢利、养老保障的功能外，还可以为我们做些什么，是否能发

凡此种种的困惑也从某个层面反映了独生子女的养老压力。

挥更多的功用呢？这是大家要深入考虑的。

先讲个实际生活中的小故事。小李今年35岁，是个独生子女，父母双亲年龄均超过62岁，大学毕业后找到一份中等收入的工作。他的妻子也是独生子女，父母双亲健在，小李夫妇有一个儿子。这是目前中国最典型的"四二一"家庭。小李夫妇要同时供养双方四位父母，无论是从人力、物力、财力、精力等，都带来了巨大的压力。小李的父母用毕生的心血购买了一套市价80万元的住房，但每月的养老金只有600元，这笔钱勉强可以维持他们的晚年日常生活。但要做其他开销就遇到了困难。比如，小李的父亲最近得了重病，急需20万元的医疗费。这笔巨额医疗费应当如何筹措，就是一大难题。

小李一家人经过讨论，最后得出两种解决方案：一是把房子卖了，所得款项用于医疗费用并购买低档次住房；二是用房子做抵押从银行贷款，之后每月付银行一定的本金加利息。采取第一种方法虽能解决燃眉之急，但卖出原有房子后再新买住房需要较高的交易成本，加上卖得仓促可能得不到较高卖价，新买住房离原有居住区较远，周围没有熟悉亲友，父母亲会因缺乏互相照应而感到空虚。再者，父母目前的房子离市场、公共交通、医院、老年活动中心都很近，满意度很高，也愿意住在这幢房子里。如果采取第二种贷款的办法，需要有一定的收入做保证，且贷款后要在10年内还清，每月交付银行本金加利息就要一两千元，父母已经没有其他财务收入偿还这笔贷款，偿债义务就将落到小李身上，而小李的收入是无法应对这笔额外开支的。

凡此种种的困惑使小李处于"住房富人、现金穷人"的困境当中。这也从某个层面反映了独生子女的养老压力。随着

四、以房养老开创了家庭投资理财的新思路

1979年后出生的大批独生子女，陆续进入婚姻年龄，这种趋势将在未来七八年后成为普遍的社会性问题。有没有一种全新机制或金融产品来解决小李的困境呢？一句话，倒按揭无疑是解决此类问题的最好办法。

在美国，申请反抵押的事项是经常发生，但贷出款项却非都用于保障养老，而是有着众多的用途。包括有：为子女交纳大学学费，为突发重病的老父母支付医疗费用，或希望购买第二套住房等，都可以通过倒按揭来达到所希望的目标。从这一点而言，倒按揭的功用是多方面的。

假如，小李的父母向金融机构申请倒按揭贷款，问题就容易解决了。金融机构对房屋进行资产评估后，如规定以房价的70%为最高限额出借，老李夫妇可从金融机构得到最高限额为56万元的按揭贷款。假设老李夫妇预期平均寿命为82岁，将来20年内每年可从金融机构收取2.8万元的按揭贷款，每月平均可收取2300元，再加上每月原本发放的600元养老金，平均每月可拿到2900元，这笔现金完全可以解决老李夫妇晚年的养老费。在这个例子中，老李夫妇目前并不需要每个月从银行借款补充养老，而是要一次性地从银行得到20万元交付医药费。这个问题就更为简单。用房子做抵押向银行借取20万元，到去世时用房子来还账就是。如此做法后，住房资产仍有相当剩余，还可以在今后继续申请反抵押，用于补充日常养老金的不足。

将住房作为家庭资产管理的一种工具，促使每家每户拥有的住房发挥更大的功用，这对家庭和整个社会而言，都是非常有利的。大家谈到资产管理时，往往注意的只是企业公司的资产运营筹划、融通转换，以实现配置合理优化，借以发挥资产

87

如何将房产的价值发挥到最大，是大家应当认真考虑的。

的更好效用。家庭拥有资产同样需要这样做。以房养老的好处，就是扩充了资产管理的方法和范围。以往大家考虑资产管理，往往只想到金融货币类资产，并通过存款贷款、融资投资、保险理财等来达到既定结果。这固然是资产管理运营的核心内容，却远非全部内容。住房资产相比较金融货币资产，数量更为庞大、稳定性和安全性更好，虽然收益性与流动性较差，却并不妨碍达到应有的目的。如家中临时性需要巨额资金，简单依靠贷款无法奏效，或者说根本无法在短时期内得到所需要的贷款时，依赖住房抵押就可以较为便捷地实现这一目的。再如，上例讲到的小李所面对的状况，应当是家庭生活中经常出现的。一个大难题似乎是无法解决，但依赖倒按揭就可以轻而易举地将这个问题解决得很好。

在企业的资产负债表中，我们可以看到，资产是按照流动性强弱进行排列的，流动性强的资产要在报表前面首先列出。企业对资产流动性的要求，是出于企业每时每刻都有一些经常性的支出，有时会面临着大型的支出，对这些支出没有可以随时变现的资产是无法保证的。住房价值大但变现能力差。如何将房产的价值发挥到最大，是大家应当认真考虑的。

（九）以房养老是对房产价值的更好利用

谈到以房养老时，许多人士持反对意见。他们认为一幢住宅的价值往往高达上百万元，为购买归属于自己的住宅费了九牛二虎之力，对好不容易得来的住宅，不能借着以房养老而轻言放弃。但道理不应这样讲，如果我们换个角度，既然大家得到一套住宅相当不容易,那就应当让这套住宅尽量在自己的有生之年更好地发挥功用。以房养老正是在自己的有生之年,让住宅发挥最大效用的最佳方式。

房产价值既包括房屋本身的价值,又包括该房屋所依附地皮的价值。一般而言,房屋本身的价值会随着使用年限推移、房产折旧而逐步下降,所附着地皮的价值却会呈现快得多的上升趋势,相互抵消后,房产的价值往往处于增值状态。尤其是在我国的目前状态下,更是如此。比如,刚买到一幢房屋价值40万元,到数年之后,该房价却很可能已升到七八十万元之多。尽管房产会增值的现象已经是广为人知,但是人们对它的利用程度又是怎样的呢?

> 笔者想起一件事情。在某市的市郊,笔者的学生曾经租住过房子,房主是个孤身老太太,拥有一间小屋,一室一厅仅能容纳一个房客。除这个房客每月支付的100元房租外,老太太没有其他任何生活来源,可见她的生活水平是多么低下。平时都是吃素菜,几乎没有添过新衣服。当时该学生只觉得这个老太太很可怜,但听到以房养老的新理论后,联想到国民对房产价值的利用程度是极低的。住宅在人们的眼中只是生活居住的场所,在有投资眼光的人看来还是一种投资品,却很少能将其视为晚年养老的重要手段。老人在生前捧着"金碗"讨饭吃,死后价值巨大的房产或由亲属继承,或无偿上缴给国家。显然是既不合算,也不合理。

通过上述个案的比较分析,我们可以得出这样的结论:

1.人们对房产价值的利用效能,在很大程度上决定了晚年的生活质量。如上例中,同样是生活住所,人们对住房价值的理解不同,生活方式及质量就截然不同。美国老太太不仅可以

房产价值既包括房屋本身的价值,又包括该房屋所依附地皮的价值。

人们对房产价值的利用，很大程度上决定了个人拥有资源配置是否合理。

继续居住在自己的房子里，还会把拥有房产的价值通过某种金融机制提前变现用于养老，每月得到一笔养老金用于晚年生活。生活过得很宽裕。中国老太太却只能是空守着颇有价值的房子，仅靠房租维持生活，过一种很凄凉的晚年生活。房产的价值只能置于死后由他人处置。

2.人们对房产价值的利用，很大程度上决定了个人拥有资源配置是否合理。根据莫迪格里安尼的生命周期理论，人们一生取得的收入，要在一生的生活中作出合理安排，以使得个人家庭的消费效用实现最大化。一般来说，个人在年轻和年老时的收入水平相对较低，中年期的收入水平相对最高，在青少年和晚年养老期则几乎没有任何收入。住房是一种超高档耐用消费品，价格极高，单靠个人收入和积蓄只有在中年才能支付得起房款。这就降低了人们的消费效用。大家发明了按揭贷款的形式，青年期按揭购房，中年期还款来解决这一问题。到了人生的晚年，贷款应当是全部归还完毕，但又面临着养老的问题，倒按揭贷款这时就可以发挥作用了，最终达到较好的结果。

3.人们在面对储蓄养老和投资购房的两难选择时，抉择依据不仅仅是比较投资的收益率，更重要的是投资的收益能否真正得以实现。在英美等国，大多数人偏向于投资购房，房产不仅是居住生活场所，还是投资品可以实现价值增值，在某些特殊情形下还可以作为养老的物质保障。储蓄养老仅能满足养老保障的功用，它固然有一定的利息收益，但却是少得可怜，远不如房价增值的收益更高。

现实生活中的人们，尤其是老年人对待生活，总抱有一种过于稳健的态度，不愿意在中老年期购置房地产，更不习惯于死亡前"变卖并消耗"掉所有家财。买房好像只是中青年人的专利。50岁以后的中老年人大多不会选择购房养老，而是储蓄养老。在有儿有女养老送终并继承遗产的状况下，这固然是一种较好选择；但在无人养老也无人继承遗产时，这一传统做法显然就不大行得通了。这种保守做法，既削弱了养老保障的重要通道，也直接导致我国房地产市场的有效需求不足。

今天城市中出现了许多新"贫民"，你要说他真穷吧，不是，守着三室一厅的大房子，在市场上买卖就是数十万，即使说只是个两室一厅的小居室，在如今的城市也有二三十万的身价。

（十）以房养老让死房变成活钱

谈起养老，首先要面对的就是个"钱"字。老年人是否有足够的养老金以应对漫长的退休生活呢？应当说，多数老年人的资金应当说不是很富裕，也不算过为短缺。要希望将养老养得好一些，像传说中的美国老太太那样"去中国爬长城，到法国吃大餐，到韩国做一把美容，到美国看看迪斯尼"，老年人是不敢奢望的。稍微过得宽松一些总可以吧？最大的问题还是个所需要的钱财从哪儿来的问题。

今天城市中出现了许多新"贫民"，你要说他真穷吧，不是，守着三室一厅的大房子，在市场上买卖就是数十万，即使说只是个两室一厅的小居室，在如今的城市也有二三十万的身价。如果放到北京、上海、杭州这样的寸土寸金之地，一套三四十平方米的小套，只要坐落地段好一些，价值五六十万也是个常事。但你要说这些老年人很富有吧，又是整日发愁钱不够用，日常吃饭穿衣都成问题。即使说每月发放的养老金尚能维持一般生活时，一旦遇到某些特殊情形，需要大量现金开销时，就立刻"抓了瞎"。这是美国社会普遍称为"房产富人、现金穷人"的一批人员。一般情形下又可称为"端着金碗讨饭

91

老年人是真的没有钱吗？
绝非如此。只是这笔钱财
都已经变换为住房这类不
动产了。

吃"。

老年人是真的没有钱吗？绝非如此。只是这笔钱财都已经变换为住房这类不动产了。既然称作不动产，那就是这笔住房是不能移动的，一经移动搬迁就会出现损失。住房作为一个实体固然不能移动，但住房中蕴含的价值却是可以通过种种的金融保险机制或非金融保险机制予以转换、流动的。正如马克思所讲到的，资本只有在流动中才能创造价值，同样，住房也只有在流动中才能体现价值，给住户派上更多的用场。

家住杭州西湖区的王伯，奋斗了一生，早些年在房改时买的90平方米的住房，是他安身立命的家园，如今房子已涨价升级为"豪宅"，价值达到百十万。王伯的儿子、儿媳在某食品厂工作，两人月薪共计4000元左右，除去1500元的日常开销、1000元供楼款、孩子的学习费用及各种杂项支出，基本上过着"月光族"的生活。考虑到将来孩子读大学、买车等家庭大计问题，王伯的儿子用来赡养父亲的钱十分寒酸，幸好老人心怀宽广，并不斤斤计较。然而随着王伯健康每况愈下，医疗支出像滚雪球一样越滚越大，一家人的生活有点紧了。王伯主要靠每月800元退休金过活，守着价值不菲的房子，却过着紧巴巴的日子，像王伯这样的老人，在各个城市里并不鲜见。

浙江定海县有一位70余岁的老人，虽然拥有一套房产，但是没儿没女又雇不起保姆，生活艰难。一位邻居一直都助他，病重时陪他看病，平时都他买菜。于是，老人就带着这位邻居到市公证处，明确表示自己百年之后的房产归这位邻居所有。这位雇不起保姆的老人的遭遇，折射出城市人口老龄化的现状。

四、以房养老开创了家庭投资理财的新思路

现在好了，王伯尴尬困顿的"夕阳生活"即将出现一缕曙光。有了以房养老，将房子抵押出去，就可把死房变活钱，轻轻松松地颐养天年。这对王伯和遭遇同样困境的老人无疑是一个福音。多少老人在城市中奋斗打拼，含辛茹苦一辈子，几乎将所有的财富都堆在了房子上，但终于拥有房子的老年生活并不那么轻松——房子不能当饭吃，总不能住在房子里光喝西北风吧！就像到哪里都背着重重的家的蜗牛一样，梦寐以求的房子反而成了生命中的梦魇。

以王伯为例，初步估算，他的房子可以为他每月赚来3000元之多。可以想象，一个退休老人每月增收3000多元，且终身不断，生活质量可得到多大的改善啊！子女也从赡养老人的重负下解脱出来，一举解放了两代人。王伯告诉记者，希望能申请住房倒按揭，老房虽是他的"命根子"，但如能将不动产变现为给付月金，就可以缓解目前之困，还可以帮扶子女一把。

像王伯这样拥有私人房产，却过着拮据生活的老人，如今不在少数。过去由于工资低、积蓄少，加上退休金低、养老保险缺失、子女经济状况一般等，让他们生活在不稳定的状态中，疾病、人祸等轻易就能击垮一个家庭，老人缺乏有力的经济保障。

提前兑现房子的价值可以更好地改善生活、追求更高的享受、甚至投资更多的领域，无疑让许多老人动心。这部分老人往往经济上自给自足，生活上安逸享受，不为家庭所累，也不冀望子女养老，他们领悟到住房反向贷款的来临，是在突破高龄老人险的"禁区"后迎来的春天，为老人提供了自主养老的契机。

> 提前兑现房子的价值可以更好地改善生活、追求更高的享受、甚至投资更多的领域，无疑让许多老人动心。

收益与成本的比较分析，是人们在参与各种决策之时，十分看重的一种方法。

（十一）以房养老是对受益与代价的跨期配置

跨期正在成为经济学中的一重要理念。经济事项的发生，从期限而言有长期和短期两种。某些收益或费用的发生或支付，能够清晰地看到它的时间跨度是完全一致的，如每个月需要支付的吃穿行用等生活费；有些费用的发生与支付则需要横跨较长时期，如住宅购买是一次性开支，买到住宅后却可以长时期居住。住房与养老都是需要做跨期资源配置的重要事项，以房养老正好是对家庭拥有的资源，在家庭生活全过程中作出跨时期的全方位配置。对家庭生活组织与效用提升而言，应当是很有用的一种方法。

收益与成本的比较分析，是人们在参与各种决策之时，十分看重的一种方法。谁受益谁付费，不受益不付费，这是成本效益分析中的基本要旨。在这种思想指导下，人们会对能够受益的事项支付代价，对不可能从中受益的事项就不会去支付代价。除非是"天上掉下个金元宝，正好砸到自己的脑袋上"。这是一般常识，大家都很清楚的。西方经济学理论中，更是将"经济人"理论放到整个经济学理论的基础位置加以认知。但这里谈到的受益，可能是吃饭、坐车等短期一次性受益，也可能是购买耐用消费品、买车、购买家电等的长期受益。

住房购买是一次性行为，居住受益则是超长期行为。住房的受益期也即实际可使用期，从购买结算、交付验看、装潢居住，到最终传承后代、报废更新等，要历时六七十年或更多。而人们对住房的实际消费期，却往往会因寿命有限或搬家迁移新址等原因，只能消费整个寿命的一段期间，多出的部分一般

四、以房养老开创了家庭投资理财的新思路

是通过出售、转让或传承后代等方式予以处理。但若自己已经死亡，又没有后代可以继承这笔房产，或者说虽有后代但对继承该房产并无多大兴趣，显然就是个资源效用的浪费。此时，通过以房养老等方式，将这笔凝结在住房中的财富，尽可能地在自己生前消费掉，降低居住成本，将自己无法享用的价值损失降到最低。

通过以房养老等方式，将这笔凝结在住房中的财富，尽可能地在自己生前消费掉，降低居住成本，将自己无法享用的价值损失降到最低。

事实上，住房作为可供长期使用居住的超长期物品，在其交易转让等行为中，可以变换出种种新花样，如合居共住、长期使用权出租、短期租赁、售后回租、分期出租、还本销售等，实现住房产权或使用权的交易转让。这里并不需要对住房产权的完全出售，短期或长期的使用权出租，或者只是住房某段使用寿命的转让等，似乎更值得一试。

> 某位老年人随团到海口旅游时，为海南的迷人风光深深折服，很希望在海口购买一幢住宅度过晚年。正好当地有个大型楼盘要出售，房价并不算高。老人经过仔细计算，确认自己可拿出的钱财，预期尚可存活的余命，向房产商提出购买住房的要求。但只希望一次性付款取得某住房的10年使用权，10年期满后再将该住宅交付与房产商。购房价款也只支付与10年产权相对应的部分。开发商对营销中遇到的这个新难题，经过认真讨论，最终还是回绝了这一要求。这对房地产交易市场的开拓而言，诚然是非常可惜的。

五、以房养老是养老保障的新思路

养老资源的严重短缺、养老金的窘境、养老保障体系的不健全，加剧了老人们晚年生活的艰辛。

（一）以房养老可加固养老保障

养老资源的严重短缺、养老金的窘境、养老保障体系的不健全，加剧了老人们晚年生活的艰辛。人口老龄化趋势和"四二一"家庭格局的形成，市场经济观念使"孝子道德观"发生了巨大变化，这都会影响到家庭内部的以抚养和赡养为主的代际交换模式。

> 网站上有位明智人士说："以房养老理念的提出，适应了当今老龄化的需要，为社会解决人口老龄化带来的重大问题，提供了一种全新的解决方案。我认为这种理念是很可行的，首先中国社会正处于转型期，人们的意识形态正在发生改变，我想过不了多少年，大多数人就会接受这样一种理念。况且人口老龄化的严峻形势，使得老人们为了减轻后代负担，极会选择以房养老这种模式。"

这位先生对以房养老的实质内容及可发挥的功用等，给予较好的介绍，其中一点，就是将"住房和养老"这两个老百姓最为关注的问题，综合融会与一起给予"一揽子"解决。住房是一大社会热点话题，养老同样是一大社会热点话题，金融理

五、以房养老是养老保障的新思路

财规划也是今日的一个热门话题。现在将这三大热门话题糅合在一起谈论，以金融保险为中介，将住房与养老这两个似乎风马牛不相及的事项紧密地连接在一起。这就怪不得大家对此表现出极大的关注了。

住房和养老是个人理财的两个重要方面，以房养老成功地把两个问题结合成一个问题解决。

住房和养老是个人理财的两个重要方面，以房养老成功地把两个问题结合成一个问题解决。并通过"60岁前人养房，60岁后房养人"，为老年人的理财规划提供了新思路，为老年人的养老增加了新保障，为大家拥有的住房增添了新功能。目前很多积攒大量资金用来养老的人，首先会把钱投向房地产市场用于买房，然后再用住房来安排养老。这就有效地解决了我国目前的房地产开发过剩的问题，为国民经济提供新的增长点。

目前我国较多地采用居家养老和社区养老，但不管选择哪种养老方式，都必须有雄厚的资金作后盾。社会养老保障体系的建立，较多考虑养老保障金的筹措、使用与监管，这是必要的，但涉及面却过于狭窄。如果仅靠当期征缴的养老保险金和财政补助来维持养老金支付，养老保险金的缺口将会越来越大。近五年来中央财政对基本养老保险的补贴金额达到2093亿元，是2004年中国GDP的2%多。中国养老保险制度能否可持续发展，也成了老年人的心病。

举一个最简单的例子，某人今年40多岁了（事实上不论是40多岁，还是30多岁或50多岁，都要面临这一共同的话题），一方面要考虑购买住房，按照今日的行情需要花费个数十万乃至上百万元；另一方面要考虑晚年的养老金储备，按照今日的行情及将来标准上涨，又需要花费数十万乃至上百万元。在这双重的重压下，人们的经济负担便是"不能承受之重"。如果我们采取以房养老的新模式，平家庭养老功能弱化的趋势，是一个难以逆转的潮流，这就需要人们采取更适应时代发展的新养老方式。

日就可以只考虑买房事项，对养老而言只要参加国家开办的社会养老保障即可，不必给予过多关注。那么，到了老年时代怎么办，用房子的价值养老就完全可以了，照样可以养得很好。再加上国家下发的退休金，真可以说过着挺舒适、挺滋润的小日子。

家庭养老功能弱化的趋势，是一个难以逆转的潮流，这就需要人们采取更适应时代发展的新养老方式。在这种人口的"倒金字塔"面前，将来家庭赡养老人的义务将变得相当沉重。以房养老起到的功用，就是使沉重的经济负担能够变得轻一点，同时也使双方的相互依赖程度适度减弱一些。

在未来50年里，我国人口老龄化趋势将迅速凸显。如按照传统养老模式不变，负担将越来越沉重。养老是涉及社会安全和稳定的大问题，政府必须加倍重视。目前的养老保障体制不健全，欠账严重，空账运行，尽管退休老年人每个月可以领取的养老金并不很高，只能维持基本的生存状况，但国家对老年人的养老负债仍是缺口多多，这只有在养老问题上另辟蹊径才可。

目前我国正处在社会转型期，原有的养老保障制度被打破了，事实上也难以继续运转下去，而新的保障制度才开始建立，各方面制度建立尚不很健全，老年人退休后只能依靠固定而不够高的保险金生活，生活面临着很大的不确定性，给晚年养老带来很多不愉快。同欧美等经济发达国家不同的是，我国是"未富先老"，相关的经济物质准备，不论是社会还是家庭个人，事实上都未能有充分准备。今日养老金储备的缺口，据估计要高达3万亿元之多，预计到2050年，这一缺口还将达到9万亿元之多。在这种状况下，多方筹措养老金的来源渠道，开展技术创新、制度创新和思想观念的创新，形成多种养老模式，就显得十分迫切而且非常必要。

以房养老是社会保障制度的有益补充，增强了老年人群的自我养护能力，能够减轻日益增强的社会养老压力。以房养老将每个家庭都具有的房产与养老结合起来，通过实行市场化的运作机制，就能有效地缓解这一状况，对传统养老模式的改进是很有帮助的。老年人可以将房产资源在个人一生中予以最优化配置，实现住房价值提前流动。这样既可以保障老人退休后的生活，又可以充分发挥房产资源的价值，对我国目前的养老保障体系更是一个有力的补充。这一模式倡导的是自我独立、自养自老，为社会、单位和子女等减轻不小的负担，政府对此应该在政策上予以积极扶持。

老年人可以将房产资源在个人一生中予以最优化配置，实现住房价值提前流动。

> 如有位"佳佳"的网友就谈到了，倒按揭在中国完全能够行得通，它是养老体系的有益补充。在老龄人口急剧增长的残酷现实下，年轻子女迫于工作重压无力照顾老人，各类养老机构又存在收费高、养护标准偏低的实际状况，靠退休金养老、子女养老或保险养老，都不能提供完全的保障，倒按揭不失为解决养老问题的较好办法。

当前我国养老保障体系正处在一个转型过渡期，在这个过程中会出现许多老人没能被包括在养老保障体系范围内。以房养老作为最近兴起的退休人员保障体系的有效补充，正在越来越多地受到大家的关注。它有利于解决这部分人的养老问题。

以房养老行为的实施，我们认为将有着广泛的市场需要，完全可以在将来成为同儿子养老、票子养老并驾齐驱的一种新型养老模式。

（二）以房养老只是在短时期内存在吗

有位肖女士对以房养老的地位和可发挥的功用等，提出自己的看法。她认为，养老在今天之所以成为一个人人关注的问题，关键是我国尚未能建立起一套完备的社会保障制度。以房养老忽略了社会的整体养老功能，不适合大多数人，只是一种单纯的个体参与养老模式。老有所养是先进社会制度的具体体现之一，完全解决养老问题，只能依托完善社会保障体系，以房养老是一种暂时的养老补充方式，只能在短时间内存在。

肖女士的说法反映了相当一部分人士的观点。单一地来看，以房养老是一种个体参与的养老模式，而绝非忽略了社会整体的养老功能。整体是由无数个个体集合而成的，没有个体的积极参与，整体也就只能建立在空中楼阁上。以房养老行为的实施，我们认为将有着广泛的市场需要，完全可以在将来成为同儿子养老、票子养老并驾齐驱的一种新型养老模式。等到社会中有着广泛的需求，大家踊跃参与以房养老，金融保险机构也大量开办这一业务之时，显然不能说它只是一种个体行为。再者，即使说它只是一种个体行为，这种不依赖社会的自养自老行为，也是我们做好养老保障工作要积极借用的力量。

肖女士认为，"老有所养是先进社会制度的具体体现之一，完全解决养老问题，只能依托完善社会保障体系。"这话是不大完全的。老有所养是人类社会从产生的第一天开始，最少也是从文明制度建立起来的那一天开始，就始终不渝地追求的目标。但具体的养老方式则需要考虑当时的社会经济情形和人的伦理道德状况。我们需要完善社会保障体系，来解决好养老问题。是否可以做到像肖女士所说的"完全解决"呢？不可能，只能是"基本解决"。比如，我国未来的社会保障制度提出的目标，就是养老金的替代率能争取达到40%。40%的含义是什么呢，假定说某人工作时期的月收入为3000元，退休后按月领取的养老金大致上只有1200元，也就是个基本生活费。那么，不足部分应如何解决呢？这不能依赖国家了，只能是"八仙过海，各显神通"。

为什么养老金发放的替代率不能更高一些？按照我国的经济发展状况和将来老龄化的程度，再加以提升几乎是不可能的。我们知道，国家本身并不是一个营利组织，国家发放的养老金来自于参与者和工作单位的养老金交纳。要大幅度提高发放标准，就必须首先提升职工和单位的养老金交纳标准。这又必然会降低职工的购买力和消费水平，减弱单位投资经营的积极性，阻碍国民经济的较快较好增进。

在这种两难境地下，养老保险金的发放确实是十分有限的。对大多数的老人来说，每月的养老保险金也仅仅是维持基本的温饱问题。倘若某位老年人希望提高生活质量，晚年生活过得更为愉悦舒适，或遇到生病、取暖等大的开支时，就只有靠自己参与商业性养老寿险，积蓄养老存款，或依靠儿女的经济资助，或者像本书提到的用房子养老。而在各种养老方式的比较中，以房养老以其特别的积极功用，又应当占据较为优越的地位，值得给予更多的关注。

按照肖女士的说法，以房养老只能在短时期内存在。这话很不确切。只要养老仍然是人类社会的重大问题，只要养老资

在这种两难境地下，养老保险金的发放确实是十分有限的。

父母的养老还需要什么，是否只要有来自子女的亲情和关心，饭不用吃就饱了，一切问题都解决了，显然不是这样。

源仍然有重大短缺，就必然要依赖以房养老。老龄化是必然的，按照某些科学家的说法，未来人均寿命将可以达到100岁左右，这时就算大家是70岁退休，养老期仍然有30年之多。随着人类生活水平的进步与生活质量提高，老年人的生活状况也必将得到大大提升。养老资源是在任何情况下，都不可能说非常充裕，以至于说不需要再开发新的养老资源。而住房质量上升、寿命延长也将是必然之事，住房寿命超出人类存活寿命也是可预定之事。人们依赖房子养老，就是个长期乃至永久的趋势，这是不以人的意志为转移的。

（三）以房养老将成为未来养老保障体系的一大支柱

杜鹏教授在接受《南方日报》记者采访时认为，以房养老只是为老年人提供一条养老保障的新路径，不会成为中国老年人养老的主要方式。随着社会保障机制的健全和完善，很多老人自己都有稳定的收入，等现在三四十岁的人步入老年时，通常都会有退休金了。除非他们遇到重大事故，否则都可以不用以房养老。没有任何一种"养老计划"可以代替子女的亲情和关心。

杜鹏教授讲的是很对的，"没有任何一种养老计划可以代替子女的亲情和关心"。但我们需要知道，除了子女的亲情和关心外，父母的养老还需要什么，是否只要有来自子女的亲情和关心，饭不用吃就饱了，一切问题都解决了，显然不是这样。物质基础在任何情况下，都是非常重要的，在最起码的物质基

五、以房养老是养老保障的新思路

础得到相当满足后，我们才有可能津津有味地谈论那些属于上层建筑和意识形态的内容。父母实施了以房养老，就肯定会对家庭亲情产生相当的危机，情况根本不是这样。难道社会保障基金健全了，就可以带来家庭亲情的完好维护吗？这显然是毫无关系的。

杜鹏教授认为，"以房养老只是为老年人提供一条养老经济保障的新路径，不会成为中国老年人养老的主要方式。"从目前的状况而言，确实是如此。但从长期发展的情形而言，则会有相当之改变。房子养老和儿子养老、票子养老一样，将会成为未来养老保障体系的三大支柱，三足鼎立，缺一不可。比如说，在未来"四二一"的家庭模式下，单单依靠两个中年夫妻养活四个老年夫妇，在经济上是完全不可支持的。但两对老夫妇留给中年夫妻的两套住宅，对他们来说也不大必要。最好的办法，就是自己养活自己。而自己养活自己，用房子养老又明显强于货币养老。

正像杜鹏教授所讲："随着社会保障机制的健全和完善，很多老人自己有稳定的收入，等现在三四十岁的人步入老年时，通常都会有退休金了，除非他们遇到重大事故，否则都可以不用以房养老。"但应考虑的是，这笔养老保障金固然十分重要，是目前国家大力倡导的事项。据种种的数据测算，未来我国养老保障金的缺口是难以用正常手段加以弥补的。再者说，养老保障金固然是好，但有限的养老金的筹措，只能保障参保人员的基本生活需要，老年人希望养老养得好一些，单靠基本养老保障是远远不够用的，必须要增添新的养老资源。新的养老资源靠什么呢？今日，大家大都有了归属于自己的住房，难道大家会放着现成住宅拥有的巨大价值不去关注，反而

房子养老和儿子养老、票子养老一样，将会成为未来养老保障体系的三大支柱，三足鼎立，缺一不可。

103

以房养老并非可做或可不做，而是必做不可，必须大做不可。

再去耗用极大的资源，去储存养老保险或养老储蓄吗？

再者，从投资理财和资金管理运营的角度来看，用货币投资买房可取得的收益，将会大大高于养老金投资的收益。这是早经各国实践证明的公论。养老保障金长时期的管理中，不可避免地会发生种种截留挪用、贪污浪费事项。这从我国最近几年发生的种种社保案件中，已经看得清清楚楚了。虽然是职工的"救命钱"，是国家三令五申、一再强调不能触碰的"高压线"，但是在那些胆大妄为的政府官员手中，还有什么事情是做不出来的呢！

随着人口寿命的延长，在未来长达二三十年的养老生活里，老年人可能遇到的重大事故可谓是多之又多，如摔伤骨折、大病重病、残疾痴呆等，都可能出现，都需要大量花费。即使说一生平安，没有发生任何重大事故，也是多一份养老资源比少一份要强得多，养老生活过得优越些比过得差要好得多。所以，以房养老并非可做或可不做，而是必做不可，必须大做不可。

（四）以房养老是积极主动还是迫不得已

有位"北青"的读者向我咨询道："不知怎么，看到这期的话题我竟然觉得有点心酸，养老是个不容忽视的社会问题，我觉得许多东西不是觉得好或者觉得比较流行就能拿来用的。为什么要建设中国特色社会主义呢？不说以房养老在现实意义下有许多弊端，只从人情这个角度讲已经是大大的不行了。我是个注重人情味的人，我不喜欢这种以房养老，只感觉喘不过气来。我总想象着一幅图画，一个心灰意冷的老人，逼不得已只好将自己唯一的房产作为抵押来换取自己晚年的生活保障。这是一种怎样的人生悲哀啊，又是一种怎样的社会悲哀！"

住房倒按揭养老，在某种程度上确实可称为迫不得已之举，是人们应对未来老龄化危机和养老重负下，不得不采取的一种非常举措，尤其是在我国目前的状况下。

"北青"自称是个"注重人情味"的人士，对以房养老这个新观念的推出，从"悲情"的角度给予大发感慨"我不喜欢这种以房养老"，"这是一种怎样的人生悲哀啊，又是一种怎样的社会悲哀！"说实在话，我研究以房养老已有四五年历史，做各种讲座数十次，在接触的各类人员中对此是反映不一。但对以房养老如此感天忧民者还真不多见。以房养老给人的感觉果真是如此的凄惨吗?显然不应该是这样的。

住房倒按揭养老,在某种程度上确实可称为迫不得已之举,是人们应对未来老龄化危机和养老重负下,不得不采取的一种非常举措,尤其是在我国目前的状况下。它的具体表现是:

1.建国后数十年来，一直实行低工资、低消费政策，老年人手中是积累资产很少，只是到住房体制改革时期，才得到房改房或在市场上购买商品房。经济发达国家里，往往是老年人手中积累了大量的资产，包括货币金融资产、房产及其他资产；我国则是中青年人员比老年人收入高，财产积累多，预期经济前景要好得多。

2.养老保障体制不健全，欠账严重，空账运行，尽管退休老年人每个月可领取的养老金并不很高，只能维持基本的生存状况，但国家对老年人的养老负债仍是缺口多多。这只有在养老问题上另辟蹊径才可。

3.独生子女政策实行已有20多年的历史，独生子女构成的家庭将成为我国家庭结构的主体形式，一对中年父母不可能同

将正处于青壮年的子女与风烛残年的老人相比较，谁更应该多受关照呢？

时承担两双老年父母的养老问题的。老年人只能自己养自己的老。不要说经济实力无以承担，对已经无法自理的老父母的日常生活照料，也会因工作繁忙、竞争加剧而力不从心。在大工业社会里，较多子女相继脱离父母的怀抱，出外学习、工作、生活，空巢家庭、两代分居家庭的比例日益增多，就连成年儿女的"常回家看看"，给晚年父母以相当的精神抚慰，也是不大可能之事。

"老年人将居住了一辈子的住房拿出来申请倒按揭，以求取得养命的金钱，换取养老保障。"这一做法又有什么不好呢！将大家死亡后必然会遗留房产的价值提前"挖"出来用以养老，正是人类聪明才智的极大体现。人死后还一定要遗留一笔房产，又有何用呢？如果说是有子女，要留取这笔房产给子女过活，尽管很不明智，也算一回事。老父母是家财万贯、百万贯，愿意留下来给子女做纪念品，这是个人私务，大家不能予以干涉。如老父母生活异常困难，仍抱有这种想法，则显然是很不必要的。将正处于青壮年的子女与风烛残年的老人相比较，谁更应该多受关照呢？不是异常清晰的一件事吗！

何况，很多成功人士正在将一生赚取的财富，于临终前全部回报于社会，作为人生价值的最大实现！谁能说他们做得不对吗！假如父母根本没有子女，或子女期望自己赤手空拳打天下，根本不希望继承父母的遗产。父母有了这样有志向的孩子，自然应当是烧香拜佛，为何一定要用大笔金钱束缚住子女腾飞的翅膀。须知，用黄金做投资可以赚钱，将黄金缚在即将展翅高飞的雄鹰翅膀上，则是一大累赘，很难带来任何好的结果。

再如，老年人身故后遗留房产的价值再高，对自己的生前又有什么用呢？养老期间没有起码的钱财用，每日生活困顿、经济拮据才是大问题。将自己身故后遗留的房产价值提前变现套现到生前来使用，正是个绝妙的好主意。那些所谓的"房产富人、现金穷人"，可依照这一方式顺利实现养老，那些"房产富人，现金同样富人"者，采用这一方式则可以更好地养老。如传说中的美国老太太，在晚年生活中，依靠住房实现了"周游列国，到韩国做美容，到法国吃大餐，到中国看长城，到美国游览迪斯尼乐园"的美梦。这又有何不好呢！

我认为，遇到任何事项，都应当尽量地向好处想，向其积极的一面多思考问题。如果遇到任何问题，都摆出一幅"旧社会"的面貌来，专看其中可能存在的某些缺陷，显然只能是自寻烦恼。

当人口的老龄化社会是急剧到来，且表现的态势又很严重，社会家庭相关的应对举措都尚未作出充分准备之时，社会养老就暴露出众多难以解决的矛盾。

（五）以房养老有助于缓解养老保障的代际矛盾

从家庭养老发展到社会养老，是社会的一大进步，是用社会的整体力量来支持狭小家庭范围内可能无以面对的养老现实。但当人口的老龄化社会是急剧到来，且表现的态势又很严重，社会家庭相关的应对举措都尚未作出充分准备之时，社会养老就暴露出众多难以解决的矛盾。养老金的收缴与发放，实际上是社会财富在老年人和中青年两代人之间的一种转移和再分配。再分配的状况如何，是否公平合理，或有偏向侧重，都会引起代际间的利益冲突和矛盾。人们担心，在日益增长的退休金面前，总有一天，下一代人可能拒绝缴纳更高的税款或养老保障金，来养活已经退休的一代人。

目前，许多西方发达国家都面临着退休金支付危机和日益

在中国，养老保障制度建立的时间尚不很长，对已退休职工的养老金欠账严重。

深化的代际矛盾。由于人均寿命延长，老年人口数量增多，为老年人支付的退休金和公共福利费用在日益增多。美国老年学学会第35届年会上，一些青年学者认为美国于1940年养老保障制度初始建立时，支付退休金只有3500万美元。到了1981年，付给老年职工的退休、福利、医药及其他费用已高达1500亿美元，在国家预算支出中占到25%。而老年人口只占美国人口总数的12%，这是社会的不平等。据预测，这一指标到2025年时将高达63%。这是国家财力不可能负担的。在目前几乎所有的经济发达国家，退休养老金都成为政府开支中的最大项目。在奥地利、德国、希腊、意大利、芬兰等国，政府预算约有1/3被用作养老基金。在瑞典、英国和美国，政府开支约有近1/4被用于支持老年人的生活。

随着老龄化危机的到来，在职人员纳税大大增多，企业负担加重。多数国家的养老金制度，是建立在现收现付和半积累式的养老金制度的基础之上，即把目前工作着的人定期定额交纳的养老金用作已退休职工的养老金，等到这一代工作的人退休时，再由下一代工作的人员所交的养老金支付退休金，以此类推。随着人口老龄化和退休后余存寿命的延长，需要支付的养老金日益增多。这就意味着在职职工和企业缴纳养老金的负担要大大加重。尤其是在中国，养老保障制度建立的时间尚不很长，对已退休职工的养老金欠账严重，据我国劳动与社会保障部的官员认为，截至2004年年底，我国对退休老职工的养老金方面的欠账高达25000亿元，相当于2004年当年的全部财政收入。依靠国家的有限财力，是不可能归还这笔欠账的。

我国的养老保障制度初始建立时，还只是十几个在职劳动力供养一个退休劳动力，养老并不构成负担。对这些在职劳动力而言，也从这一制度的设立上解除了后顾之忧。对推行这一制度是举双手赞成的。但当退休人员是愈益增加，最重要发展成为两三个在职劳动力供养一个退休劳动力，养老负担就立时表现得很严重。在这种状况下，社会保障养老固然要坚持搞下去，但却只能是基本养老保障，要期望晚年生活的幸福安康，就无法对它指望过多。

　　加大个人的财富积累，购买住宅并策划用住宅的价值养老，就是一个可行举措，有助于加固脆弱的养老保障体系，补充养老保障额度不足的缺陷，消除代际间的利益冲突。

加大个人的财富积累，购买住宅并策划用住宅的价值养老，有助于加固脆弱的养老保障体系，补充养老保障额度不足的缺陷，消除代际间的利益冲突。

六、以房养老是金融业绩的新增长点

为什么金融保险业界对此业务不露声色，是否业界对此业务真正不予关注呢？

（一）银行会推出倒按揭业务吗

> 有位"淮夷"先生提出了"银行不见得会推出这项业务"的怀疑。他认为中国的房子是有使用期限的，最长的70年，而人的平均寿命却越来越长，如果30岁买了房子，60岁把房子抵押给银行，活到80岁，房子只剩下20年期限，市场价值已很小，而且中国的房价充满变数，银行即使把你的老房子拍卖了，所得款项也很少，银行自然就不会这么去做了。

"淮夷"的这种怀疑是有理由的。君不见目前新闻媒体对以房养老已经炒作得异常热烈，众多老百姓对倒按揭也是十分关注。甚至是某些捕风捉影的事项，如某某银行准备将倒按揭推上议事日程等，也被新闻媒体予以高度关注。但不论结局如何，始终很难看到有金融保险机构的官员对此发表相应看法，也看不到金融保险业界对此产品开展研发的信息。

为什么金融保险业界对此业务不露声色，是否业界对此业务真正不予关注呢？并非如此。作为可以对金融保险业界的业绩、利润带来巨大收益，并将对业界的经营疆域和范围开拓带

110

六、以房养老是金融业绩新的增长点

来积极效应的业务，作为一项已经在国外各个发达国家广泛实施的政策，业界不可能对此漠不关心。但这是否说明我国的金融保险业将很快推出这项业务呢？同样并非如此。倒按揭业务操作的复杂性、联系的广泛性、太多的不确定性都大大超出了其他各种金融保险产品。

倒按揭同一般住房按揭贷款不同，一切方面都是"倒"着来的。

金融业内人士表示，虽然倒按揭很可能成为金融机构盈利的新品种，但如没有国家有关部门的政策扶持，减轻金融风险，很难做大范围推广。如果机构现在就来做，涉及在老人身后能否将房产抵押品变卖、升值或贬值后的收益货损失如何结算、房屋被拆迁或毁损怎么办，甚至遗产的处理是否合理等诸多问题。目前，按《中华人民共和国银行法》规定，银行只能从事资金的存、贷及结算业务的前提下，倒按揭贷款所涉及的住房变卖处理等环节，显然超出银行现有经营范围。即使是保险公司来做，情形会好一些，但也会遇到众多政策不明朗、业务开办内容复杂等大问题。我国目前的金融业界尚推行着严格的分业经营制度，像国际银行业出现的那种集"银行、保险、证券、投资"等一体的混业经营模式，在我国还不允许出现。这就使倒按揭这种异常复杂业务在推出时遇到种种障碍。

倒按揭同一般住房按揭贷款不同，一切方面都是"倒"着来的。一般按揭贷款是随着时间推移，贷款本息归还而逐步减少，风险逐步减弱；倒按揭则是随着时间推移，贷款本息不断加大，风险随之也在不断增强。一般按揭贷款是专门贷款于中青年人士，因为他们一般有着可靠的未来发展前景和定期收入；倒按揭则专门贷放给老年人，预期其经济状况只能是逐步减弱。这就为本业务的推出凭空制造了种种障碍。倒按揭的推出，还涉及银行现有的经营范围、资金流转、经营体制乃至指在严格分业经营的模式下，倒按揭这种特别复杂的金融产品，是无法正常推出并顺利运营的。

标考核，涉及住房的经营运作，明显超出国家对银行经营范围的限制。

倒按揭与现行金融法规制度是有众多背离的。为此又涉及众多法规制度的修订与完善问题。或者说我们需要专门为倒按揭业务的推出，制订一整套特殊的规章制度。事实上，在严格分业经营的模式下，倒按揭这种特别复杂的金融产品，是无法正常推出并顺利运营的。比如，我们应如何认识倒按揭这一行为，是一种特殊的住房贷款，或是一种养老寿险行为，抑或一种期货期权制度，都可以沾点边。而倒按揭业务的实施中，为搞活金融机构的资金，以免在长期运营中将过多的资金沉淀压死，又需要考虑让资产证券化参与其中。因此，像混业经营这种涉及金融体制的大事项，应当纳入相关的议事日程之中。

倒按揭的推出，还使金融保险同房地产交易、结算，尤其是二手房的变卖处理等，发生了众多的联系。这同样是超越了金融保险机构的经营范围。但这种经营范围的超越对金融机构是好事还是坏事呢？从正面理解，金融保险经营范围的扩大，预示着参与经济社会生活的能力在相应增强，业绩、利润实现的可能性在加大；预示着金融与房地产的结合、金融与养老保障的结合，又大大加深了一步。这些都是好事。现行的住房抵押贷款，只是金融对住房的前半生，即住房的开发建造、销售购买的参与，而对住房寿命后半生的继续参与则未能进行。倒按揭的推出，意味着金融保险对住房后半生到最终实体损耗、价值消亡的全过程干预。

金融保险的经营范围需要有个限制，没有规矩不能成方圆。但这个经营范围又可以随着经济社会的发展，而作出相应改变。经济事项的愈益复杂化、经济联系的全球化，都要求金融保险的经营范围能给予相应转变。目前的金融政策法规的颁布与具体做法，已开始有了越来越多的加强银证保投的密切合作、混业经营的迹象。这就为倒按揭在我国的推出建造了较好平台。

目前的金融政策法规的颁布与具体做法，已开始有了越来越多的加强银证保投的密切合作、混业经营的迹象。

招商银行天津分行零售贷款部的张经理表示倒按揭业务运作，必须考虑房产价值、房地产市场走势、抵押人健康状况等因素。否则操作银行的经营风险难以很好评估。目前，后两种因素系数不好估算。同时，在抵押风险上，倒按揭存在着实施时间越长风险越大的问题。这些问题都将影响银行推行这一业务。我国的房地产市场价格走势、人均预期寿命等相关因素还没有长时间的稳定表现，银行控制风险的难度很大，运作起来的难度也相当大。

天津市房地产协会的秘书长梁正文认为，倒按揭的难题是，房产会随着时间的流逝而折旧，但折旧的走势、速率难以评估。相关机构与老人签订抵押合同，实际上是整存零取，但房产的评估价格不好确定，连带每月给付老人的养老金，也就不好评估。如果给得少，老人不会同意；如果给得多，随着房子的折旧，相关机构就不可能有一定的获利空间。

2006年2月，重庆市人大代表、重庆涉外资产评估公司经理孙健在人大议案中建议：可以在重庆地区内，由地方政府牵头成立一家专门机构，并通过财政拨出启动基金，设立专门机构试点进行尝试。合乎条件的申请者，在签订契约后，可以按时拿到"根据住房抵押的估值按一定条件折合成"的养老金。同时，申请者的房产按照证券或期货的形式，定向向专门的投资者出售；当养老受益期限结束后，按契约出售住房。这个观点获得了很多专家的赞赏，也具有一定的操作价值。

以房养老是思路好，操作难。

（二）以房养老思路虽好但操作难

> 厦门大学社会系专门研究社会保障的徐延辉教授认为，"以房养老是思路好，操作难。思路值得肯定，我们仍处于发展中国家，居民的收入水平不高，房子是最大的固定资产，这个思路对于那些失去收入或收入低而有房子的老人来说，当然是好的。"但这个想法对全社会而言，真要操作起来是很难的。现在房价这么高，有的人要到四五十岁才买得起房子，办15年或20年的贷款，到了退休时恐怕连贷款都还没还清呢，银行哪会让你抵押呢？

不错，以房养老是思路好，操作难。笔者同许多人士谈起以房养老，大家都是这个感觉。徐教授在这里提出了倒按揭的一个现实问题，即未还完贷款的住房是否允许抵押。

一般而言，能够参与反抵押业务的住房，都应当是按揭贷款已全部还完，也就是说该住房的产权已经完全归由住户支配。在这种情况下，反抵押贷款的额度计算也比较容易一些。但在特殊的情形下，比如美国开办的一种反抵押贷款产品，该抵押住房的贷款可以是全部还清，也可以是尚未还清，客户认为自己有必要提前向银行申请反抵押贷款，也可以参与这一业务。当然如此操作时，旧债尚未付清，又积欠了新债，贷款的总数额也会大受影响。对客户而言，这种做法并不明智，像目前的住房抵押贷款申请中，已经归还了大部分款项后，仍然可以在有资金需要时，申请"转按揭"、"加按"一样。这种做法只是搞活住房价值的一种手段，同正常的倒按揭贷款相比，已经很难归于同一类型了。

在美国开办的反抵押贷款业务中，大家参与这一业务的目的，不仅是为了养老，还把它作为一种资产管理的工具和可供方便融资的手段。大家如要投资股票、要为老人看病、要购买新房等需要大量货币，就将住宅拿到银行做抵押，换取所需要的金钱。家中有多余的钱财，再将这笔钱拿出来归还银行贷款本息。如都能如此运作，大家拥有住房资产的价值就算是真正搞活了，在日常生活中可发挥的作用也大多了。这显然是个好事情。

再者，还需要说明的是，像徐延辉教授所言："有的人要到四五十岁才买得起房子，办15年或20年的贷款，到了退休时恐怕连贷款都还没还清呢，银行哪会让你抵押呢？"这种情况不能说没有，但应当说是较少的特例。或者说目前，我国的住房商品化刚开始不久，有的人到了50岁才开始购买属于自己的住房，但这种房产购买，一般情况下，到了60岁时，大多都能够将房贷全部还清，不需要为此过多发愁。即使说到了60岁贷款仍未能还清，也可以再做稍许延期，比如待65岁贷款已全部归还完毕时，再做倒按揭也完全可以。按照美国倒按揭贷款开办的通常情形来看，多数老年人恐怕住房不能够很好地维持养老用度，大都是临近70岁或更高年龄才申请倒按揭贷款。

再者，像房产养老这样涉及面广、影响深远的新生事物的出现，对该事物的合理与否及实际操作可行性的判断等，首先应把握的基本指导思想，在于对该事物本身合理性、可行性的判断，即该事物的存在、运行，是否符合逻辑推理的正常判断，是否具有相当的经济合理性，是否能因此对整个社会经济生活

按照美国倒按揭贷款开办的通常情形来看，多数老年人恐怕住房不能够很好地维持养老用度，大都是临近70岁或更高年龄才申请倒按揭贷款。

对以房养老而言，这个大的法律伦理就是，以房养老的理念推出及倒按揭等模式的实施，是否有助于和谐社会的大目标的实现，是否符合以人为本的基本理念，是否有助于加固亿万老年人的养老保障，积极应对已经到来并日益严重的老龄化危机问题等。

与发展带来积极效应，是否能被当代的社会伦理规范基本接受。最少是同当代主流的伦理规范、观念意识等，没有太多的反对与冲突。至于说它是否同当代有关法律规定完全吻合，则不必在细致考虑之列。事实上，在大的法律伦理上合规合法，就完全可以了。

对以房养老而言，这个大的法律伦理就是，以房养老的理念推出及倒按揭等模式的实施，是否有助于和谐社会的大目标的实现，是否符合以人为本的基本理念，是否有助于加固亿万老年人的养老保障，积极应对已经到来并日益严重的老龄化危机问题等，这才是最为重要的判定标准。至于说某些具体法规制度的不相吻合，并无可奇怪之处。对此给予修订完善就是了，并不一定要让它成为新生事物推出的拦路石。比如，像住宅土地使用权70年的问题、继承法某些条款的修订问题，乃至金融保险机构变分业经营为混业经营等，都是如此。目前实施的已经延续20多年来的经济体制改革及随之而来的政治、教育、住房、养老、医疗等体制的一系列改革，正是对一切不合理的制度规定给予全面变革，以使其不断适应新的经济社会形势的发展。

（三）购买住房需要考虑的因素

有个署名为"一个年轻人"的网友在谈到以房养老时认为，大家首先要购买住房才能谈得到用住房来养老。但在今日的高房价之下，我们应当怎样购买住房，或者说购

六、以房养老是金融业绩新的增长点

买住房时应该考虑哪些因素，才是合适的呢？君不见，现在非常流行的一个名词，就是"房奴"，我们需要购房居住，晚年再响应号召用住房养老。但我们却不愿意做"房奴"，过那种过于狼狈的日子。

购买住房，拥有一套属于自己的住房，是大家梦寐以求的。倡导以房养老之后，购买住房的必要性又进一步加大。但在今日的过高房价下，购买住房的确成了年轻人无法承受的重担。谁愿意过那种"房奴"的生活呢？这就需要对购买住房一事予以仔细推敲，以求买得好，价值合算。一般而言，打算购买住房时需要考虑如下因素：

1.房价与自己的当前收入及未来收入的对比。未来收入较目前是看涨还是看跌，或者说对个人未来的财务状况、职业发展前景的预期是看好还是看差。对中青年人而言，尽管目前收入不高，但预期收入却在节节上涨中；对即将退休的老年人而言，尽管目前收入已达到人生顶峰，但却很难指望再能增长，未来收入还可能是大幅降低甚至最终消失。中青年人买房是必要的，即使为此支付大量的按揭贷款也属可行；老年人买房，则主要看手中的钱财积蓄如何，单单靠贷款买房显然不大合理。

2.自己的财力积蓄状况。老年人有较高的财力积蓄，年轻人却较少财富积累。财力积蓄多时，就有可能去购买房屋；财力积蓄过少，甚至还不够首付房款，就很难做购房的打算。

3.房价总额的高低。房价是制约购房能力的基本要素，一般为住宅面积与单价的乘积。单位价格又决定于房屋坐落地段、周边环境、配套设施、附设功能、建造质量等多个方面。若购买能力强，购买的住房自然是面积大、地段好、环境优越、

目前，大家积极参与购房，主要是预期未来房价会快速上涨，因而容易引起的恐慌性购买。

功能多样、质量上乘；若购买能力并非很强，就不能硬向富裕人士看齐，适当有个地方住就行了，到将来经济实力壮大后，再做新的打算。

4.房价涨跌率。房价又可表现为目前房价和未来房价，即预期该住房的房价涨跌率会是如何。房价预期看涨时，人们会增加购房资金买个大房子，甚至购买第二套、第三套住房，将购房作为投资盈利或资产保值的重要手段。房价预期看跌时，人们则很少购房，或是出售手中的住房，到房价下跌时再重新购回。目前，大家积极参与购房，主要是预期未来房价会快速上涨，因而容易引起的恐慌性购买。

5.住房的预期寿命。按住房的一般物理使用性能计，根据该住房建造的构架设计及质量等，预期其寿命将会达到多长。我国于20世纪80年代初及以前年代建造了大批的住房，当时信奉"干打垒"式的"勤俭节约"，住房的功能差，质量低，面积小，寿命短；后来建造的商品房则完全以一种新的面貌出现在大家面前，是功能多，面积大，质量好，寿命长。具体的寿命状况需要在买房时找找行家搞清楚。

6.购房者个人的预期寿命。这一因素是人们不大考虑，然而又是现实生活中客观存在的基本要素。这只要比较青年人、中年人与老年人购房时的心态及状况即可清晰测知。老年人较少购买新房，多因已经拥有了住房，或因有限的钱财要用于他处。但最主要的原因是该住房的寿命，一般都要大大超出自身的生存余命。比如，一套新房的使用寿命多在六七十年，自己的寿命很可能只有一二十年，为自己死亡后才能得到的居住效用，要现在去支付大的代价，显然颇不合算。

为购买心仪的住宅，当"房奴"是不必要、不应该的。房子只是家庭生活消费，如吃穿住行用、医教娱文游中的一部分，而非全部。大可不必为了一点，不计其余，作出"房奴"之类的傻事来。

实际运营中必须要动用算账、成本收益分析等手段，才能将需要解决的问题落到实处。

（四）怎样购买住房才算够本

> 有位以电话号码(1395****661)发言的朋友讲道："大家算一算，如从25岁开始按揭供房到60岁，其间过了35年勒紧裤腰带的日子，60岁以后那套房子才开始给你回报，但你要活过95岁才能赚回这之前的辛劳，这样算的话，差不多要活到百岁才够本，以房养老太不实际了。"

这位朋友，用具体的数目字为大家算了一笔账，不论算账所用的方法和结论是否准确，首先算账本身就非常值得称道。以房养老不仅是一种理念，还是一种具体的操作模式。实际运营中必须要动用算账、成本收益分析等手段，才能将需要解决的问题落到实处。

以房养老的重要模式之一倒按揭，就是大家在年轻时贷款买房，60岁前归还完贷款本息，60岁退休后再将该住房反抵押于银行，每个月向银行借钱花销，到自己身故后再用该住房向银行还贷。在这种模式下，自己依靠银行盘活了资金，实现了住房与货币两种不同类资产按自己的实际需要地随时流动与转换。金融保险机构也通过这一业务的开办，扩大了营业范围，使金融活动的触角同住房和住户的整个生命周期的全过程，发生了紧密的联系。

以房养老理念的推出，正是要在这种普通的"够本"的基础上，再实现某种新的"收益"。

　　这位朋友讲到"从25岁开始按揭供房到60岁，其间过了35年勒紧裤腰带的日子，而60岁以后那套房子才开始给你回报，要活过95岁才能赚回这之前的辛劳，这样算的话，差不多要活到百岁才够本"。那么，怎么样买房才算够本呢？这位朋友的观点有点不大清晰。

　　一般而言，住房的功能首先是生活居住的功能，大家为什么买房，首先是为了能在所购买的房屋中正常生活居住。买房是花费了诸多代价，买到房屋后又在该房屋中安安然然地度过了一生，这就叫做"够本"。难道我们还需要寻找其他什么"够本"吗？以房养老理念的推出，正是要在这种普通的"够本"的基础上，再实现某种新的"收益"。我们不仅要追求"够本"，还希望能够开通自己的脑筋，通过以房养老来得到相当的"收益"。

　　以房养老的本质是让大家在正常的生活居住之外，还能够从住宅的使用中得到更大的价值。我们还需要说明的是，如果不采取以房养老的办法，辛辛苦苦供给的住房，是否就能够给大家可观的回报呢？不是更没有吗？正因为大家供房供得很辛苦，我们才要让这套住房为大家发挥更大的价值。如此，才可以说前半生的辛辛苦苦没有白费，否则岂非感觉到更为"冤枉"吗？

　　按照经济学的观点，要想得到某种收益，就必须先为此付出相应的代价；而在付出相当的代价后，正常情况下，也都可以得到相应的收益。除非是不花钱白白继承父母的住房，或者说像许多父母那样自愿辛辛苦苦地为儿女们供房，除父母的无私支持外，其他任何渠道都找不到这样的好事。但大家也应扪心自问，我们白白地住到父母为我们购买的房屋中，对父母任何尽孝的事情都不做，是否能问心无愧呢？

（五）老人的住房能换多少现金

以房养老模式的推出，除了社会家庭伦理观念的因素外，如何平衡抵押房产者即老人和开办业务的金融机构之间的利益关系，是个大难题。金融机构每月应付给老人钱财的数额计算，必然是开办倒按揭业务的关键。每月给付过少，老年人利益受到损害；每月给付的金额过多，业务开办机构操作这一事项又很不合算，积极性也大大减弱。那么，这一指标是由相关法规制度统一规定，还是经双方协商一致来决定呢？

老年人抵押拥有完全产权的房产来取得相应资金，作为退休时代养老金的补充，是以房养老的精髓所在。但这一模式的具体实施中，又涉及太多事项需要予以考虑。比如，老年人将房产抵押给银行，在其剩余生存期间，每个月可以向银行申请取得的贷款数额应为多大，或者说金融机构接受老年人抵押的房产后，每月应付给老人的抵押款，就正是这一模式运行的核心事项。一般而言，它主要涉及老年人的预期生存余命、房价预期波动状况及贴现率的测定与调整，当然，款项支付的方式、办法、抵押产权的份额等也要做一定考虑。简单而言，当该老年人希望用住房申请养老贷款时，需要测算该老年人的寿命还有多长，抵押住宅的现在价值有多高，尤其是到老人身故，银行实际接受住房那一天，该住宅的价格走势会呈现为何种状况。另外，要将未来的钱财提前来使用，还需要计算相应的贴现值应为多大。

老年人抵押拥有完全产权的房产来取得相应资金，作为退休时代养老金的补充，是以房养老的精髓所在。

这笔抵押款的数额原则上是由双方按即定章程,给予详细测算而得到。

这笔抵押款的数额原则上是由双方按即定章程,给予详细测算而得到。测算涉及因素较多,这里不作详细说明。大的原则是,抵押房产的价值越大,预期该老年人存活寿命越短,每月可得到的养老金就越多,反之就会越少。

举例而言,假若某年届60岁的老年人现拥有完全产权的住房一幢,现价为60万元。经对老人的性别、身体健康状况、既往病史及所处生活环境的诊断与调查,结合同地域老人的预期平均寿命的考虑,判断该老年人的余命尚有18年;同时,根据该幢住宅的房龄、功能及坐落地段等基本状况,结合该地域经济社会发展水平、生态环境及适宜居住的程度,充分考虑该地域未来的前景演变,得出该幢住宅在未来18年中的价值增幅为50%(已扣除住宅本身的折旧影响,住宅占用土地使用期70年的因素则未予考虑);预期在未来的18年内的市场利率和业务开办机构开办此项业务的费率,以复利计息总计为4%(这里不考虑通货膨胀因素,即便发生通货膨胀,房价也会以更快速度上升,故不予计量)。

根据如上因素考虑,据此可得到算式为:

每期应得房款(X)×(年金终值系数,4%,18年)=60万元×(1+50%);

得25.645X=90万元,X=3.5095万元。

这就是说该老年人在抵押住宅后,每期可从银行取得3.5095万元,每月为2925元。如为保险起见,银行实际支付养老金时,还可以再制订一个给付系数或折扣系数,如打个75折,每月实际贷放约2194元。

这里所谈的计算公式,只是预期存活余命已确定、利费率和房价波动率都已确定,然后简单计算出应有结果。事实上,在漫长的岁月中，不免会有种种变数，预期余命不代表实际存活寿命，房价波动难以预测，利费率等也难以简单测定。这就需要在方案执行的过程中，定期或不定期地加以调整，使之更符合现实需要。而到该老人最终"盖棺论定"之时，似乎还有必要再做"秋后算账"，以最终彻底了解这一漫长"公案"。老人身故后，儿女可出资将已经抵押的住房赎回，或在"乔装打扮"上市交易后，用所得款项首先归还应付的全部贷款本息，剩余部分归由子女继承。当然，在售房款项不足还贷时，发生的亏空也要事先约定，是由子女统统兜底，还是归由政府"埋单"，或业务开办机构包赔损失等。

如果本业务是由保险公司开办，具体业务实施的"路数"又会有较大不同。它可能是老年人将住房的使用权交付保险机构后，即可在其存活的全部年份里，享有保险公司每期的养老金给付，一直到死亡为止。每期养老金给付的计算公式中，预期存活余命的确定需要考虑寿险业务中特有的生命表和大数定理，其余因素确定则大致相同。具体实施中，老人的实际存活寿命可能大于预期，也可能小于预期。在大于预期余命的状况下，老年人可多得一份保障；在小于预期余命的状况下，则该老人的经济利益会受损。正如美国某经济学家评论的那样，这种状况是老人同机构之间的一种关于"死亡年限"的博弈。至于说博弈之后的结果如何，那就只能听从上帝的安排了。老人活得岁数越长就越合算；相反，机构就越为合算。当然，某方的算账结果若是太为合算，那就必然意味着对方吃了大亏。这时适度的利益调节还是需要的。最合理的结局是双方都得到一个较为公平的结果。

老人身故后，儿女可出资将已经抵押的住房赎回，或在"乔装打扮"上市交易后，用所得款项首先归还应付的全部贷款本息，剩余部分归由子女继承。

123

倒按揭等以房养老模式的
推出，还涉及对到住房的
抵押、拍卖、出租等经营
运作，明显地同传统业务
不相一致。

（六）倒按揭业务开办有风险

谈到以房养老，大家在纷纷表示赞许的同时，又马上举出若干实践操作中的种种繁难与缺陷，最后得出结论是"理念好，实践难"，或认为这一模式的实施，需要有各种操作的平台，要制定大量新的法规，还要经过相当长时期的市场调研与理论探讨等。倒按揭等以房养老模式的推出，还涉及对住房的抵押、拍卖、出租等经营运作，明显地同传统业务不相一致。倒按揭还涉及银行、保险公司现有经营范围、运作体制乃至业绩、利润指标考核的大幅变革，明显超出目前国家对银行、保险公司经营范围、经营体制等的限制。总之，这仍需要费不少时日，短时期内难以运作。

银行业内人士也表示，虽然倒按揭很可能成为银行的新盈利品种，如没有国家有关部门的政策扶持，减轻经营风险，以房养老很难做大范围的推广。比如，目前最为明显的一个限制，就是银行目前不能主动处置房产。在英国和法国，反向按揭这项业务由保险公司介入，但在美国，这类业务更多的是由银行机构承担。国内的银行机构也有同样的困惑。光大银行私人业务部个人信贷处处长肖英男认为，之所以国内银行一直没有推出反向按揭业务，一个重要原因是该业务要求银行主动地经营房产，很难办到。通过反向按揭，银行拿到了房产，但如何处置这些房产是个大问题。他介绍说，以往国内银行处置房产都是被动的，如处在老人身故之后，能否将房产抵押品随意自主变卖，房价升值或贬值后的利益和损失，又应如何在机构和老年人个人之间办理分成结算，抵押的房屋被拆迁或毁损怎么办，甚至遗产的处理是否合理等等，都存在着诸多问题。理抵债房等不良资产，而不是主动地去买卖房产。这就是说可以被动当房东，而不能主动当房东。

金融机构按国家银行法规定，实施严格的分业经营，机构之间有明确的经营界限。在银行只能从事资金的存、贷及结算业务的前提下，倒按揭贷款所涉及的住房变卖处理等环节，显然超出银行现有经营范围的限制。

金融机构是讲究货币流动的"短平快"，讲求收益大，风险小，流转快。但参与倒按揭行为，则正好相反。收益可能很大，但要获得盈利一般都要十多年甚至二三十年，老年人最终将住房交给金融机构之后才得以实现；风险与不确定性，则明摆着比其他金融业务大得多；即使要实现经营资金流的正常运转，比如，将向老年人反抵押付出的钱财重新收回，都可能要在十多年或更长时期才可能最终"盖棺论定"。再者，目前，大部分银行对经营部门的业绩考核，都是按年度进行，这就使得在任的经营部门负责人，很难对后任期间才能产生效益的贷款品种产生兴趣。

经营范围的突破在理论上并非大难题，随着经济社会形势的发展，这一突破是必然的。我国的金融业最终要走向混业经营，关键是其中有众多事项需要给予认真深入探讨，涉及众多国家金融政策法规制度要给予修订完善，这方面要做的工作显然是很多的，如适应反抵押新业务的经营考核指标的新的设定，如混业经营对目前分业经营的最终替代等，都有较长的路要走，如对倒按揭中太多的风险的界定与计量等，都有很多艰苦卓绝的工作等待我们完成。

我国的金融业最终要走向混业经营，关键是其中有众多事项需要给予认真深入探讨，涉及众多国家金融政策法规制度要给予修订完善。

现实社会是风险无处不在，但只要能够找到有效的防范措施，收益还是可以获取的。

长城人寿保险北京分公司总经理焦益宽认为，针对"反向按揭"的险种，国内从未有过先例，它需要在专业人士评估后进行专门开发，并不可能短时间内完成。"况且其中对房价评估的环节相当复杂。"最让这位资深专业人士感到犯难的还是来自政策层面的问题，焦益宽说："目前，国内是不允许金融混业的，因此，保险公司是不允许做反向按揭业务的。"目前，国内金融业仍然采取分业经营。尽管金融混业经营试点在法律制度上已经没有障碍，但金融混业经营试点和探索还需要时间。

应当说明，我们设想的以房养老模式的运营是耗时长，涉及面广，内容复杂，融资与融物于一体，各种利益关系协调不易，预期未来经济发展前景，有很多不确定因素，且因涉及老人养老问题，社会影响大，搞不好还会产生严重的负面效应。模式的具体操作，无法事先将制度设计得很为齐全、准备工作做得相当完善。金融机构参与这一特定事项要求的代价为多大，若要求成本很高时，这一事项操作的实际效用，就打了很大折扣。事实上，现实社会是风险无处不在，但只要能够找到有效的防范措施，收益还是可以获取的。但对如上种种风险的认真考虑，并在制度设计时给予足够预防，显然是有必要的。

银行是风险的最后承担者，它不得不掂量的风险主要有：资产组合的风险、市场风险、利率风险、操作风险、政策风险。

（七）倒按揭风险多但能控制

　　沈阳某银行负责人士表示："倒按揭在国内越来越大的养老压力面前，确实有很强的吸引力。金融机构控制风险的难度非常之大，这与银行等金融机构的经营理念和原则是相违背的。所以虽然也有银行在盯着这块蛋糕，但却迟迟未下手。"这个观点是很对的。反向按揭的实施中，随着时间的推移，风险在不断增大。在风险的发生和控制等方面，出现了不同的局面。

　　以房养老是银行等金融机构为特定客户提供的一种金融产品。我们首先从能否买卖这一产品的角度入手，分析它在我国的可行性。银行是风险的最后承担者，它不得不掂量的风险主要有：

　　1.资产组合的风险：如果这一长期性产品占用了银行太多的资金，银行利用其他业务赢利的能力就下降了。

　　2.市场风险：房屋（二手房）交易市场应该是健全和稳定的，否则银行就很难准确地估值和定价。贷款人越是超乎银行预期地长寿，占用贷款就越多，房屋的价值越低，对银行越是不利。

　　3.利率风险：如果基准利率发生变化，那么贷款利率和养老金待遇应该怎样调整？

　　4.操作风险：银行毕竟不是专业房地产交易商，是否能在这个行业游刃有余。

　　5.政策风险：房屋只有70年的使用期限。

127

倒按揭让我们多了一种可供选择的方案，可以与其他一些同样可行甚至更加可行的方案相互配合，而不能把它当成是解决养老金问题的唯一方式。

再者，消费者把房子抵押给银行来换钱养老，自己也要承担风险，如发生了通货膨胀，养老金待遇却得不到相应调整；实际寿命可能不如预期的长等。风险还有众多，这里就不再一一说明了。

养老基金规避风险的一般方法，是实现资产的多样化。管理养老金基金的专门机构会根据预设期限内每一年的支出需求以及基金保值增值等方面的需要，来安排最合理的资产组合。倒按揭让我们多了一种可供选择的方案，可以与其他一些同样可行甚至更加可行的方案相互配合，而不能把它当成是解决养老金问题的唯一方式。以房养老的可行性大小，关键要看两点：

1.规避各种各样的风险方面，是否有一个让消费者、金融机构和政府都满意的安排。

2.有效规避风险的前提下，在制度运行成本、政府财政开支以及消费者个人财富损益等方面，是否比其他方式更有效率。

我国的经济社会发展状况目前还处于转型期，导致房地产市场的价格走势、人均预期寿命、贷款利率等相关因素，都没有长时间的稳定表现，这就给银行控制风险带来一定难度。

需要说明的是，道高一尺，魔高一丈，办法总比困难多。面对这众多的风险，并非完全不能加以解决。事实上，我们已经撰写了大量论文，专门就以房养老的各种风险予以深入研究。研究的成果还是喜人的，这一养老模式是完全可行的。各方面当事人固然是要冒一定的风险，或者还是较大风险，但都可以通过各种方法予以很好地防范。

在科学研究的道路上，大都是科学家出思想，实验室做初步产品，经过中间实验后再修订完善、大面积推广。

（八）应当在有条件的城市先试点

以房养老不仅是一种听起来很美的理念，还是一种可行的操作模式。但要实行这种模式，至少要在较合适的城市多搞一些试点，然后再慢慢地改进方法，调整政策，逐步推广，使人们有个认识和接受的缓冲过程。任何问题都要三思而后行，何况是以房养老这样的大系统、大工程呢？

在科学研究的道路上，大都是科学家出思想，实验室做初步产品，经过中间实验后再修订完善、大面积推广。以倒按揭为典型的以房养老行为的实施，也同样应当遵循这一路径。我国地大物博，人口众多，各地域之间的经济社会发展极不平衡，差异表现得很大，人们的收入、财富、思想观念也有较大差距。比如，我们在浙江一带组织对以房养老认同度的调查，对此的认同率高达60%；在西部地区组织同样的调查，认同率则只有20%。当然，以房养老的理念是我们最早在浙江等地发动的，近水楼台先得月，与人们对此认知得较早，感受较深有较大的关系。但同浙江人气的开化、对新生事物的接受度较高，也有较多关系。

推进以房养老的试点城市，大致设定的原则可包括如下几个方面：

1.金融机构的运作机制好，管理服务水平高，不良信贷资产的比例低，金融机构工作人员的素质高，能够接受新生事物，并给予很好的领会与支持。即使在运营中出现某种差错，也能够有较好的预警与防范措施。

2.当地居民的收入水平较高，自有房产的拥有比例高，价以房养老模式作为一个新生事物的推出，必须先行试点，取得经验后再大面积推开。

值大。人们的思想观念新颖，愿意接受这种新型养老模式，或者说参与这一业务的人员比例较多，有较为广阔的市场和发展前景。

3.当地政府能够对此业务的开办，给予各种政策优惠和支持，如税费优惠减免等。

4.当地的房地产市场交易活跃，房价趋于稳定，经济增长的势头强劲，发展活力强劲，老百姓安居乐业，生活稳定。

5.相应的配套措施较为齐全，或者说这些配套设施的建造有广泛的社会基础。如会计师、律师、资产评估师、理财规划师及相关的中介机构等，都有较多的设立。

6.当地的生态环境优美，天然地适宜于居住，并有一定的养老机构设立。老年人将住房倒按揭后，既可以在自己家中安然养老，又可以在养老机构中舒适度日。

目前可考虑在沿海经济发达、社会状况好、居民素质高、乐意接受新生事物的京、沪、杭、穗、深等大城市先行试点，待取得了大量经验，并不断对相关政策法规给予完善后，再在全国各地做大面积的推广。

以房养老模式作为一个新生事物的推出，必须先行试点，取得经验后再大面积推开。以浙江尤其是杭州市作为以房养老模式推行的重点地区，其有利条件是：

1.经济增长有后劲、有活力，企业运营多为民营企业，国企也经过改制重组，走上健康发展之路。经济发达且正处于快速增长期里。

2.以民营经济和市场机制为基础的浙江模式，已经得到越来越多的认同和赞赏。以房养老将养老这一行为建立在市场机制的运转框架之内，同浙江经济的基本思想是相吻合的。在这方面能够得到有效借鉴。

3.浙江的城市化进程、农业产业化进程在全国都是名列前茅，大量农民已经纷纷走出农村，进入城市，它必将带动城市的经济增长和地价的进一步上扬。

4.正在迅速走向老龄化，老龄人口的数量及在整个人口中占据的比例、未来发展趋向等，正呈现为典型状态。养老途径拓宽很有必要。

5."住在杭州"的口号得到大力宣扬，杭州的人文环境优越为国人所知，且因房地产交易市场活跃，房屋价值在逐步看涨，能够支持以房养老模式的推进。

6.浙江的财政收入、居民个人收入的增幅快，居民有较高的收入水平，模式运行中能够得到政府的财力支持和税费优惠、政策减免。

7.居民个人的思想活跃、观念新，理财意识浓郁，易于接受新生事物，以房养老模式推出后不至于发生"有行无市"之现象。

8.浙江和杭州的养老保障工作做得较好，政府重视这一项工作的开展。

9.住房的私有化比率较高，绝大多数居民家庭都拥有完全产权的自有住房，许多家庭还拥有第二套住房。

10.浙江的金融保险业务发达，国内数十家银行、保险公司，在杭州都有自己的分支机构，且大都经济效益好、资金充裕，有财力支持这一事业的开展。

事实上，北京、上海、广州、深圳等城市，都有相当优越的条件，可纳入以房养老的试点城市。

七、以房养老让老人生活更幸福

倒按揭出现的最大好处，就是让那些不敢消费又略有薄财的人，也可以放心大胆地购买住房，再用住房来养老，做到居住、养老两不误。

（一）以房养老可以让老人潇洒明天

中国现在已经进入了老龄化社会，如何让辛苦了一辈子的老人安享晚年，是一个急需解决的问题。按照传统的习惯，多数人一生的生活方式是：年轻时将毕生的积蓄投入到房产，到了晚年终于拥有了自己的房子，但此时，养老资金已经不再充裕。随着家庭结构的变化和消费水平的提高，尤其是老龄化危机的迅速到来，将来的结果很可能是一对中年夫妇要同时养活四个老人。即便是子女很孝顺，"以儿养老"的难度也会越来越大，老年人的生活质量难免不佳。

倒按揭出现的最大好处，就是让那些不敢消费又略有薄财的人，也可以放心大胆地购买住房，再用住房来养老，做到居住、养老两不误。大家年轻时"拼世界"，年老时就可以提前支取该房屋的销售款，从而可以放心无忧、潇潇洒洒地生活。应当说，这是一种生活观念的进步。

老龄化社会的一个重要标志，就是老年人口尤其是高龄人口是显著增多。如何让辛苦了一辈子的老人安享晚年，是一个亟待解决的问题。多数人一生的生活方式是将毕生的积蓄投入到房产上，到晚年终于拥有自己的房子，但所剩现金已经不多，生活质量依旧不佳。大家提起"潇洒明天"，都很乐意向往，实际生活中却又是难以做到。

> 为什么"明天"潇洒不起来？一是长期的计划经济的约束下，大家头脑中有着众多的清规戒律，自己束缚了自己；二是时势不大允许，正像某位"潇洒明天"的先生所言，"工薪阶层一方面要准备十几万元到几十万元用于购房；另一方面又要拿出十几万用于晚年养老，两者往往难以得兼，导致越来越多的人觉得生活压力大，承受不起"。倒按揭的出现就可以使"那些不敢消费而又略有薄财的人也可放心大胆地购买住房，再用住房来养老，做到居住、养老两不误"。从而可以放心无忧、潇洒生活，以房养老正是一个安享晚年的好方法。

"潇洒明天"的热情发言，正是把握了倒按揭以房养老的精髓和实质。我们为什么要推出以房养老，主要原因就正在于此。在今日的市场经济社会里，大家的生活是一天天好起来，压力和负担也一天天大起来了。本来，压力大一些是个好事，没有压力容易感到轻飘飘，没有前进向上的动力。但如压力太大，远远超出实际承受的能力，或面对压力导致大家身心极度疲惫，要保持正常的身心健康也有相当困难。这种压力就必须重新给予审视才好。

为了潇洒明天，以房养老的模式出现是必要的。那么，我们每个家庭应为此做些什么呢？

第一，大家需要有房，有产权属于自己且具有一定价值的住房，这是以房养老得以实现的物质基础。这需要大家在中青年时代就积极参与买房，买到属于自己的住房，为未来的以房

这一新的养老思路, 对于拥有房产但独居、缺乏子女照顾、没有稳定生活经济来源的老年人来说, 可谓雪中送炭。

养老准备好充分的物质条件。

第二, 大家应当有"用房子养老"的意识和观念, 一旦时机成熟也有这方面的需要时, 就能积极参与这一事项。即使说金融保险部门没有开办相关业务, 家庭自己也可以采取种种非金融的做法, 自行实施以房养老。

第三, 家庭成员应对以房养老的参与尽量取得一致意见, 避免因意见不一致而可能发生的种种纠纷。对此的协调与沟通是很必要的。大家应当坐在一起就父母的晚年赡养、居住、遗产的继承等达成一致性意见。子女应对此承担起应有责任, 否则就坚决支持父母的主张。

第四, 需要有一定的经济核算和效益提高的技能和方法。以房养老有多种模式, 有的需要通过金融保险机构来操作, 如反抵押贷款、售房养老、房产养老寿险; 有的则不一定通过金融保险机构, 老年人自己就可以自作主张, 如房产置换、房产租换、异地养老、房屋出售后居住养老机构、售后回租等。这就需要老年人在多种模式面前, 选择最适合自己养老的办法。

以房养老模式能够很好地解决这个问题, 其操作方式是允许一定年龄的老年人申请将房产净值转换成现金, 现金给付有一次性支付、信用额度支付或按月支付等方式。这一新的养老思路, 对于拥有房产但独居、缺乏子女照顾、没有稳定生活经济来源的老年人来说, 可谓雪中送炭。从某种意义上说, 倒按揭这种养老模式将会改变一代人的生活态度和方式, 使得人们晚年生活不再有后顾之忧。这样一来, 人们存钱养老的观念会淡化, 消费意识得到转变, 不仅刺激和挖掘了消费, 拉动了内需, 也促进了国民经济的持续快速增长。

正如大家日常所讲到的, 人们既需要花费数十万元或更多钱财买房，又需要花费数十万元或更多钱财安排养老，这种经济物质的压力难以承受。即使说大家都能坦然面对，为此能找到好办法，也需要询问人生的意义和价值，难道就是每日这样无休止地竞争、赚钱、花钱、消费吗？大家都这样做，而且是整年整月地这样做，岂非就完全蜕变为一种"经济动物"了吗？这同样是大家不愿意看到的。如果有个好办法，能够大大减轻大家过重的压力，显然会受到大家极力的推崇。以房养老正是这样的好办法。

在以房养老的模式和理念的指导下，国家每月发放的退休金可保证基本生活消费，从住房中套出的钱财可用来提高生活质量。

在以房养老的模式和理念的指导下，国家每月发放的退休金可保证基本生活消费，从住房中套出的钱财可用来提高生活质量。大家不妨学学目前倡导的来自某国的"第三个老太太"那样，到巴黎吃法国大菜，到美国观看迪斯尼表演，到韩国做一把美容，到中国爬长城。只要中青年时代住宅购买得足够好，增值的潜力足够大，这时套出的钱财就是足够地多。反正老年时代最为富裕的就是时间，有了相当的物质基础后，足可以将以往的美好设想，在晚年时代一一加以实现。这样的美好生活，大家何乐而不为呢！

（二）老年人愿意一辈子凑合下去吗

有位"多言"的先生发言了，我们今日的生活已经很好了，尽管某些老年人的经济状况差一些，也都可以过得下去。再者老年人以往节约惯了，消费的欲望都不大高。许多老人已退休多年，对于靠一份养老金维持生活并无不满。为什么一定要别出心裁，搞什么以房养老呢？我们现在有

和年轻人相比，老年人的消费欲望是都不高，目前状况大多都能够过得下去，或者最少是能够凑合下去。

"养儿防老"，有社会养老保障，将这两个方面建立健全，就足够了。以房养老的理念是好，但操作起来过于复杂化，麻烦，不搞也可以。这种做法我看推出的意义不大。

　　"多言"的想法代表了部分人员的观点，平白无故要搞什么以房养老，麻烦，多一事不如少一事。中国大多数的城市老人在计划经济时代，过惯了苦日子，目前的生活状况尽管比较当时是好多了，但并不算是很富裕。尤其是众多已经退休的老职工，每个月可以领到的退休金并不多。我们经常谈到，国家对老职工的退休养老问题，是欠了一大笔账的，正是这一意思。那么，这笔欠账的数额是多少呢？据有关权威部门的不完全统计，竟然高达3万亿元之多。有首歌谣唱到了"青春献给党，老来没人养，去向儿女要，孩子都下岗"。这首歌谣自然是以偏赅全，但也说明了一部分社会现实。既然是欠账，那就应当给予很好的弥补，再者，国家目前也有了这方面的财力。经济体制改革的成果是有目共睹，这笔成果自然也应当由所有的社会成员，尤其是为党和国家作出数十年贡献的老年人共享。

　　和年轻人相比，老年人的消费欲望是都不高，目前状况大多都能够过得下去，或者最少是能够凑合下去。老年人对进一步提升生活水平的欲望，并非很强烈。在我们曾经组织的各种社会家庭调查中，虽然老年人的收入及财产状况显著低于中青年人，但对目前生活的满意度，则要大大高于中年人，更高于青年人。原因是老年人习惯于纵向思维，遇事喜欢同以前比，比来比去，现在的状况是比过去要好得多；青年人则喜欢横向思维，遇事喜欢同左邻右舍比，比来比去就产生众多的不满足。再者，老年人一辈子勤俭持家，不愿意多花钱多消费。即使说老年人有了几个钱财，最终盘算过来盘算过去，还是要将大多数用在子女身上。

老年人喜欢一切与过去比，总有种满足感，喜欢一切事项尽量先考虑小辈。

有个很典型的事例，东邻日本为什么自20世纪90年代以来，长期走不出经济低迷、消费不振的怪圈。原因固然有多种多样，大家都给予了众多的探讨。但其中有个最本质性的原因，也将是困扰日本未来经济发展的一个最为重要的原因，就是日本的人口老龄化危机是世界各国最为严重的，日本的60岁以上年龄的人口占据总人口的比例，目前已经达到20%以上，将来这一比例还将上升到40%，日本人口的平均寿命已经达到了创纪录的80岁，而这一数据还将在不断地上涨之中。日本同中国还有一点是不相同的，中国的老年人普遍较为贫困，经济体制改革的大潮、人们收入和财富的大幅增长，还只是最近十几年发生的事，已经退休的老年人是大多没有赶上。日本20%的老年人拥有的各项财产包括房产、货币金融资产的价值，占据全日本社会财富价值的60%。这些老年人自然可以潇潇洒洒地实现养老。但老年人是最有钱的，老年人又是最不愿意花钱的。留下这笔钱要干什么，为子女将来做遗产，漫长的养老期间要不停顿地开销，必须要留有后备。在这种思想观念的指导下，难怪日本的经济增长会大大减慢。

但我们能否想想，老年人是否真正地不愿意过好日子呢？恐怕不能这样说。老年人喜欢一切与过去比，总有种满足感，喜欢一切事项尽量先考虑小辈。但是如今的许多老年人都看开也想开了。人生能有几何，现在不好好花钱消费，还等到什么时间花费，难道要将钱财带到棺材去吗？虽然说老年人的思想观念是解放了，但是这些老年人所有的积蓄往往都押在房子

以房养老正是要将这个"凝固的资产重新予以释放"出来。

上,被凝固在住房这种不动产上没有得到"解放"。以房养老正是要将这个"凝固的资产重新予以释放"出来。

我国社会财富的最重要部分,应当是掌握在四五十岁的中年人手中。再过一二十年,这批中年人都相继变成为老年人时,是否也要走这一条路呢?这就需要从现在开始,给予相当的防范措施。

某些孤寡老人退休后没有经济收入,或退休收入很低,一个人住着两室一厅或更大一些的房子,却只能依靠每月的最低社会保障度日,日子艰难不说,将来去世后房子也只能留给近亲属继承。劳碌了一世,到头来都是为他人作嫁衣,这让他们觉得很不值。老人只要有足够的"智商",就完全可以将拥有的这套价值不菲的房子,按照自己的意愿,通过售房养老、倒按揭贷款等各种方式,使自己过上理想的养老生活。如果我们能够通过以房养老,将老年人拥有的住宅资产的价值,转化为现金的逐步稳定流入,一举大幅提升老年人的生活水平,增强老年人的消费欲望,岂非更好。

(三)以房养老是老人借着房产享清福

有位"李哲"的网友以哲人的姿态总结道:以房养老可以保障老年人借着房产享清福。中国老龄化问题越来越严重,社会养老负担越来越沉重的情况下,实行以房养老是完全必要并行得通的。房产这东西是生不带来死不带去,说到底也只是间临时客栈。老年人辛苦打拼了一辈子,刚好能借着房产养老享享清福;以房养老一能鼓励下一代勤奋上进，自食其力；二能促进社会进步；三能每月支取一定数额的钱款，改善老年生活的品质。这样一举三得的大好事，何乐而不为呢？

人为了拥有住房花费了太大的代价，那么，房子对人又能够做什么事呢？

"李哲"的话是很对的，房子是什么，是生不带来、死不带去的身外物。人们应当树立一种新观念，即如何处理人与财产的关系。在任何情况下，都需要把握住"人是第一位，财产则是第二位的"。人为什么要不遗余力地拼命赚钱，赚到这么多的钱财又准备做什么。大家在劳累赚钱的同时，做一点思考应当是很有必要的。

罗伯特·清崎撰写的《穷爸爸 富爸爸》一书，获得意料不到的社会轰动，书中的一个重要思想，就是"财产是为人服务的，而非反过来人为财产服务"。钱财是人赚的，赚钱不容易，花钱就需要仔细小心；房子是花钱买的，使用时应当精心维护。但这绝非说应当将物品放在第一位，人反而要退居其后。

人为了拥有住房花费了太大的代价，甚至像中国老太太那样，为此付出了毕生的精力，才于去世的前一天买到属于自己的住房。那么，房子对人又能够做什么事呢？能否在正常的生活居住外发挥更大功用，如平日用住房抵押融通资金，以救急用；晚年时代凭借反抵押贷款的金融工具，实现以房养老，从而加固养老保障呢？应当是完全可以的，也是应当这样做的。

今日是市场经济社会，我们整日在激烈地参与竞争，要赚钱，要致富，要社会地位，要荣誉，要权力，要通过一切好的手段或不大好的手段，来得到属于自己或不属于自己的东西。为达到这一目标，某些人不惜践踏做人的基本准则，不惜与他人斗得不可开交。金钱果真有这样重要吗？并非如此。那么，

大家赚钱的目的又在何处呢？我们不能将人存活于世的基本要义给忘记了。人生的第一要旨，是创造生活，享受生活，是创造财富，享受财富给我们带来的快乐。

假如我们每日只是忙于创造财富，却不能静下心来享受这一财富，那么我们创造财富的目的又在何处呢！当然，中青年时代要忙于工作，要忙于竞争，无法安心享受生活。好容易熬到了老年时代，总可以了吧。以房养老的宗旨之一，就是将自己一辈子创造的财富，在整个一生中给予很好享受。

（四）以房养老让老人保持体面和尊严

> 上海市老龄科研中心的专家陈晟指出，倒按揭有积极意义，可减轻政府、社会和家庭的负担，让老人保持生活的体面和尊严。陈晟在接受记者采访时明确表示，无论是从理性还是从情感方面考虑，都愿意接受以房养老。他说："我想，我可以在退休前努力购买多套房子，而且多余的住房未必会留给子女。"

陈晟在这里所谈到的，倒按揭让老人保持生活的体面和尊严，是很对的。这个问题在过去连饭都吃不大饱的岁月里，我们是不大考虑的。在今日的状况下，大部分老人都认为"今日是吃穿住用行样样不缺，偶尔还能出去旅游一趟"，对养老生活已经是很满足了。像美国老人那样拿着倒按揭的钱"满世界转"，暂时不可能成为中国普通老人选择的常态生活。但这只是普通老年人的想法，如考虑未来形势的发展，考虑到今日还有相当部分较为富裕的老年人，体面而有尊严地养老生活，应该作为一个重要话题予以提出。

西方社会学家谈到养老问题时，特别强调老年人生活的体面与尊严，并将此作为衡量生活质量的重要指标。老人生存的最高境界，讲求的是能体面而有尊严地活着。要达到这一点，首先就是老年人必须拥有相当的、能使自己丰衣足食的物质基础。否则，仅仅靠"嗟来之食"，整天要向儿女们手心朝上要钱花销时，是无法顾及到体面与尊严的。只有在老年人自己有相当的物质基础之后，自己的一切经济开销都可以因此而得到很好的满足时，老人才可能感觉到自己的体面与尊严。

以房养老的一大好处，是老年人自养自老，是用自己拥有的住宅的价值，尤其是用在自己身故后住房仍然遗留的相当价值来供养自己，这就不必要看着别人的脸色行事。老年人在生活中，又是十分敏感的。生怕自己不大合适的行为引起他人反感，怕自己经常生病引起家人讨厌。"寄人篱下"的老年人，尽管是生活在自己的儿女家中，心理状态也是如此。尤其是在自己的晚年时代，经常要看着子女的脸色行事，对习惯于家长角色的父母更是难堪。用房子养老后，这些担心就可以大大减弱了。

以房养老的最大好处，就是房子可以成为足以养老的物质资源。有的老年人是有住房的，而且住房的价值还不低。老年人将这幢住宅是光明正大地办理了倒按揭，每个月都可以领取一大笔金钱时，在家中的地位就会立时高起来。但如老年人没有积聚起自己的经济基础，经常要"手心朝上"向子女要钱花，或生怕把子女得罪了没人养老，自己死亡后没人上坟祭祀烧香。或是像许多大爷大妈那样，年已花甲还在辛辛苦苦做事，

仅仅靠"嗟来之食"，整天要向儿女们手心朝上要钱花销时，是无法顾及到体面与尊严的。

在今日的市场经济社会里，还有什么事情比主动权牢牢把握在手，活得潇潇洒洒更为重要的呢！

为自己和儿女们"讨生活"。这种滋味是不会好受的。

（五）以房养老可将养老主动权把握在自己手中

> 有位"阿华"的网友讲道，以房养老的好处，是将养老的主动权牢牢掌握在自己的手中，在人生的晚景里能够活得一无挂碍的潇洒。现实的家居结构方式，是隔代分居的越来越多。老者居其屋并与之相善终，不失为最佳选择。一可免除后代的经济负担，二可避免三代同居造成的龃龉之词。以房养老巧安排，更适合人生的晚景。

这位"阿华"讲得很对，"以房养老的好处，是将养老的主动权牢牢掌握在自己的手中，在人生的晚景里能够活得一无挂碍的潇洒"。在今日的市场经济社会里，还有什么事情比主动权牢牢把握在手，活得潇潇洒洒更为重要的呢！尤其是在人生的晚景里，也能做到这样一无挂碍的潇洒呢！"阿华"应当是个不拘不束的年轻人，所以能想得如此开朗，活得这样潇洒。受到传统意识观念太多约束的我辈，显然不可能达到如此境界了。

许多老年人虽然没有太多的物质储备，但大都拥有自己的住房，或住房的价值还相当可观。但每日仍免不了要向子女讨零花钱用，这种滋味是可想而知的。

> 杭州西湖区某个街道有位孤老太太，在一幢属于自己的60平方米的住房独自生活。每个月退休金是没有的，依

142

靠四个儿女给付的养老金，就刚够日常零用开销。某日得了重病，到医院诊疗花费了近万元，商议好四个儿女平均分摊。三个子女都交了自己应交的一份，而有一个子女却不愿意分担，言称要等到继承老人遗产时从中扣除。为此事几个子女做紧急协商，却很难商量出最终结果。这就把老太太坑苦了，住到医院里无法出门。大家设身处地为这位老太太想一想，身体痛苦不讲，内心对子女的失望更是难以言表。

为什么要研究以房养老模式，正是要在养老的问题上，给予老一辈以更大的自由和独立性选择。

有人说："以房养老这种给老人经济自主独立的模式是很好的，但是要结合中国的国情，更多给予亲情上的关照。"这句话说得很对。为什么要研究以房养老模式，正是要在养老的问题上，给予老一辈以更大的自由和独立性选择。如多一种养老资源总比少一种养老资源要好，多一种养老方式总比少一种养老方式要强得多。大家可以选择养儿防老，或选择用货币养老，在有房子养老的新模式面前，增加用房子来养老的新模式，显然比没有这一模式要好得多。比如，那些"房产富人、现金穷人"的养老问题，那些没有子女的"丁克"式家庭，那些不愿意将住房留于子女，或子女对该幢住房是完全不感兴趣的家庭，完全可以选择用房子养老。

有位老太太就看得很明白，提起继承房产儿女们都很乐意，但养育老人则不大乐意承担。即使说有的子女乐意承担，但只要有一个子女在中间搞点"小麻烦"，天长日久，其他子女也会跟上学样。在这种情况下，来点房产的有偿继承也未尝不可。这就是说子女想继承房产可以，但必须要花费相应的代价。天下没有免费的午餐，在家庭中也是完全适用的。比如，将房产的继承权在子女之间来个拍卖，谁出价最高该房产就归

143

这笔房款并非一次性付给儿女，而是首先存放在银行或寿险公司，或某个养老信托机构都可以。

由谁继承。或者说，老太太将该住房在市场上出售，取得合适价款后，自己住到养老院养老。

老太太有了这笔房款，就在养老的问题上完全占据了主动，在谁家中养老，就将这笔房款付给谁。当然，这笔房款并非一次性付给儿女，而是首先存放在银行或寿险公司，或某个养老信托机构都可以。这样既保证了钱财安全，不至于很快被子女的甜言蜜语哄去；又是一笔可靠投资，能够取得相应的投资收益。这位老太太甚至还可以租房单住，再雇个小保姆服侍养老。这都是个好办法。

老太太用自己的住房来养自己的老，日常生活费、医疗费都从住房的变现中得到完全地解决。尤其是自己做主说了算，在类似的花费中还需要受到如此难堪，被拖累到这个地步吗？可想而知。

（六）老年人一定要为子女留遗产吗

有个自称"林林"的先生，在网页上如此写道，以房养老在什么情况下会流行，就是自己的儿女毫无负担，有自己的房子，过着小康生活的时候，老人以这种方式把房子卖出去也是天经地义的。但中国只是个发展中国家，能有多少这样的家庭？我国的老人虽然也懂得享受生活，不过是在儿女不需要自己担心的时候才可以享受生活，很多人身上更多的是责任，而不是享受。这种以房养老的模式在中国是不现实的，什么时候能流行？等大家都过上小康生活的时候吧！

七、以房养老让老人生活更幸福

"林林"认为，"在我们中国，老人虽然也懂得享受生活，不过是在儿女不需要自己担心的时候才可以享受生活，很多人身上更多的是责任，而不是享受"。这句话是说得很现实的，正反映了中国传统的历史文化条件下，老一代对子女一代"忍辱负重"的实际情形。父母对子女更多的确实是责任而非自我享受。

这种种现象的背后，需要我们反思的是，子女对父母的责任又在何处体现呢？

但这里需要说明，父母对子女的责任应当到何时何地为止，是否只要老人一直在社会生活着，不论何时何地，子女是否需要，自己是否有能力承担，都必须承担起对子女的这份责任？这就像我们在现实生活中大量看到的，年过七旬的老父母仍然要出来"做人家"，因为子女要买房买车，孙子女结婚需要大量花钱；身患残疾的老年人仍要出来讨饭吃，原因是子女不肯奉养父母。这种种现象的背后，需要我们反思的是，子女对父母的责任又在何处体现呢？父母把子女抚养成人，并接受了很好的教育，找到了很好的工作，父母对子女的责任也就应到此为止。再多出的部分，就完全是父母对子女的特殊关爱和奉献，而非必尽义务。

老年人是否选择以房养老，同其为子女留取遗产的动机强弱有密切相关。有强烈遗产动机的老人，晚年生活中大多是刻苦节俭，期望能为子女留取最大限度的遗产，并将此视为自己人生成功的重要标志，他们是不大会考虑以房产来养老的。具有较大自主独立性的老人，则大多期望子女也能经济自主独立，而非躺在父母的遗产上过舒适日子。他们会将较大部分财产在自己生前就消耗殆尽，或高享受、高消费，或从事自己心爱的事业研究，或是向慈善总会、基金会等大量捐赠。当人们是年轻力壮、广有积累时，不妨为他人、为后代广谋福利。但

年轻子女可能还没有房，没有车，这些财产获取事实上是个长期积累过程，并非能够从天上白白掉下来。

当他们已经进入老迈残年，财富积聚并不很充裕，为何还一定要为他人、为子孙后代再作出这种无谓牺牲？如将问题倒过来思考，将该事项安排地更为合理呢？

在历史发展的长河中，子女一代的生活只会是大大好于父母，而非是相反。年轻子女可能还没有房，没有车，这些财产获取事实上是个长期积累过程，并非能够从天上白白掉下来。要知道，老父母一代是在经济体制改革之后，最近几年才开始住上大房子，开上新车子，年轻子女怎能期望一开始就事事如意呢？

正像"林林"所讲的那样："以房养老在什么情况下会流行，就是自己的儿女毫无负担，有自己的房子，过着小康生活的时候。"但子女在父母的大力援助下，是过上了小康生活，老父母一辈的幸福生活又在于何处呢？假若子女真正对父母感恩戴德、精心赡养还罢了。如这时的子女是感觉父母的"油"是应榨都完全榨净了，对自己再没有任何用处，就完全抛却一边。那才是"叫天天不应，叫地地不灵"呢！所以，"林林"的这种想法固然是反映或揭示了社会的相当现实，却又是完全不应当让其继续存在下去的。

"林林"认为，"以房养老模式在中国是不现实的，什么时候能流行？等大家都过上小康生活的时候吧！"如果坐等大家都过上小康生活再实现以房养老，显然是不大现实的。我国政府在21世纪初制订的宏伟目标，是20年继续翻两番。未来的20年又是我国老龄化危机最为严重的时期。另外，大家奔小康的目标是清楚的，但绝不会是在奔小康的路上"齐步走"，总是有人在先，有人落伍。以房养老的实施也不可能是全国齐步走，统一实施，只能是在某些经济发达、民众素质观念较高的地域先行试点，取得经验，再向内地逐步推广。

中国目前还只是个发展中国家，但在京、沪、江、浙等地域，人均GDP已达到了5000美元，再考虑中外各国实际购买力的落差，可说是老百姓的收入状况已经相当于许多中等发达国家了。这些地域又是老龄化危机来临最早，发展势头最快的地域。在这些地域先行试点就很必要。

（七）儿女希望将父母的住宅留作纪念吗

倒按揭行为的推出，体贴了老人们的难处，对加固养老保障，增加新的养老资源大有好处。但这个似乎为各方十分看好的事项，却让某些做子女的大加反对。某些子女似乎有一种即将要到手的房产又被剥夺的感觉。他们认为父母的房产是一大笔财富，将来铁定要留给自己作遗产继承。父母现在用它来变现养老，自己应当继承到的财富拿不到手，是一大损失，故此将以房养老视为"洪水猛兽"大加反对。有的子女提出了，父母的老住房，有着自己很深的回忆，父母身故后将住房传留给自己，是给自己的最好的纪念物。有的子女讲得比较婉转，他们认为父母的老屋是自己成长的地方，对房子有感情，有纪念价值。父母应该将这笔珍贵的财富作为遗产传承给后代，对子女生活的改变意义更甚于对他们本身养老需求的价值。

许多当父母的顾虑到来自子女的反对，本来是很希望参与倒按揭的，也只好打消这个念头。有些老人总觉得不留点什么给儿女，自己感情上过不去，心甘情愿抱着金碗讨饭吃。可怜天下父母心，只不过听说不久的将来遗产税就要开征了。自己

许多当父母的顾虑到来自子女的反对，本来是很希望参与倒按揭的，也只好打消这个念头。

一生清苦啊，百年之后，把住宅留给后人还纳了税，做了一回名不副实的富翁，你说冤不冤啊！

儿女们对老屋有深厚感情，这真是件大好事。如子女真希望继承来自父母的房产，或还像许多子女所讲该住房中留有自己太多的儿童时代的回忆，富有纪念意义，人们说爱屋及乌，我想应当是"爱乌及屋"。子女能够对老屋产生有如此之大的情感，对父母就更应当如此了。可以采取的办法是，子女很好地将赡养父母的义务承担起来，或者说，将继承遗产与赡养义务履行两项内容依照权利与义务对等的原则，予以妥善连接起来。子女尽到了自己对父母的赡养义务，就可以理直气壮地继承父母的房产；子女没有很好地赡养父母，就没有权利继承父母的房产。

子女对父母的这份情感如果真是浓得化不开，那就应当多回家看看，顺便多多关照年迈的老人。老父母的晚年生活所需要的养老费，也能多多地供应，最少不比银行或保险公司给得少。这也算是个赎买政策。老父母的经济问题在自己家里就得到了很好地解决，干吗还非要参与倒按揭呢？在某种程度上来说，这也算是一种家庭内部的以房养老了。

根据中国的社情与民情，在实施倒按揭以房养老时，保险公司可以制订一套允许子女"赎回"父母住房的办法。在不损害保险公司利益的前提下，为投保人留出一个随时可以退出的通道。赎回的条件只消在签订抵押协议的时候加上这么一条：儿女拥有优先购买权。投保人或受益人向保险公司退还已经领取的全部给付金本息，并根据保险公司的规定进行一定的赎回补偿。保险公司每年都可以向投保人提供一个合理的赎回价格，以利于投保人的进退选择。

> 子女尽到了自己对父母的赡养义务，就可以理直气壮地继承父母的房产；子女没有很好地赡养父母，就没有权利继承父母的房产。

在投保人亡故后,保险公司可以给予其子女购买这套房屋的优先权。当然这个赎回的价格要由房屋的所有者——保险公司来提出。"赎回"视同于投保人清偿了曾以房权抵押向保险公司借的一种高息贷款。大致上可以相当于该套住房当时的市场价格,或者说保险公司在整个贷款期间支付的全部贷款的累积本息。这种做法有助于满足我国有些老年人希望身后让其子女继续拥有这套房屋的愿望。

有些人士会讲道,父母生前将住房来个倒按揭,父母身故后自己又将该套住房重新赎回。平白无故地要增加众多的麻烦,要向保险公司大量交付贷款的利息,保险公司为开办这一项业务,又是平白无故地增加众多的用费和麻烦。是否可以采取简单的办法呢? 完全可以。

古话说,肥水不流外人田,将住房抵押给银行或者保险机构办理倒按揭,是一件大好事。但在某种程度上来说,又是一件不很合算的事。机构与毫无经济利益瓜葛的个人之间办事,自然是要做到公平合理。这就需要对住房多次性的价值评估,需要为此制定严密周到的规章制度,要经常地沟通联络,上门察看,要计算价值不菲的利息费用。这些内容都需要占用机构较多的时间、精力与心血,要事先准备好大量而丰裕、源源不断的资金。而这一切,都需要有相当的花费。而这些花费最终都要转嫁到抵押老人的身上。故此,老年人将住房抵押后,可以实质性地得到的款项并不多。

老年人将住房抵押后,可以实质性地得到的款项并不多。

（八）老年人应积极参与以房养老

老年人应当积极参与以房养老，原因在前面已经是谈得很多了。现在我们来看看若干对此态度积极的老年人，对实施以房养老的想法：

1. 这种以房养老代替以儿养老的方式，我觉得非常好！是超前的行为，也是社会高速发展的行为，应该支持。我们百分之百地拥护以房养老。我和老伴都身患重病，但是两个儿子收入都很低。我们现在有间 96 平方米的房子，如果能抵押出去，我和老伴的经济状况就要好得多了。

2. 我对流行以房养老模式当然支持，没有理由拒绝它！我们应该提倡。这是未来社会发展的一种新模式，也是社会防老的新选择。对于没有子女的老人，这不是更好的选择吗？

3. 首先表明本人的态度吧。这种做法的确很实在，我很赞同！虽然我国长久以来的以儿养老的思想根深蒂固，但目前有一种我认为不太好的现象，就是父母赚钱为了孩子读书、结婚、买房，而子女往往是坐享父母辛苦的成果。它与我们一直倡导的先苦后甜，通过自己的努力获得劳动成果，享受生活是背道而驰的。如今的现象是一个不折不扣的恶性循环。

4. 我觉得蛮好。人的前半生是奋斗的时刻，而老了以后是该享受前半生的成果。财产正所谓是生不带来，死不带去。如果把房子留给子女，他们有了保障，往往会失去了奋斗的动力。自己也会因为没有钱而活得很辛苦。虽说有自己供养，但是人心难测，能不能老有所养也很难说，以房养老，何乐而不为呢！

5.非常赞同，这是养老保障的新观念，比靠儿子有把握多了。当然有了钱不是万能的，有了钱的老年人没有孩子在身边，会感觉缺少许多感情的东西，少许多乐趣。但对于老年人来说，没有钱是万万不能的。现在做儿子也不容易啊，做个孝顺儿子就更难了。与其死了以后给孩子留下遗产，还不如活的时候给孩子轻松呢。

6.举双手欢迎。农耕时代的生子养老，是由于当时的三纲五常的社会伦理结构及经济发展模式等一系列因素决定的。到了现代社会，我们这儿的农村还存在着"以儿养老"的事，只是这个"儿"已经扩大为儿与女了，可大多数老人家无体力获得生活来源，又无储蓄，他们大多被子女视为包袱，活得很不如意。不仅如此，关于养老费用分摊的问题，还往往会让这些子女们恶语相加，甚至拳脚相加。现在独生子女大量增加，要生子防老就变得更不实际了。那些有房子的也不知道运用倒按揭的方式，来改变自己的生活现状。如果他们能运用以房养老方式，就能让这些上年纪的老人获得稳定又丰厚的经济来源，晚年的生活无忧，使他们能自主地安排自己的生活，不会给子女带来经济上的负担，更不必看亲生骨肉的脸色生活。相对而言，我以为这一方式还更有利于维系骨肉亲情。这是时代的进步，也反映了现代社会家庭观念、伦理道德的发展与变化。

7.如果我们国家可以以房养老，我一定选择这种养老方式。生育下一代的目的只是想看着自己生命的延续，并不是以养老为目的。以房养老既可以减轻自己子女的压力，又可以让自己活得更潇洒一些！

8.我觉得以房养老不失为一个好方法！本人支持这个方法！相对于某些人来说，做子女的不是不想让养育了自己多年

与其死了以后给孩子留下遗产，还不如活的时候给孩子轻松呢。

任何事项的操作，并非说是大家对此都是同意之后再去做的。只要有一部分老年人对此积极拥护并热情参与，就可以了。

的父母安享晚年，而是的确力不从心！以房养老就能解决这个问题！但相对于某些有能力的人来说，本人认为应该保持以儿养老的精神！毕竟尊老爱幼，以儿养老都是我们中华民族的传统美德，这是不能丢失的！

9.以房养老这种模式，对于老人来说，不需要依靠子女，自己每月有独立开资的能力；对于子女们来说更是如此，暂且不谈其孝与否，由银行来为自己减轻经济负担，况且其金额相对来说并不算少，比起现在我国那些平常百姓的养老基金、救济金、低保金等要高很多。

10.我国出现太多无儿养老、有儿不养等现象，许多老人独自守着套空房却为饮食生活发愁。实行以房养老将可以解决以下问题：一是老人将住房抵押给了银行，不用担心住宿问题（其银行需要等到老人去世后才会收回房屋的）；二是平常生活有了正常保障，无须为生活而发愁；三是解决了变相房屋土地浪费的问题，已另有住处的老人，其房屋便可以充分利用。

11.我认为这是个好办法。虽然是超前意识，但在国内，有房子、有钱的怎么想怎么做都可以，也都可行。什么都没有的可能想超前都是奢望了。好在现在是一个准许随便想的时代，只要是存在的，都是有它存在的环境和条件的。

从如上各位老人和准老人的发言中，可以感知到许多老人对以房养老的期待与渴望。虽然也有部分老年人对此仍持有怀疑的态度，但这无关大局。任何事项的操作，并非说是大家对此都是同意之后再去做的。只要有一部分老年人对此积极拥护并热情参与，就可以了。在业务的开办过程中，其他老年人也会从怀疑到观望，再从观望到认同并最终积极参与的。让我们对此拭目以待吧！

（九）以房养老是消除家庭财产纠纷的途径之一

　　有位"伤心老人"谈道："我认为'以房养老'这种办法很好，应当大力倡导操办起来。原因是它对我国老年人的养老问题，将有个相当大的解决。传统观念认为，老父母的房产是要作为遗产留给子女继承的。若家中只有一个子女还简单。比如说家中有几个子女时，对老人的赡养状况是不尽一样，遗产尤其是房产是很难分配的，往往在各个子女之间发生分配不公的现象。重则还会引起家庭纠纷，使亲人变成仇人。为彻底杜绝这一事项，老年人以房养老，不再将住房做遗产，就可以彻底消除产生这一问题的根源。父母通过以房养老，将可能有的遗产尽量消化，到时给子女留下的遗产数额是越少越好。"

　　这位"伤心老人"的发言是有一定道理的，反映了目前社会普遍存在的遗产分配的纠纷及如何消除纠纷的根源。在20世纪50、60年代，我国的每个家庭大都是抚养三四个或更多个孩子。今日这些孩子相继进入中年，其父母也大都进入行将辞世的垂垂晚年。老一辈遗留的遗产价值虽然不高，但分配到几个子女之间是否公平合理等，还是颇难使人人满意。再者，遗产分配中什么叫公平，公平的标准是什么，如何界定这个标准，本身就是个扯不清的话题。当然，这种事项再过若干年又会呈现为另外一番局面。这一批独生子女都要相继长大，成为社会的中坚力量，他们的父母又会面临同样的遗产分配问题。这时的状况则要简单得多，只有一个子女，自然无人来争来抢。

　　我国许多老年人在晚年生活不能舒心适意，大多是遗产分

153

我国许多老年人在晚年生活不能舒心适意，大多是遗产分割与子女赡养不均所引起的。

割与子女赡养不均所引起的。这个"不均"的含义有两层：一是每个子女对父母在物质和精神上都尽一样的孝心，但对父母身后的财产分割不均等；二是对父母在物质和精神上不尽一样的孝心，但各人平均分配父母留下的遗产。我国有着尊老爱幼的优良传统，但在比较子女的赡养成本与回报（遗产继承）时，往往会出现差错。如老年人只有一个子女，老年人死后一切财产都归他所有，赡养成本没有外部性，老年人晚年一般没有后顾之忧。如老年人有两个或更多子女，每个子女的光景不尽一致，对老人的态度不尽一致，赡养老人问题上难免付出有多有少，有好有坏。

老年人欲使自己晚年生活快乐，最好是切断代际间的物质继承关系，也就是将自有财产在世时用完。将本有儿子继承的房产拿来养老，这就相当于各个儿子对老年人尽的赡养义务相同，儿子因没有遗产分配不均的事情发生，也就和气一堂。这样，老年只需要子女生活上的照料和精神上的慰藉。通过以房养老，将物质赡养和精神赡养区别开来，为老年人的晚年生活开创了一片新的天地。这将有助于形成适应社会主义的新型代际关系，老年人在养老问题上采取主动态度，将激励儿女的自主精神，也有可能将改善一些家庭由于房子这一遗产而产生的纠纷，有助于改善老年人与子女的关系。

杭州郊区有一位吴姓老太太，农村户口，没办理养老保险，老伴去世后，只能靠四个儿子赡养。但最近第二个儿子下岗，自己小家的生活都成问题，物质上对母亲承担的就是很少甚至没有。其他三个儿子看在心里做在明处，认为老二照顾母亲少，可将来对母亲唯一值钱的遗产——房产继承的份额都一样，自己会吃亏。于是他们都在较劲，给母亲的物质钱财与生活照料也越来越少，老太太的生活日益艰难。引发上述事情的根本原因，就是儿子给予老太太物质赡养与遗产继承份额之间的不对称性，这一直接恶果是老人晚年生活的不幸。

子女在这里是否吃了大亏呢？不能这样讲，子女没有得到来自父母的遗产，却也从对父母的长期赡养义务的解脱中，得到了相当补偿。

为解决晚年生活问题，老太太解放了思想，接受以房养老的观念，充分利用手头最值钱的房产实现自我养老。老太太找到一个需要二手房的年轻人，这位年轻人因为积蓄较少买不起房子，与之签好协议，规定年轻人每月支付老太太一笔养老费用，老人死亡后房子由这个年轻人所有。通过这种措施，老太太晚年物质生活有了保障。子女对房产没有继承权了，相互间就不会因嫉妒财产继承的多寡而闹不和，都凭着应有孝心照顾老太太的生活起居。老人有着物质和精神方面的双重照料，晚年会过得相当美好。这个事例仅仅是个案，却是中国社会的缩影，与这位老太太境况一样的老年家庭还真不少。

如何消除这一现象呢？以房养老就是个好办法。按照某些说法，以房养老正像是为这一批老年人专门开设的。再如，老太太将住房抵押给银行，每个月向银行借款，并最终在自己身故后用住房来还贷，也是解决问题的好办法。子女在这里是否吃了大亏呢？不能这样讲，子女没有得到来自父母的遗产，却也从对父母的长期赡养义务的解脱中，得到了相当补偿。

"伤心老人"谈道："为彻底杜绝这一事项，就是父母通过以房养老将可能有的遗产尽量予以消化，到时给子女留下的遗产数额是越少越好"。这一说法也非完全正确。父母与子女的关系，是"打断骨头连着筋"，天然的血缘联系，是不可能依照个人心愿而明确切断的，事实上也不必这样

家庭中并非都是亲情融融，大家尽享天伦之乐，不和谐的因素也是大量存在。

绝情的。老年人为子女遗留遗产太多自然是不必要，但越少越好或完全不予遗留是否确切，也不一定，一切都要看当时的实际情形而言。

（十）以房养老可防止不孝子女私占老人资产

有个署名"小康"的读者总结道：以房养老至少有几个好处：一是确保老年人终身有稳定的生活场所；二是可以弥补退休金较少、生活费不足的老人的退休生活；三是可以防止不孝子女私占、瓜分老年人资产，确保安度晚年。

"小康"讲到了以房养老可以防止不孝子女私占、瓜分老年人遗产，确保安度晚年，这是很对的，同时也揭示了社会中存在的丑恶现象之一。家庭中并非都是亲情融融，大家尽享天伦之乐，不和谐的因素也是大量存在。比如，不顾惜老父母晚年的生活状况如何，尽量先向自己的口袋里扒拉。"我的是我的，你的还是我的"，就是这种人的信条。在社会中，有国法管辖和约束，不可能做得如此明目张胆。在家庭这种特殊的人际环境中，面对父母与子女这种特殊亲情，这种行为的肆无忌惮似乎更有充分理由。即使大量发生，也多被老父母因"家丑不可外扬"，而尽量掩盖起来。经常看到和听到老年人状告子女时，那种欲告还休、欲休还告的尴尬神态，就充分论证了这一点。更为充分的资料表明，目前老父母与成年子女打官司的数量已经是逐渐增多，其中大多涉及房产和养老纠纷。由于房价是持续大幅升高，父母与子女之间有关经济利益纷争也在加剧。

黄红芳于2007年1月9日的《新华日报》撰写文章《老人赠子女房产别忘维权》，称2007年元旦前夕，70多岁的张老太太来到江苏省老龄协会寻求援助，称自己为了让子女免交可能产生的遗产税，在老伴去世后直接将房子过户给儿子，哪知儿子拿到房子后却把她赶走。为此，张老太太将儿子告上法庭，要求收回房子，但法庭认为张老太太赠与儿子的房子不是有条件的，驳回了她的诉讼请求。现在张老太太有家不能回。

张老太太的遭遇不是个别现象。浙江省老龄办权益保障部马君斌介绍，仅2006年，他们就接到老年人房产纠纷法律援助近20起。多数老人将房产赠与子女时，和张老太太一样，没有签订任何附加协议，直到出现赡养纠纷才后悔莫及。马君斌说，许多老人都认为，自己的房产给儿女继承是天经地义的，殊不知有的老人过早把房产赠与子女，却得不到子女的赡养，晚年生活得不到保障，老人赠房给子女时一定要三思而行，因为老人无条件将房产赠与子女后，几乎不可能通过法律途径收回，只能通过《中华人民共和国老年人权益保障法》，让子女承担赡养义务，获得居住权。

南京三法律师事务所的李保军律师从事房产法律事务多年，亲历多起老人房产官司。他建议老人最好不要在去世前转让自己的房产。即使转让，也要与被赠与人签订一个遗赠抚养协议，确定抚养人只有在承担遗赠人生养死葬义务后，才能享有遗赠权利。他还建议，最好将赠与行为进行公证。

消除这类不肖之子与父母间纠纷的最简单办法，就是来个"釜底抽薪"，父母直接将自己拥有的住宅拿出来办理倒按揭。

157

孝道观念的改变可能是中国解决长远养老问题的必要条件。

既然子女是如此不孝顺，老人家也就不必客气，不必顾虑子女的态度是否满意等。有的老年人是薄有房产，又都有着几位子女，从而引起不孝子女的觊觎，或要尽早"抢班夺权"，或因房产继承权在各位子女间引起纠纷。假若该老年人没有房产，或只有一位子女，事情的进展又是另外一种情形了。

上海某区法律援助中心主任徐德明认为，子女抢班夺权，提前侵占并吞没父母的房产，已经成为父母与子女矛盾纠纷的重要话题。"我以后不会靠我的子女，我自己有房子，我有养老金，我能够自己养活自己，以后我的房子总要作为遗产留给我的子女，但在我生前是不会把房子给他们的。"徐德明这样的中年人，他们的养老观念已经与他们的上一辈有很大不同。他们的个体意识更强，对自己的财产和生活有很强的支配意识。

孝道观念的改变可能是中国解决长远养老问题的必要条件。浦东新区法律援助中心的黄远堂认为，在完善的社会福利制度建成之前，要想改变目前上海老年人遭遇家庭变故，子女侵占房产，不履行赡养义务的现状还很困难。黄远堂说，中国是在经济尚不够发达的情况下提前进入了老龄化社会，社会保障制度不健全，而不像发达国家那样老人养老可以依靠社会福利，中国目前的经济发展状况使得养老还主要在家庭范围进行。

北京市海淀区法院民事一庭的副庭长马军说，推行以房养老可在一定程度上减少房屋继承的诉讼。据介绍，2004年和2005年，该院共审结有关房屋继承的诉讼案达200余件。"当事人在法庭上因遗产继承官司而反目。此外，有一些老人因得不到孩子赡养而将子女告上法庭。如果能实现以房养老，仅有一套住房的老年人即可解决养老问题，同时也避免孩子们为遗产而起纷争。"

（十一）以房养老可消除房产与赡养纠纷

实施以房养老的新模式之后，老人固然是用自己的房产养自己的老，减轻了儿女的养老负担，但也将儿女期望继承更多遗产的打算化为泡影。许多老人购建住房，固然有自己晚年居住舒适的打算，但更多的是考虑自己百年之后，可以将该房产留归儿女继承，同时将养老的重任指望在儿女身上。中华民族的传统美德中，父母总是以儿女为重。父母生活的重要目的之一，就是精心照料儿女，看着他们健康成长，为儿女留下较多的包括房产在内的遗产。但在现实经济生活中，"四二一"家庭的出现，经济利益因素向家庭内部开始介入，许多老人对儿女已根本不再做赡养自己的指望。此时，老人养老的最好办法，就是提前出售自有房产，自己养自己的老最牢靠。

出于中国传统观念，大多数老年人都打算把自己的房产遗赠给子女，从而换取子女的更好照顾。但这一做法是否能够如愿，还在两可之间，现实生活中也引发出众多的社会矛盾和纠纷。个别不孝子女非但没有赡养老年人，反而在老年人生前把房产占为己有，将老父母赶出家门。

2004年12月13日的《新闻晨报》发表了《房产换赡养，且慢》一文，文内言称据上海老年人法律服务中心统计，老年人维权中由于住房权而引发的纠纷幅度正在上升。在上海侵犯

159

再婚老人的房产权益，受到子女侵害的现象日益突出。

老年人权益的案例中，房产类占51.5%，赡养类降至7.6%，赡养类往往又与住房有关。在这些老年房产侵权案例中，还有三个显著特点：一是遭受侵权的女性老人多；二是遭受侵权的丧偶老人多；三是老年人的子女之间，因窥伺老年人住房引发的冲突多。再婚老人的房产权益，受到子女侵害的现象也日益突出。以下是几个影响较大的典型案例：

例一：家住上海静安区的八旬唐老太太，1986年老伴去世后独居。后来女儿不幸病故，女婿就以照顾老太太为名把自己与儿子的户口迁入，并搬来同住。此后，女婿住在老人家是分文不出，却还要老人为他每月支付100多元的房租。不仅如此，还整天对老人恶言中伤。最糟糕的是，在这个所谓的女婿离开家门自己独住时，还自作主张把老人居住了将近40余年的房子租给别人，将老人赶出家门。

例二：80岁的黄老伯有四个子女，老伴去世后黄老伯的身体是每况愈下，轮流在几个孩子家中生活。后来老人希望一直居住在小女家中，而不必再在几个子女家中轮流居住，与小女商议妥当后，答应由小女养老送终并把房子留给小女。没想到当老人把房子过户给小女后，小女就用种种理由一心想把老人送进养老院，阻止老人住在自己家中。其他三个儿子知道此事后也纷纷与老人翻脸，黄老伯陷入了困境。

例三：上海虹口区78岁的王阿婆一人独居，以前没有工作，身体不好，除每月420元的国家补贴，四个子女每人每月给她100元赡养费。几年前，小女儿离婚后，把户口迁进了老人家中，由此引发了家庭矛盾。三年里，大儿子连续六次上门闹事，要老人把房子卖掉、出租或让他搬来住。大儿子自己住两室一厅，月收入2800元，可只肯付70元的赡养费，认为妹妹的户口迁进来，影响自己继承母亲的房产。

老人同子女打官司，今日已经屡见不鲜。官司打赢打输我们现在不管，单单就父母与子女打官司这件事而言，若非事情逼到这一步，谁也不会这样做。即使儿女们被判决一定要支付赡养费，这笔硬讨来的钱，老人们用起来也肯定不舒服。这种儿女很难称得上"为人子女"。

在这种情况下，最为简单的办法就是这里讲到的以房养老。老年人将该幢住宅若毅然决然地予以出售或出租，或招徕房客或向银行做倒按揭等，即便是找个心肠好、重情义的不相干人员来扶养自己，百年后将该住房遗赠给对方，都完全是老人自己的事情。凭借这个住房，老人家在晚年完全可以过上舒心适意的好生活。即使自己拿上这笔钱住进养老院，也可以在养老院中过上舒适日子。目前，大都市的房价迅速增长，即使是说市区中已居住了数十年，又小又破的二手房，售价也经常可以达到数十万元之多。老太太有了这笔钱，还会发愁儿女们不孝顺自己呢？所以说，以房养老还可以消除家庭中经常可以见到的房产与养老之间的纠纷，有利于构建和谐家庭、和谐社会。

以房养老还可以消除家庭中经常可以见到的房产与养老之间的纠纷，有利于构建和谐家庭、和谐社会。

八、对以房养老被误读的补正

大家忙了一辈子，是应当知道这个一辈子都忙了些啥。

（一）倒按揭是银行榨取我们的劳动力吗

网站上有位"小丁"这样发言："我们穷尽我们毕生的精力，购买了片瓦之地。期间，银行榨取了我们三分之一的劳力，然后在我们苟延残喘的时候，银行又说：把房子给我吧，我给你钱享受啊，你劳苦了一辈子，现在应该开始享受了。好了，等我七老八十的时候，我又两手空空了。那我不禁要问，我忙活了一辈子到底在瞎忙啥？如果早知如此，我不买房子不是更好？留着买房子的钱，我年轻的时候不会如此辛苦，年老的时候也会更加幸福啊。再说了，即使我真的实行了倒按揭，那么我们的一块钱跟人家的一美元能相比吗？银行一个月给我千儿八百的钱，我还能到美国旅游去？笑话！"

网站正是让大家畅所欲言的地方，是给大家一个说话的地方，这种不客气的话语应当不是很奇怪的。情况是否都是小丁这样讲的呢？不是。大家忙了一辈子，是应当知道这个一辈子都忙了些啥。这个答案也并非最终"盖棺论定"时算总账，还应当是在自己的早些时代就该尽量搞清楚的。孔夫子讲了"四十而不惑"，这个"不惑"正是要为自己的前半辈子"都忙些啥"作出较好的解答；对自己的后半辈子"应该忙些啥"给予很好地理财策划。

按照"小丁"所说，买房是很不合算的，不买房可以大大减轻人生负担，年轻时不会为买房而积蓄存款，按揭贷款，也不会像一般自嘲的"房奴"那样是如此辛苦。这都是对的。但一辈子不买房是否能够保障晚年生活更加幸福呢？此话难说。不买房就没有一个家庭的安全感，就只能是一辈子租房居住，就无法享有房价上涨的收益。这都是大家很为清楚的。但就倒按揭贷款而言，似乎像"小丁"讲的那样，"等我七老八十的时候，我又两手空空了"。这里谈到的"七老八十"，自然就是最终的死亡了。到了人的死亡年代，两手空空不是更好吗？财产这种东西是生不带来，死不带去的。大家干了一辈子，赚取的钱财又正好享受了一辈子，正符合平常讲到的资源配置效用的最大化，是经济理论追求的最佳境界。

"小丁"讲了"银行榨取了我们三分之一的劳力"，这话是说得不大好。大家因买房资金不足向银行申请按揭贷款，银行根据老百姓的需要开办这一业务，都是你情我愿的事。如果说，我国没有实施住房按揭贷款，试想我国的房地产交易市场是否可能发展得这样快，老百姓的居住质量能否提升得如此迅速，国民经济在最近几年里能否以如此的高速度大踏步前进？从这里来说，是银行运用现代金融工具给大家办了一件大好事。银行发放住房贷款，肯定要收取利息，这是市场经济的必然法则。大家完全不应该在买房时申请贷款，而等贷款拿到手，新房子也住得很舒适，只是在每个月交纳房贷的本息时，又把银行再骂上大半天。这是所谓的"端起碗吃肉，放下筷子骂娘"。经过多年的市场经济的意识熏陶，大家的观念应当发生了相当的变化，心态也应当摆正了。

大家干了一辈子，赚取的钱财又正好享受了一辈子，正符合平常讲到的资源配置效用的最大化，是经济理论追求的最佳境界。

163

如真能通过各种金融与非金融手段，让买来住房的价值"动来动去"，就是说真正将住房的价值搞活了，真正能发挥其应具备的作用，这又有什么不好的呢？

大家参与以房养老事项，是否真像"小丁"讲得那样，是非常不合算呢？不是。大家在年轻时代是花钱买房住，而到老年时代再做倒按揭，用房换钱时，该幢住宅的价格已随着时代大大升值。比如，年轻时花了30万买的新房，住了一辈子，到老年退休时代该幢住宅的价值还可能升值到60万或更多。这时再按照60万元的价值进行倒按揭，到了最终身故时，这幢住宅的价值还可能又升值到80万元。这就是说，当初花得30万元买的房，住了一辈子不算，还可以安安然然地坐享50万元的增值收益。而且，这笔收益并没有流入"他人田"，而是在自己的有生之年里，完全由自己来全力享有。如果只是租房居住，上哪儿找这样的好事呢！

（二）倒按揭等于替银行打一辈子工吗

有人认为，倒按揭以房养老模式，等于是要求国人将唯一赖以居住的房屋，从不动产变更为动产，原因正如业内人士所说——政府的养老金制度每年都处在赤字的状态，许多民众微薄的养老收入不足以支撑生活所需，只好让买来的房子"动来动去"。付出了所有积蓄，到头来仍然是"租用"这套房子，"等于替银行打一辈子工，真是可悲可叹"！

但若从积极的角度理解这件事，又有什么不好呢？这里是买来住房的价值"动来动去"，而非住房的实体动来动去。如真能通过各种金融与非金融手段，让买来住房的价值"动来动去"，就是说真正将住房的价值搞活了，真正能发挥其应具备的作用，这又有什么不好的呢？以房养老模式的推出，正是将居民唯一赖以居住的房屋,从不动产变更为可随意流动变现的动产,这正是以房养老的积极意义所在。人们并不能指望晚年"吃砖头啃瓦片"生活,而是通过金融保险的手段将住宅变更为货币资产,在这个变现的过程中,居然并不影响老年人的正常生活居住,这又是以房养老的独特魅力所在。这等于是"从一头牛身上同时剥下两张皮来"。这样的好事何乐而不为呢?

今日为什么要提出以房养老理念,原因之一正在于"养老金制度每年都处在赤字状态,许多民众微薄的养老收入不足以支撑生活所需"。在这种状况下,发挥大家的聪明才智,动用每个家庭都拥有的住宅这一手段,使其为大家的养老问题发挥更好功用,又有何不可呢?从积极的意义来考虑这一事项,就会发现其中蕴涵的美妙之处,从而喜欢上这一新的养老模式。

住房按揭贷款的推广,让人们前半辈子给房子"打工";倒按揭贷款的提出,使房子为人们后半辈子换来享受。在不影响居住的前提下,用房子来"反哺"晚年生活。当然,大家不愿意为银行打工时,也可以让银行为你"打工",你来享受银行为你"打工"的愉快。办法就是像故事中的中国老太太那样,积攒了一辈子钱财,临终总算买到属于自己的新房。当然这笔钱财并非传统的"挖坑窖藏",而是作为储蓄存款置放于银行中,到钱财积攒的本息相加,足够买一套住房为止。

这种办法的好处是,你完全不需要向银行支付任何利息,相反是银行为你的高额长期储蓄存款不停地为你支付利息。这种方式大家是否愿意采用呢?答案是非常清晰的。且不说按照这种方式,大家究竟哪一天才能攒够买房需要的所有钱财,才能居住到自己心仪已久的新房。不要说延迟居住新房的苦恼,即使说房价上涨的速度也会远远超出利率上涨的速度,这是大

大家不愿意为银行打工时,也可以让银行为你"打工",你来享受银行为你"打工"的愉快。

165

究竟是一辈子为银行打工，还是一辈子为房东打工，这笔账何者更为划算，大家都是很清楚的。

家都很清楚的。很可能出现的结果，是积蓄存款的速度远远赶不上房价的上涨，从而使你距离买到新房的时间表是愈益遥远。只要"板着脚趾头"想想，究竟哪种方式更为合算，这笔巨大损失，又该由谁来埋单呢？

在倒按揭的状况下，大家如果不愿意遭受这个利息损失，应当怎么办？同样有个办法，比如，大家将住宅倒按揭给银行后，住房的实际价值和能从银行拿到的养老金相比较，之间会有一个较大的差异。这就是银行、保险机构为开办这项业务提供资金、担负风险，应当得到的利息和费用收益。为此可采取的一个办法，就是将住房倒按揭给机构，自己从该住宅中移出租住另外的房子住。这时，金融机构非但不会收取任何利息和费用，还会多支付一大笔费用。但这样的结果你是否会同意呢？你会想难道我发疯了不成，扔下自己好好的房子不住，去花很大代价租住别人的房子。

大家不供房是否可行呢？除非甘愿一辈子都蜗居在陋室里，难以改善自己的居住生活质量。居处这种蜗室同样要付出一定代价，只是这个代价要小得多而已。当然，一辈子靠租房居住也不是不可行。大家认为贷款买房是一辈子为银行打工，但租房就是一辈子为房东打工。要想免除给银行打工的厄运，就要给房东打工。两种"打工"方式何者更好一些，我想大多数人还是愿意选择给银行打工，就是说向银行申请贷款购房，再在日后的岁月中逐步还贷付息，经济上也更为合算。尤其是我国目前乃至未来相当长的时期的房价走势，都呈现为快速上涨的态势，买房比较租房的优越性，应当是不言自明的。

究竟是一辈子为银行打工，还是一辈子为房东打工，这笔账何者更为划算，大家都是很清楚的。贷款买房有巨额利息额外付出，但租房却要拿出同样可观的房租。买房可以取得住房产权，有了产权就可以获得住房的支配、处分、收益等权利。在房价呈现持续上涨的情形下，尽早得到房价上涨收益，岂非很好的事情吗？在此种状况下，若选择租房，固然不必拿出一大笔资金交预付款，却要每个月都交纳高额房租。而在房价上涨的同时，就只能承受房租上涨的痛苦。所以说，与其将钱财以极低的利率存入银行，倒真不如早早取出再加上贷款买房为妙；与其将来要冒着高房租的风险，每月为住房交出工资的三分之一给房东，真不如每月交出同样的钱财给银行支付贷款本息为好。

至于说，将"替银行打一辈子工"从正面理解时，应当认为大家利用银行为自己的养老和居住生活的巧妙安排和资源配置最优化提供服务。通过银行这种特殊融资机制实现了这一目标，即使说为银行打工，那也是一件好事。过去我们讲，只有穷人才要向人家借钱；今天我们讲，只有穷人才不可能向人家借到钱。有个新观念是，能够向银行取得贷款，正说明自己的资产状况好，信用记录高。这诚然是件值得庆贺的事。银行并非慈善机构，为什么要将钱财出借给既无资产又无信用的人员呢？倒按揭如推行开来时，将是未来银行、保险公司柜台前的一个理财新品种。

大家年轻时代贷款买房，年老时反向贷款养老，是否就是为银行打一辈子工呢？肯定不是。是否是为房子花费了太大的代价，却未能从住房中得到任何收益呢？同样肯定不是。大家买到房子后，从年轻时代一直居住到自己最终身故，甚至还可以将这幢住房在自己身故后遗留的价值也拿出来倒按揭，为自己养老换钱花，这正是房子给自己带来的最大好处了。

将"替银行打一辈子工"从正面理解时，应当认为大家利用银行为自己的养老和居住生活的巧妙安排和资源配置最优化提供服务。

老龄化危机的到来及由此引致的严重后果，是大家都了解一二的。

（三）以房养老容易滋生私有化情绪吗

有位"青青"女士谈道："在目前的这种情况下，虽然我赞同以房养老，但是从社会长远发展的角度来看，以房养老模式的推出，不利于社会和谐、影响社会的发展进步，容易造成私有化情绪的产生，拉大贫富差距，不利于社会的稳定团结和繁荣昌盛。因此，我们要日益健全我们的社会保障制度，让人们做到没有后顾之忧，在有生之年快乐工作、快乐生活，而不是为了追求短暂的幸福，葬送自己的青春和热情。让我们一起努力共建和谐社会，为我们的今天、明天和后天而努力奋斗！"

"青青"这一说法代表了相当多人士对以房养老的看法，比如某个读者就这样写道，2006年，全国"两会"上"以房养老"的提案，是提案人和房产商合谋后的产物，是为房产商拉高房价的阴谋。这话就有点冤枉了。这份以房养老的提案是建设部科技司的赖明司长提交的，但其基本思想却是我的。幸亏我们搞以房养老研究，还没有从房产商和随便哪里得到一分钱的补贴。否则就真正讲不清楚了。有个房产商讲道，他们公司从我的个人主页上将我这几年撰写的论文和搜集的资料，全部下载打印、复制，人手一册学习研究，吸收到许多新思想，但却从未为此支付过任何版权使用费。

"青青"认为，"以房养老不利于社会和谐、影响社会的发展进步，不利于社会的稳定团结和繁荣昌盛。"这话不知从哪儿说起。老龄化危机的到来及由此引致的严重后果，是大家都了解一二的。以房养老模式的推出，有利于养老保障体系的加固和养老事业进步，是整个社会保障制度体系的重要组成部分。它使养老问题得到了较好解决，就是最大的社会和谐和发展进步。古人云，有恒产者始有恒心。大家只有安居才能乐业。老有所养，中青年人就可以解除后顾之忧，从而可以将更多的精力投入到经济文化建设中去。

住宅商品化是国家的既定政策，自20世纪90年代推出以来，受到大家的热切欢迎。目前，住房商品化的成果已经比比皆是，居民的住房条件得到大幅改善，国民财富、GDP由此而有了大幅度拉升。房产商建造的住宅，今日几乎是100%地由居民个人来购买，国家政策对此给予减税、贷款融资等种种优惠。从对房地产业的快速拉升、对居民百姓的生活状况改善、对国家社会经济的发展来看，这种住房的"私有化"，是很应该大力推行的。

以房养老模式的推出，必将导致居民购买住宅积极性的增强，尤其是许多老年人原本有一大笔款项，完全可以用来买房，改善居住条件，但却因要考虑养老问题不敢动用。有了以房养老后，大家就可以用这笔钱先买房，再用房屋的价值提前变现套现等实现养老。如将这一事项视为私有化情绪，完全是不应当的。今日，国家政策明确提出大力发展私营经济，保护公民个人包括生产资料在内的合法财产。大家购建厂房、营业场所等生产资料，都受到政策鼓励支持，购买住房等生活资料更不应在话下。

以房养老模式的推出，只会起到加固养老保障，促进购买新房，拉动国民经济增长的功效，不会对"拉大贫富差距"发生太大效力。最多只是大家都要买房，买早买晚，买价是高或

以房养老模式的推出，只会起到加固养老保障，促进购买新房，拉动国民经济增长的功效，不会对"拉大贫富差距"发生太大效力。

169

对以房养老有看法，坚决反对也是一种态度，但最好是把坚决反对的理由拿出来，而非恶意攻击，这一攻击又是"一蒿打翻一船人"。

低的影响。在今日房价飞速增长，早买房确实使富人占据了先机，用便宜的价格购到了新房，或还将此视为投资获取了不菲收益；同时也使穷人面对高额房价更无法买房。但这明显不是以房养老的错误。即使说将来我国真正实施了以房养老业务，也不会对房价的拉升等，发生如此大的效力。

（四）以房养老是算计我们的下一代人吗

"闻言"在网站发表高论："在中国实行以房养老这种政策，百姓将需要面对非常大的风险。一旦发生了什么法律漏洞，百姓将如何保证自己的权利？再者，就中国目前银行及社会保障制度的可信度而言，百姓们拿什么来相信此番言论？现在维持了生计，我拿什么留给下一代，我的后代又同我一样20岁贷款买房，50岁还清，80岁两手空空去见上帝？谢谢啊，算计我们这一代人就行啦，不要算计我们下一代人！"

在对以房养老模式的评价中，像此种不大友好的语言，也有较多的出现。比如笔者就曾经看到有这样的一条发言："大陆的经济学家灭绝人性，浙江大学经济学院的柴效武教授竟然提出'以房养老'这种谬论。"此话则大错了。对以房养老有看法，坚决反对也是一种态度，但最好是把坚决反对的理由拿出来，而非恶意攻击，这一攻击又是"一蒿打翻一船人"。如果将推出以房养老的理念，认定为是房产商的一大阴谋，同样是大错特错。以房养老是我们首先提出的，并对此做了大量深人的多层次研究,这同大陆的整个经济学家群体又有何种关系呢,又怎么能够扯到"灭绝人性"这样严重的字眼呢! 以房养老是集大家的智慧共同提出的,并借鉴了国际上倒按揭的先进做法。作为笔者而言,只是在这一研究中做得工作多一些,更深入系统一些,但也不敢贪天下之功为己有。

我们在养老保障这一重大问题上,不只是空谈口号,而是实实在在地为老年人养老问题着想,并提出切实可行的操作方法。这就是对老年人"最大的人性"所在。以房养老模式提出后,尽管有不少反对意见,但赞成的意见更多,即使说有众多反对意见,但并非直接反对以房养老本身,而是对这一模式首先给予充分肯定,然后对模式具体推出可能会引起的国情、观念伦理、操作难度、不确定性及金融机构的素质等,提出某种质疑。这些意见与建议,正是对我们以房养老研究的最大支持与肯定。

网站上的各种发言与讨论,大家是见仁见智,形形色色,见解不一,这都是很正常的。即使有各类反对或怀疑,也是部分大众对此种模式的一种社会反映。这种言论可能是大家对以房养老理念的误读或错解,或是站的立场不同,或还带了某种"有色眼镜"看问题。即使说有许多误读或错解,也应该责怪我们对这一新事项宣传得不到位。不论大家提出何种意见,都是对我们将以房养老作为毕生事业的一大支持,是我们极力欢迎的。为什么我们要将这个尚不很成熟的研究成果,贸然向全国"两会"这样的严肃场合提交呢? 某种程度上,正是为了多方面听取大家的意见。这比我们花费大量人力、财力与精力去组织各种社会调查,得到效果的要好得多。事实上,我们做以房养老的研究已经若干年了,还从来没有得到任何经济资助,

我们在养老保障这一重大问题上,不只是空谈口号,而是实实在在地为老年人养老问题着想,并提出切实可行的操作方法。

这些来自各界的反对意见或困惑、疑问，正从某个层面对我们更为过细地研究以房养老问题敲响了警钟。

也没有偌大财力去做大规模的市场调研呢！

对以房养老存有各种质疑或反对意见，是很正常的。如果一个新生事物，尤其是以房养老这种对传统习俗有着巨大颠覆性，又对社会家庭各个层面都带来巨大影响的新生事物的出台，都是一片叫好声，反而不大正常。这些来自各界的反对意见或困惑、疑问，正从某个层面对我们更为过细地研究以房养老问题敲响了警钟。兼听则明，偏听则暗，此话是一点也不假。它将使我们对以房养老的理解和把握，对以房养老模式推出中应当采取的种种举措等，并非是完全站在研究者的角度上，一厢情愿地只顾自己的感受，而不去考虑社会各个层面对此的愿望和要求。同时，也对我们进一步的深入研究，提出了众多新的研究课题。

发了半天的议论，现在话归正传。"闻言"谈到"现在维持了生计，我拿什么留给下一代，我的后代又同我一样20岁贷款买房，50岁还清贷款本息，80岁两手空空去见上帝？""闻言"的这个观点反映了相当部分人士的意见。但这里需要说明的是：

1.父母的财产为什么一定要留给下一代？这对下一代自己创业打天下，确立自立自强的信心而言，也是一种好事啊！事实上，在美国等发达国家，以比尔·盖茨为首的大富豪们，正以自己死亡之前将拥有财产全部回报于社会，不给子女留遗产为人生目标。我们的父母需要向这些大富豪学习。

2.财产是身外之物，生不带来，死不带去，不必看得太重。20多岁贷款买房，到50岁贷款本息全部还清，60岁以房养老，80岁两手空空去见上帝，正好，正是人的一生拥有资源的合理化配置和财产的最大化利用。

3.我国未来的"四二一"家庭模式中，父母遗留给子女的住房，并不一定为子女所需要，而且是两对父母遗留的两套住房。再者按照目前的人均寿命，待老父母最终身故时，年龄已经是七八十岁，子女也已经到了50多岁，难道50多岁的老儿女还没有房子住，一定要等着继承父母的房产，这个老儿女也太没有出息了？但要期望独生子女夫妇能够同时赡养两对父母，抚养一两个子女，还要忙工作、忙事业，也是完全不可能的事情。

"闻言"谈到了"算计"这个字眼，是完全不必要的。以房养老是大家自愿行事，不存在任何强迫命令之事。我们需要做的就是尽量为当代老年人的养老问题，当然也是为十数年后的我们的养老问题，提供一个养老的大"菜单"，菜单中放着有十多种"菜"，大家喜欢哪种就选择哪一种。这总比菜单中只有一种菜，爱吃不吃要好得多。同样，对以房养老而言，大家乐意参与就参与，不乐意参与就不参与，这里并不存在谁"算计"谁的问题。

对以房养老而言，大家乐意参与就参与，不乐意参与就不参与，这里并不存在谁"算计"谁的问题。

（五）以房养老是穷人为富人养老吗

有位"潘生"认为，以房养老这个想法是完全错误的，房子在法律上说是个人的私有财产，神圣不可侵犯。养老属于社会保障问题，是每个公民为社会贡献后应该享有的。如果将两个挂钩，那么中国上千万在异地打工无力买房者，岂不沦为给有钱人养老了。以房养老只是那些富人们想的，农民或者说从农村出来没有暴富的人，根本就是不可能的。

住房是个人的私有财产，他人不得侵害，但并不妨碍房子的主人充分运用好这套住房为自己谋利。

　　这里需要说明，住房是个人的私有财产，他人不得侵害，但并不妨碍房子的主人充分运用好这套住房为自己谋利，如利用住房在自己身故后仍然蕴涵的巨大价值的变现、套现，为自己的养老生活服务。这是个人拥有的权利。当然，每个人都可以这样来做，也可以不这样做，这都是个人的自由选择，国家和他人并不对此予以任何的强迫。按照这位"潘生"的发言，是否大家参与了以房养老，就是侵犯了个人私有财产，是很不应该发生，显然并非如此。国家不可能下达死命令，大家必须要参与这种以房养老行为。现在没有这种命令，将来也不会有。

　　按照"潘生"的说法，养老属于社会保障范畴，国家应当对老年公民的养老问题给予特殊关注。这是对的。但养老又首先是每个公民自己的责任和义务，是自己养自己的老。假如自己对自己的养老都不能很好关注时，又如何能够为社会作出很好奉献呢！国家应当对老年公民的养老以特别关注，这是对的。那么，国家的这笔钱又是从哪里来呢？还是"来自于民，用之于民"。或是来自于中青年人，用于老年人；或来自于人们的中青年时代再用于人们的老年时代。

　　"潘生"还有个说法，实行以房养老，是无房子的人员为有房子的人员养老。这话是又对又不对。较好的说法，应当是说有房子的人士拿自己拥有房产的价值变现，为自己养老。无房子的人士尚且无法用房子为自己养老，又怎么能谈到为他人养老呢？相反，如果很多人士是用住房的价值为自己养老，国家和社会的养老负担就是大大减轻，减轻后国家就可以拿出更多钱财，用于接济无房子穷人的养老了。难道这不是一件大好事吗！

从现实的住房状况而言，我国经济体制改革的20多年来，在经济总量增长的同时，城乡差距、贫富差距也在一天天拉大。表现在住房的拥有上，就是富人有几套住房，有别墅洋房；穷人即使只购置一套小住房，在今日的天字号房价下，也会遇到一定的障碍。这就需要国家不仅要关注贫困人士的养老保障行为，还应当首先关注贫困人士的住房行为。首先，让大家都能够"居者有其屋"，养老保障也就在其中体现了。这正是一箭双雕的好事。

住房是每个家庭的私有财产，这笔财产怎样使用支配，如何运用这笔房产的价值，尽可能地为自己生活养老带来更多的便利，这完全是个人的自主权利，他人（包括国家在内），都不应该随意干预。国家需要调控的，是众多无房人员的"居有室"应怎样保障，是控制过高房价，保障大家都尽可能地达到"居者有其屋"的目标。但每个家庭已买到的住房应怎样使用，就不在国家调控的范围内了。

要实施以房养老，就要求大家对所拥有的住宅享有相当权利。

（六）大家对住房拥有哪些权利

住房与养老都是今天大家非常关心的热门话题。以房养老将住房与养老两大热门话题结合一起来讨论，引起全社会的强烈共鸣，就是不大奇怪的了。要实施以房养老，就要求大家对所拥有的住宅享有相当权利。这些权利应包括那些内容，大家应当如何行使这些内容，显然需要先将它搞个明白。有某人这样说，"我现在是租住他人的房子，我可以用这套住房为自己养老吗？"还有人说："我们一辈子好容易就搞到一套房子，一

子女孝敬父母的住房，子女同父母共同购买的住房，产权由双方共同享有的住房，显然不同于此种情况。

且参与了以房养老，就把房子养没了，丧失了对住房的产权，很不合算。"

房产——这里是指归由父母长期积蓄而购置，并完全归属父母自有的住房。子女孝敬父母的住房，子女同父母共同购买的住房，产权由双方共同享有的住房，显然不同于此种情况。父母与子女共同购买的住房，自然是父母先行居住，待父母百年后再由子女顺势继承，除非得到子女的同意，父母是没有权利将该住房给予随意处置的。子女为孝敬父母购买的住房，该住房固然是由父母居住，但其产权和支配权则应归子女所有。在这种情况下，子女一般都是事业有成、收入较高，且又有很高的"情商"，乐意为父母的晚年生活幸福作出自己奉献。子女既然能够为子女购买住房，自然也能为父母晚年生活所需要的一切作出较为妥善的安排。父母是不大需要为晚年的生活费开销等产生焦虑的，是否需要将该住房再申请参与反向抵押贷款，也是无可无不可之事，不必给予过多考虑。

除去以上两种情况，父母既然对所居住住宅拥有完全的产权，也就有了对该住房的最终支配权。这种支配权也必然是以住房资源的合理配置及效用最大化为目标，可包括如下方面：

1.对该住宅正常使用居住，并最终将其作为遗产交付于子女；

2.将该住宅予以出售转让，自己住到养老公寓或养老基地之中，用售房款支付养老用费；

3.将该住宅予以全部出租或部分出租，自己住到养老公寓或养老基地之中，用房租支付养老用费；

4.将该住宅申请反向抵押贷款，提前获得变现款项用于养老，死亡后用该房产偿还贷款累积本息；

5.当然还有对外捐赠、典当等其他处置方式。

第一种方式诚然最为自然，不掺杂任何人为因素，且符合几千年来遗留之文化传统。第二、第三种方式有所不同，但却都属于以房养老模式，是在自己的晚年生活期间，不必借助子女的力量，完全依赖拥有住房的价值解决自身的养老问题。第一种模式则必须同儿女对父母的赡养结合在一起，即"养儿防老，遗产继承"。

具体到前面提出的问题，既然只是租住他人的房子，显然不可能使用这套住房为自己养老。这是非常清楚的。要期望住房能发挥养老的功能，首先要做的一件事，就是花钱将租住的房子购买下来，或购买其他更为适合的住宅。

（七）对住房产权是否应给予特别关注

我们前面谈到"60岁前人养房,60岁后房养人"，人养房与房养人中，就涉及住房产权的转移问题。60岁前是随着买房款的交付或按揭贷款的归还,住房产权逐渐从金融机构向个人家庭转移；60岁后的以房养老或反向抵押贷款，则是随着住房价值的逐步变现套现,住房产权逐渐由个人家庭向金融机构重新转移。大家对以房养老持有的反对意见中,有相当部分是实施以房养老后，将会丧失对住房的产权。

应当承认，住房产权是重要的，但又不是至高无上的。事实上，我们拿出50万元货币购买一套价值50万元的住宅，正是放弃了对50万元货币的产权，换到了对同等价值住房的产权。同样，我们将住房用于反抵押、售房养老或其他以房养老

住房产权是重要的，但又不是至高无上的。

177

当买房就像购买股票一样简单时，人们就不会像今天这样看重住房的产权。

方式，则可以看做是我们放弃了住房的产权，又重新得到对同等货币的产权。这不是表现地很公平吗？产权表现的方式有别，产权体现的内涵价值则并无变化。当社会发展到某一天，物质财富极大丰富，住房交易平台已经大量建立，住房交易便捷易行、低成本，人们既可以自由随意购买所需要的住宅，又可以在需要时随心所欲地出售闲置多余的住宅。当买房就像购买股票一样简单时，人们就不会像今天这样看重住房的产权。美国的公民在自己的一生中，平均要更换7.2次住宅，每次更换住宅都只是个自然而然发生的简单过程。我国居民则信奉"安土重迁"，购房要"一次定终身"，房产最终要用来传宗接代等，显然是大不相同。

有的人说："我们买房子为了什么，不就是为了得到住房的产权吗？"但若需要再询问的是，我们得到住房的产权又是为什么，不就是为了享用住宅居住功能和保值增值可带来的收益吗？为享用住房的居住功能，大家租用住房就完全可以解决问题，要享用保值增值的功能，就必须购买住房取得住房的产权才可以。

今日有种观点是"不求所有，但求所在；不求所在，但求所用"。产权并非最为重要，支配和享用权也应当受到关注。君不见许多人士整日为赚钱忙得不亦乐乎，目的是为了买辆小轿车，但车买到手后却恨不得找个"大庙台"供起来。"大庙台"是因其高高在上，容易引起大家关注，"瞧瞧，我买了一辆新车，还是豪华型的"；"供起来"则是对该车特别爱惜，并不准备让该车在家庭实际生活中派上多大用场，每天上班照旧是挤公交车，生活并未因此发生太大变化。再加上仔细算账，每日开车上下班，汽油费、停车费、修理费就是一大笔开支。想想还是继续挤公交车上下班好了。但这样算账的结果，是否该辆车当初就不该买呢？不是。大家都还没有买车，我先买车，可以显示我比大家都有"派"；但若大家都买了车，我怎么好意思不买车，不是太"跌份"吗？在这种理念指导下，是不可能安排好家庭生活的，也不可能按照自己的意愿去正常生活的。

有人讲，我们年轻时贷款买房，等到把房子的产权全部拿到手以后，连本带利足足付出了两个房子的价钱。到了晚年，将这幢住宅倒按揭给银行，自己能够拿到的钱财在扣除付给机构的利息和费用后，实际可拿到钱财还不足房价的一半。想想真是太不合算，活了一辈子，整日是在给银行打工。因此，坚决反对以房养老。其实，年轻时代，大家通过各种途径买到房屋，而且是房款尚未完全交清，就提前住进新住宅，自然应当对贷款机构多付一份利息；到老年时代，再将这幢已居住了数十年的住宅重新抵押给银行找钱花，自己仍旧可以很舒适地居住在老住宅里，直到自己身故后，才将住宅的产权和使用支配权转移给银行。即使向银行支付利息和费用，也是很应该的。

以房养老并非都是倒按揭，即使实行了倒按揭，也不一定都会丧失对住房的产权。美国的倒按揭制度就专门规定有房屋的"赎回"制度，儿女真希望重新拥有对住宅的产权，或者说希望将父母的住房，作为有价值的纪念物长期保留时，完全可以在父母身故后，主动清偿贷款本息，将该套住宅重新赎回。或者说，子女能保证为父母按期提供足够的养老款，或还相当于或高于银行提供的按揭款，父母并非一定要坚持将该套住宅倒按揭？这是很明显的。最少是"肥水不流外人田"，大大减少求助银行要支付的贷款利息和其他价值不菲的评估、审查费用。

以房养老并非都是倒按揭，即使实行了倒按揭，也不一定都会丧失对住房的产权。

179

说句玩笑话，人一生走的路有多种多样，但最终的一个目的地都是很清楚的，就是"火葬场"。

人们日常生活中对住房的考虑，最需要盘算的是住房给自己实际带来的效用有多大，取得这套住房又花费了多大成本，这种效用与付出的代价是否相等。用此观点来考虑问题，立时会感觉到传说中的中国老太太一生买房的悲哀。为购买一套属于自己的住宅是付出了终生的精力，努力赚钱，拼命攒钱，节衣缩食，忙碌一生就是为套房子。房子最终是到手了，但老太太也呜呼哀哉了，给老太太带来的实际效用是什么呢？这是大家都非常清楚的。否则，最近几年我国的住房商品化也不会发展得如此迅速。

说句玩笑话，人一生走的路有多种多样，但最终的一个目的地都是很清楚的，就是"火葬场"。人在世时争名逐利，发家致富，忙得不亦乐乎；人去世前还要操心去世后的住房产权归属，不是多此一举吗！

（八）以房养老是国家试图推卸自己对公民的养老责任吗

遇到某些不合理事项，大声呼吁为民请命，是老戏文中经常看到的，今日也是时有所闻。

有位"呼吁"先生认为，"应当注意的是，基本养老作为社会保障，是一种社会公共服务产品，应该是由政府以公共财政投入来保证的，老人拥有的房子属于私人产权。在目前社会基本养老保障尚不完善的社会条件下，至少是政府不宜提倡以房养老。如果由政府出面提倡，或由政府制定规范推行以房养老的模式，那就很可能会使某些地方政

180

府，在自身利益的驱使下采取减少公共养老投入，而以'以房养老'方式来推卸自己的公共责任，从而把政府所应承担的养老责任转嫁到众多老年人个人的身上。而从以往的情况看，特别是在当前对行政权力还缺乏有效监督机制的条件下，这种地方政府推卸公共责任的做法，人们已经在基本医疗服务、义务教育的投入方面可见一斑。我们坚决反对所谓的以房养老，这是国家试图推卸自己对公民的养老责任。大家都靠房子来养老，经济条件都上升了，国家就不会再管社会养老保障的事了。"

> 在养老问题上，社会需要做的，就是首先为众多的老人提供一个有关养老的"大菜单"，在"菜单"中放置各种有关养老的可行方案。

"呼吁"先生在这里大声发出的呼吁，不论观点是否正确，却代表了相当一部分人员的心声，值得重视。

毋庸置疑，为公民尤其是贫困的公民提供养老保障，是社会、国家的重要职责所在。一个负责任的国家必须要承担起这一重任。国家应当通过各种手段，如健全养老保障体系，对贫弱老人给予必要的救助接济等，来履行自己对养老的职责。但还需要说明的是，养老首先是老人自己的事情，是家庭、子女对老人应尽的义务和责任。子女不赡养父母，又怎样对得起父母的多年辛劳？

在养老问题上，社会需要做的，就是首先为众多的老人提供一个有关养老的"大菜单"，在"菜单"中放置各种有关养老的可行方案。然后老人根据自己的经济能力、住宅状况及价值等，也即养老期间的总收入、财富总供给，同整个养老期间的养老资源、资金的总需求等，重新做合理配置。如前者有相当欠缺，或后者需求已远远超出供给的能力时，就需要通过住房资源形式的转换，如大住房更换小住房等，来增加养老资源的供给，更好地满足这一需要。如老人单单依靠自身的力量，

如在推出以房养老后，国家的整体养老负担可得以大幅减轻，这就可以拿出较多财力用于那些经济实力弱、还没有住房可资养老的人员，从而将这些困难人士照顾得更为周到一些。

不可能完成自我养老时，再由社会给予相应的援助救济。

老年人凭借产权归属自己的住房的变现、套现，将这个大难题得到很好解决，自然是大大减轻了国家的养老重担。那么，以房养老是否国家有意推出以试图逃避养老责任呢？不能这样讲。国家同人民万万不能对立起来，国家是人民的国家，是全部老百姓的国家，是"你我他大家"的国家。这是很清楚的。应当说明，并非所有的老年人都可以实行用房子养老。比如那些经济实力弱，没有买到归属于自己住房的人员，显然不能指望以房养老。经济实力弱的老年人，自我货币积蓄也会很不充足。再如，众多农村的老年人，是未来养老的重头戏，又是大的难点所在。对这些老年人的养老，国家也应当承担相当责任。

如在推出以房养老后，国家的整体养老负担可得以大幅减轻，这就可以拿出较多财力用于那些经济实力弱、还没有住房可资养老的人员，从而将这些困难人士照顾得更为周到一些。

"呼吁"先生讲的某些话，应当认为也有相当道理。在当前社会基本养老保障尚不完善的社会条件下，从公民权利和政府责任的立场讲，应该说养老的责任，众多老人已经通过自己的几十年的纳税、交纳养老金等多种形式的义务履行，将相关责任转移到了政府身上。在此情况下，无论是一个公民还是纳税人，都有权利要求政府向自己提供与社会经济发展水平相符的，同时也符合基本生活要求的养老保障服务。这不仅是政府的法定职责之一，同时也是现代社会对政府的起码要求。

"呼吁"先生还指出，"当然我在此并非是想全盘否定以房养老的善良初衷。想说的是，在养老问题上，首先要分清公共责任与个人权利的关系。基本养老保障是公共责任，'以房养老'是个人权利。这就是说，只有在政府切实履行养老义务得到保证前提下，'以房养老'作为一种老人自由权利的选择，才是可行的。在目前情况下，特别要警惕把养老的政府责任通过以房养老转嫁到众多老人的个人身上"。这一呼吁应当说是很对的，是我们的地方政府官员应时刻牢记的。

（九）大家参与以房养老，国家会减少养老金给付吗

以房养老的办法推出后，网上流传出这样一种观点，"大家参与以房养老后国家会减少养老保障金的给付"。甚至还有人大声疾呼，以房养老是国家和房产商合伙搞的一个大阴谋。这话就差之大矣。有位自称"民声"的先生认为，以房养老这种方式虽然好，但大家不能参与这一事项。参与之后，房子转化为金钱，个人养老的经济实力是大大增强，但国家应当给大家安排的养老保障金，就会大大减少。这对参与的人员来说是很不合算的。

"民声"的发言确实代表了相当一部分人士的民声。这一问题同前面的"呼吁"先生提出问题有着相似之处。放到一起做相关讨论显然是有必要的。

政协委员侯族悌也认为养老是一种社会福利与社会责任，供给养老保障的责任应当由国家来承担，而非由个人承担。基本养老作为社会保障，是一种由政府以公共财政投入来保证的社会公共服务产品。在当前社会基本养老保障尚不完善的社会条件下，要警惕把社会应当承担的福利转嫁到公民个人的头上。如强制实行以房养老，无疑是社会保障制度发展中的一种

183

老人在经济拮据时，并未将问题简单地上交于社会，或单单依赖政府的救济补贴，而是依靠自己的力量达到这一目标。

倒退。

　　需要说明，国家为公民要做到的只是基本养老保障，但公民希望在基本养老保障完善的基础上，还能够依赖自己的经济实力，过上更好的生活，也是人之常情。大家的经济状况也达到了这一步，国家是否应对此给予反对，恐怕不是这样。

　　什么是基本养老保障，就是指能够维持大家最为起码的生存条件的保障。据许多科学家的测算，它应当是职工退休前工资收入的40%。这一标准显然是较低的。城市年轻一代的烦恼就来了，"就算政府通过改革，把我们养老保险个人的空账户做实，届时我们能拿到足额的养老金，可这也不过仅仅保证基本生活，要想过得'稍有面子'是不可能的"。侯族悌谈到房子是私人产权，房屋所有人对自己的财产拥有相当的支配权。那么，个人运用自己拥有房产的价值为自己谋取福利，弥补晚年养老生活中的不足，又有什么不被允许的呢？

　　倡导以房养老，确实使得个人养老的经济实力增强了，为国家减轻了养老的大负担，这是个大好事。难道有谁不愿意看到这个好事的发生吗？实施以房养老后，就可以促使国家将稀缺的养老资源，用于更为需要的贫穷老人手中，这是以房养老参与者为养老事业作出的大贡献。从这一点来说，大家参与房子养老，还促进了整个社会的公平与和谐。这正是我们今天建设和谐社会应当大力提倡的内容。就此而言，大家参与以房养老，不仅对自己有好处，对整个社会也是有贡献的。

　　应当认为，老人用自己的住房的价值变现来实现养老目标，这一事实本身就应当被认为是对社会的一大贡献。老人在经济拮据时，并未将问题简单地上交于社会，或单单依赖政府的救济补贴，而是依靠自己的力量达到这一目标。老人参与这一业务和特定机构开办这一业务，可能会遇到各种困难，如经营亏损、巨额资金垫付乃至所得资金不敷养老，政府和社会都有责任和义务推动这一业务的顺利运行。

国家应当对每个人发放的养老金，并不因其是否参与以房养老业务而有任何变化。这是确切无疑的。

具体到各个老年人而言，大家可能参与以房养老，或不参与这一事项，而是根据各自的需要采取其他更为适合的养老模式。这都是人之常情，无可厚非。这里需要提出一个问题，有张三和李四两个老年人，经济、住房状况都大致相同，每个月领取的养老金都是 1000 元。现因张三参与了以房养老，每个月可以从金融机构额外多拿到 1500 元；李四没有参与这一业务，就只能得到 1000 元养老金，张三的生活标准明显要比李四好得多。在这种状况下，国家是否会考虑既然张三有了额外收入，每个月应该领取的养老金就应当停止发放或减半发放，或者说张三额外多拿的 1500 元，应同李四共享。这显然不是一回事。参与以房养老只是个人行为，是完全遵循市场经济模式行事，并不能因此影响到社会养老保障金的发放。国家应当对每个人发放的养老金，并不因其是否参与以房养老业务而有任何变化。这是确切无疑的。

再者，李四的住房同张三的住房是相同的，李四未参与这一业务，就可以将这套住房另做其他打算，或出售或遗赠，或给子女继承。张三参与了以房养老业务，就没有这一福分了。那么，李四在做这一事情时，是否说需要将由此而来的好处再给张三分享部分呢，显然同样是不可能的。

最后，还需要说明的是，既然是代表"民声"的发言，为什么要将国家与老百姓的利益完全对立起来看待呢?国家是人民的国家，政府是人民的政府，国家办的事项都是为老百姓的利益服务的。国家的事项做好了，老百姓的养老保障就有了一不能因为大家参与了以房养老，国家就会大大减少对大家的养老保障的支持。这是不会发生的，也是不对的。

定的依靠；相反，老百姓自我安排好个人养老事宜，又是对国家养老负担减轻的一大支持。这都是好事情。不能因为大家参与了以房养老，国家就会大大减少对大家的养老保障的支持。这是不会发生的，也是不对的。

还需要说明，国家是什么，国家并非聚宝盆，也非摇钱树，国家本身不组织任何生产经营活动，不实现任何盈利和创造财富，而只是为创造财富的企业公司、家庭个人提供创造财富的必要保证。国家推出社会养老保障，并为此建立养老保障基金。但基金的钱从何而来，大家都是很清晰的，正是"取之于民，用之于民"，只是前者的"民"是指民众的中青年时代；后者的"民"是指民众的老年时代。这都是很正当也很需要的。国家只是借助于拥有的政治权力，强制性地参与企业单位、个人的收入分配，将这些单位、个人取得的收入给自己挖过来一块，再根据需要向各个方面包括养老保障等分配下去。

如果大家都指望国家承担养老责任，而非自己在中青年时代积蓄钱财。就像今日城市的青年人中间出现的那些"月光族"一样，只知道"今日有酒今日醉，哪怕明日喝凉水"。到了老年时代完全指望国家来养，那又如何可行呢？自己对自己都是大而化之，不管不顾，那又如何指望国家来承担这一重任呢？

（十）倒按揭只是少数人的投资行为吗

"倒按揭在中国不会成为多数人的养老之道。"中国人民大学劳动人事学院的杨立雄副教授，旗帜鲜明地表明自己的态度，他把以房养老的模式理解为商业投资，"商业行为是个人选择，无可厚非，但我反对政府大力提倡它，说到底，它只是少数人的投资行为。"并且他认为在中国信用体系不健全的现状下，牵涉到房地产业、金融业、社会保障、保险以及相关政府部门，对这些领域的运作质量要求相当高，这种模式实际操作起来更会困难重重。

倒按揭真正达到了以房养老的目标，对政府的应尽责任和义务也是一大减轻，政府的大力倡导也就是顺理成章之事。

倒按揭只是少数人的投资行为吗？否。倒按揭为代表的以房养老，首先不属于住房投资行为，而是将住房长期融通资金用于养老，以加固养老保障。住房投资的目的在于对住房的买入卖出，借以获取利益；住房融资的目的，则在于为实现某一目标需要大批量资金时，用住房蕴涵的巨大价值通过金融保险机制借以获取资金的行为。反向按揭的融资与一般融资又有不同，目的是为了解决养老保障中的资金匮乏，加固过于脆弱的养老保障；其方式是以住房中蕴涵的价值，通过一种特殊的倒按揭机制，在自己的有生之年得以缓慢释放，补充整个养老期间的资金短缺。

既然杨立雄副教授把以房养老理解为商业投资，只是少数人的投资行为，而商业行为又属于个人选择，就自然得出结论："反对政府大力提倡它"。就此一点而言，同样是我们不大赞成的。倒按揭若是一种少数人的投资现象，自然应归类为商业行为，同政府如何操作是不相干；但它作为一种养老保障现象，则带有很大的公益性，政府的大力提倡是非常必要的。再者，倒按揭真正达到了以房养老的目标，对政府的应尽责任和义务也是一大减轻，政府的大力倡导也就是顺理成章之事。所以，问题的关键还在于对倒按揭本身的属性认定上。

我国的政府是否已经对倒按揭行为给予大力倡导和支持

迄今为止，我们尚未看到有中央政府或地方政府出台任何文件，要实施以房养老的大政策……

呢？并非如此。即使说国家建设部的赖明司长向全国“两会”提交了以房养老提案，也只是以赖明本人的政协委员和九三学社的名义提交的，并非就代表了政府对此的支持。另外，即使某些地域，如浙江省老龄委制定的《“十一五”老龄事业发展规划》中，提到了要“大力研发倒按揭型的以房养老”，但老龄委也同样不能代表政府。迄今为止，我们尚未看到有中央政府或地方政府出台任何文件，要实施以房养老的大政策，或至少是对这一行为组织相当研究，而是在某种程度上保持了一种较为冷淡的姿态。笔者至今没有观察到这些内容。

说实在的，虽然整个社会对以房养老给予极大关注，但事实上，还是媒体在这儿大肆鼓吹，老百姓尤其是老年人对此表示相当兴趣；学术界虽对此虽较为关注，却是态度“不阴不阳”；金融保险机构是内紧外松，内里非常关注，外表却是异常淡漠。这种状态显然是不大对头的，应该迎头赶上。

九、以房养老与房价

（一）以房养老与节节攀升的房价

人多嘴杂，对以房养老的话题讨论也异常激烈，出现了各种各样的看法。

有位"大树"先生就这样讲道，以房养老是继贷款买房之后，对中国老百姓的传统消费观念的又一重大冲击。现在，随着房价的节节攀升，越来越多的老百姓沦落为"房奴"。巨额贷款不仅使大多数工薪家庭的生活质量大幅下降，更多的房子也在房主去世后成为闲置的空房。以房养老在一定程度上就有助于解决这个问题。这种做法是将房子的价值应用于一生的消费，大大提高了老人生活的质量。同时，也对父母给子女留有房产的思想产生了冲击，会招来部分人的反对。但无论怎样，以房养老都是一个很好的解决高房价和低生活质量矛盾的很好办法，关键是要有一套完善的程序和相应的法律法规。

"大树"认为"以房养老是解决目前高房价和低生活质量之间矛盾的一个好办法"，这个观点是正确的。以房养老是飞涨的房价与原地踏步的居民收入考量的结果。中国以17万亿人民币的储蓄存款、超出1万亿美元的外汇储备傲视全球，但

考虑到我国未来长期的发展趋势，我认为，房价仍然会呈现为持续的上升趋势

摊到每个中国人头上不过1万多人民币和800美元。面对动辄数十上百万的房价，民众陷入了"不买明年房价更涨、买又买不起"的集体性恐慌之中。再加上那点可怜的银行利息，民众的收入在购房、教育、医疗等成本猛增的情况下不断缩水。为了不至于老无所养，只能咬紧牙关参与以房养老前的"抢购住房"的大运动。

倒按揭以房养老要顺利开展，前提就是大家都拥有自己的房子，这又需要房价和当前的收入比，应当维持在一个合理的水平，不能太离谱。至少是不能像我国现在这样的房价高不可攀。大家辛辛苦苦一辈子，赚的钱买不起一座房子，即使贷款买房也是在严重地透支未来的消费能力，甚至等老了把房子卖了，贷款还没还完。

考虑到我国未来长期的发展趋势，我认为，房价仍然会呈现为持续的上升趋势，原因有如下几条：

1.目前，我国的经济社会发展呈现为长期快速地稳定增长，国民经济20年翻两番的指标肯定可以得到实现，人们的收入水平也在快速增长，拉动房价也在急剧增长。

2.城市化进程加快，几个亿的农民将要相继进入城市，促使城市的住宅供应，在长期内呈现为紧张局势，而城市的土地却极端紧缺，地价的上升必然会拉动房价迅速跟进。

3.居民收入水平提高，对居住生活的质量提出了更高的要求，大面积、多功能、好地段的住房，成为大家富裕之后的普遍要求，住房质量的上升必然会促使房价上涨。

4.长期来看，物价上涨是必然的，土地、住房作为不动产，是最好的投资保值工具，大家会将投资住宅视为理财的手段，这必然会带动地价、房价的相应上涨。

我国在较长的时间内，房价上涨是个必然趋势，这是不以人的意志为转移的。因此，在经济状况可能的情况下，尽早买房，买大房好房，在这方面多投些资，都是对的。争取对未来的养老有个更好的安排和打算，是很为必要的。但这里的早买房、买大房有个前提，就是在有足够资金的情况下。我们尽量将用于储蓄存款的钱财用来买房，这是对的。甚至是向银行申请贷款买房，都是对的。否则就像通常所见到的那样，大家将钱财存储于银行，希望多得一点利息，却不敢也不愿意用这笔钱买房，显然是大不合算。

房价飞涨是目前的突出话题。在我国目前的状况下，国民经济处于长期稳定增长态势，几个亿的农民要相继进入城市，对城市的房价、地价的拉动是个必然情形。在房价逐步上升的状况下，是不买房不如买房，晚买房不如早买房。

> 在房价逐步上升的状况下，是不买房不如买房，晚买房不如早买房。

（二）以房养老在我国的实施不会拉抬房价

著名经济学家茅于轼对以房养老发表了自己的看法。茅老先生独具慧眼地指出，这种养老方式在我国的实施，可能有个"水土不服"的问题。比如像某位记者指出的，要期望以房养老一头挑起"拉动消费"的大旗，另一头又扛上"晚年养老"的保证，目前房产价格的亢奋状态必然会一直持续下去。反过来，房价的坚挺又会影响到以房养老的覆盖范围和保障效果，影响到众多的贫穷人士更买不起自己的住房，从而使最需要养老保障的贫穷人士，无法依赖住房达到养老的目的。这就使以房养老的覆盖范围和保障效果，受到极大制约。从而使住房和养老两者陷入一个

191

不仅要看到这一模式的推出会带来的种种良好效应，还需要顾及到由于这一事项的推出，从而对经济社会发展带来的种种相关影响。

恶性循环的怪圈。住房好的人员，养老本已不存在太大问题；住房差或根本没有住房的人员，一般又是养老问题上需要给予关注的人士。

上述担忧都是有道理的，它至少可以使我们在对以房养老的狂热与兴奋中，头脑变得清醒一些。不仅要看到这一模式的推出会带来的种种良好效应，还需要顾及到由于这一事项的推出，从而对经济社会发展带来的种种相关影响。推出以房养老模式后，势必会使更多的人员看好住房的购买消费。许多有一定积蓄，原本不准备购房，要将这笔积蓄款用于养老的老年人，有理由放心大胆地将钱财拿出来，踊跃投入买房大军，许多中青年人士也提前加入购房队伍行列，这对社会、对老人自己都是件大好事。房地产交易可因此而有相当地激活，国民经济也为此找到了新的增长点。原本认定要在又小又破的旧房子里窝窝囊囊生活一辈子的老年人，如今就可以扬眉吐气地买新房，开始新生活，住房与养老两不误。在这种状况下，房价必然会有所上涨。

一般而言，对某件物品来说，可以发掘的功能越多，该功能对人们发挥的效用越好，该件物品的价值就应当越高。至少大大刺激了人们对该物品的消费量，而供应量增加通常还需要一个较长期的过程，由此刺激价格的上升。比如，浙江的玉环县有一种特色水果——文旦，这种水果品种自然是不错，在市场上也一直是畅销货。某日忽然传出一个大利好消息，该文旦中富含某种元素可以预防各种癌症。消息一经传出，尚未得到最终证实，文旦的价格已由每个5元一举上涨到15元。后来这个消息被确认为虚假，文旦价格又是一落千丈。

住宅养老保障功能的发掘对住宅价格的影响也同样如此，住宅的功用从传统的生活居住、投资赢利、融通资金，又增加了养老保障。这一事项必然会大大刺激居民对住宅的购买，激活房地产交易市场。就像大家讲到的那样，"在客观上使房价处于坚挺的态势"。房价的坚挺又使得贫穷的人士更加买不起住房。使得以房养老这种绝好的养老行为，偏偏在这部分最需要在养老问题上给予特殊关注的人士身上，失去了相应的效用。这诚然是十分可惜的。

从长远来看，房价上升是必然的，这并非是实施以房养老所能导致的结果。专家们认为，以房养老不会助长住房投机和投资现象。有人担心，这样的金融保险产品推出来，会不会助长更多人拿房子做投资品？链家市场研究中心主任王志伟告诉记者，倒按揭对楼市不会有很大影响。对于楼市投机、投资者而言，他们主要是以买卖房产，从而获取投资收益为主要目的，追求的是资本收益的最大化，不会进行倒按揭操作。以房养老是主要针对老年人设计的保障生活的产品，在年龄等方面都有控制，同时需要相应的手续和费用。以房养老的态势下，大家购买住宅的积极性会有所增长，对房价有一定拉动作用，但主要是心理作用，实际影响是小而又小，要认定以房养老会使房价大涨，会使更多的人员因此更买不起住房，则是对以房养老模式可发挥效应过于高看了。

这里需要说明，以房养老的推行，是否会使房价发生如此巨大的坚挺功用，从而使得相当部分人员更难以买得到住房呢？情况好像并非如此严重。以房养老行为的推出，需要假以时日，对居民在购房行为上的拉动，是会产生某种功用，却不会有如此之大。以房养老的推出，也非要求所有人士都采取这

从长远来看，房价上升是必然的，这并非是实施以房养老所能导致的结果。

193

对以房养老的模式推出而言，房价的持续坚挺是必要的，却非必须的。

种养老方式，而只是增加一种辅助性办法。大家可以选择以房养老，也可以选择其他更适用的方法。房价猛烈增长是许多原因综合形成的，如政府提供土地索取的出让金数额过高，收取税费过重；房产商随意乱涨价、囤积土地的暴利行为；如金融机构发放住房贷款的利率、额度的急功近利等。至于说，以房养老模式的推出会拉动房价的长期持续上扬，则有"杞人忧天"之嫌。

（三）以房养老的顺利实施需要房价持续坚挺吗

以房养老得以顺利实施，使住房具有相当的价值，提前动用这笔价值来养老。但住房的价值又是会随时波动的。尤其是在我国目前的这种高速发展时期，不确定因素过多，对住房的价值也带来种种不确定因素。用房子来养老，自然是房价越高在养老保障中可以发挥的功用也就越大。比如，一幢价值上百万元的公寓，自然比价值仅仅 10 万元的住宅，养老保障的功用大得多。

对以房养老的模式推出而言，房价的持续坚挺是必要的，却非必须的。有的人可能认为，房价上涨对以房养老的促成与实现，是个好事情。房价上涨地快，可促使大家尽量早买房，买大房，实现保值增值；买到房屋后房价的继续增长，又可以促使住房能更好地担当养老功用。这些话都是符合现实情形的。

任何事情都有个限度。比如，房价涨得过快过高，导致大家买不起房子，自然谈不到以房养老的出现；或者大家为了买

九、以房养老与房价

房而拼命节衣缩食，成为所谓的"房奴"，也非我们需要给予提倡的。再者，房价涨得过高过快，买得起住房的人士是一买就两三套，买不起住房的人可能就是永远买不起住房，更谈不上用住房来养老。这只能制造贫富差距，同我们需要的公平和谐的社会大环境相距甚远。

房价波动的最好状况，莫过于持续稳定不变或略有上升。任何物品都一样，总是得有涨有跌，不可能一直涨上去，也不会一直跌下来。股市就是一个最好的案例，房市也同样，只是表现得缓和一些罢了。目前房价涨得越高越快，也就预示着将来跌得越重越快。我国的东邻日本，曾经于20世纪90年代初期推出了倒按揭式的以房养老，后来又重新收回不做了，原因是80年代房价上升的幅度速度过快。当时，日本全国土地的价值，几乎超出美国拥有土地的价值之和，达到一个天文数字。到了90年代初，房地产上堆积的泡沫一下子消失了，房价呈现为急剧下跌态势。银行再参与这一业务，必然会面临急剧亏损的局面。时至今日，日本又重新将倒按揭提上议事日程，原因是日本的人均寿命已高达80岁，直指世界第一。日本老年人口占据全国人口的比例，也高达总人口的20%，而且还在急速上涨之中。故此，以房养老在日本的操作仍然是很为必要的。

倒按揭以房养老的推出，在具体的产品定价上，也就是说老年人将住房抵押给银行或保险公司，每期可以拿到的房款也即养老金应当是多少，需要考虑人均余命、房价波动和利率涨跌三大因素。人均余命的计量尚且有个大数定理在发挥作用，利率波动也有相当的规律可循，房价的波动状况则难以捉摸。这就为我们计算倒按揭产品的定价，计量每期应当为老年人支

目前房价涨得越高越快，也就预示着将来跌得越重越快。

195

养老是大家关注的，寻找新的养老资源和养老方式，对解决老龄化危机，加固目前已很脆弱的养老保障体系而言，是非常重要的。

付房款的这个最核心的问题上，人为地制造了众多的难题。

（四）高房价下我们应当为以房养老做什么

养老是大家关注的，寻找新的养老资源和养老方式，对解决老龄化危机，加固目前已很脆弱的养老保障体系而言，是非常重要的。以房养老提出将每个家庭都拥有的住房也作为重要的养老资源，是很有价值的。那么，在这一工作具体开展时，每个家庭在此应当做些什么呢？

有人讲到了，在房价飞速发展的今天，面对越来越多的社会保障体系不健全问题，人们不得不努力赚钱买房为养老做准备。我觉得这是现代社会的一种悲哀，也是不可取的一种模式。现实情况是许多新参加工作的青年人士，在没有经济偿还能力的情况下贸然加入购房大军，大肆贷款、借钱直至将老父母的养老钱都搜刮出来用来给自己买房，如月薪仅仅两千多元就敢买五六十万的大房子，如出现个什么问题怎么办、失业了怎么办等等以及种种不可预测的问题。在这种强大的经济压力下，作为年轻人，我们将如何大胆发挥自己的创意和灵感呢？

有位"小河流水"人士如此评价以房养老，他认为这个以房养老的话题非常好，揭示了一个不可回避的现实问题。以房养老的前提是要有房，先买得起房再说。现在的房价让大多数平民百姓买不起房子，要买也只能是二手房或低档房之类。那些买得起好房子或有好几套房子的人大都不愁养老的问题，而恰恰是买不起房子的人养老有问题。再说，按规定，房子的产权只有六七十年，当你的房子住了几十年后抵押给银行，银行再供养你几十年，房子的产权也差不多到期了，如果是二手房或低档房，残存的价值就更低，精明的银行或保险公司才不会当这个冤大头。

对中低收入家庭以及刚参加工作的人士而言，急于把购房作为一个目标，确实并不理性。

以房养老首先需要有相当的条件，这个条件就是拥有归属于自己的住房。有了住房，自然可根据自己的需要自由筹划、支配；假若这一条件不具备，如终生都未能买到自己的住房，一直是租房居住，或者说属于自己的住房是又小又破，很不值钱时，是无法考虑以房养老的。

这里谈到大家应当买房，但这只是对有经济实力的人士而言。若有买房的经济实力，早买房，买大房，都是对的，在今日房价飞速上涨的状况下，也是很合算的。但若并不具备这一经济实力，不得不努力赚钱买房为养老做准备，这对以房养老加固养老保障，对人们的创业立身打天下而言，也是一件大好事。但事情若发展得过了头，就不是好事而是坏事了。"房奴"式的生活，诚然不足效仿。

住房紧缺国家的居民，将拥有住房作为富有和事业有成的标志。居民购买住房时的投资意识较为明显，将住房作为一种资产纳入家庭的投资组合。税收政策和社会保障制度以及作为社会保障制度重要组成部分的公共住房政策，也在很大程度上影响着居民在租房与购房之间的选择。事实上，对中低收入家庭以及刚参加工作的人士而言，急于把购房作为一个目标，确实并不理性。但现实情况是，上述人群之所以大多倾向于买房，原因在于影响他们抉择的约束条件出现了问题。一方面是民众对于高房价、高房租的抱怨；另一方面是开发商刻意迎合高端市场供给，动辄豪宅庭院、超大房型和高绿化率，烘托出高昂的房价。这个矛盾的背后，是现行还不太合理的中央与地

政府收取的土地出让金也不是用来大兴土木，大搞所谓的"形象工程"，而是拿出相当部分用来补贴无房或低房户购房租房用，以保障中低收入人士也能够尽量住到较为适宜的住所。

方财政分配制度，导致地方政府行为的异化。

以房养老并不能改变社会现实。老百姓的房子是应该买的，而且在有相当经济实力的状况下，应当早买，并尽量买得好一些，花的钱多一些，将来房价上涨的空间高一些，然后才可能使养老的保障更足一些。对穷人而言，基本生活的满足是必须的，基本住房条件的具备也是必要的。这一切都需要一定的钱财。这些钱财怎么来，对穷人而言，就需要认真盘算。从根本上来说，还是要以发家致富为正道。这除了增强自身的劳动经营、投资理财的技能，提升文化思想素质，尽量通过自己的勤奋劳动多赚取收入。此外，目前社会上热门的投资理财，也是很重要的一项基本功。不仅富人要讲究理财，穷人更需要理财。

（五）政府面对高房价应当做什么

为避免大家谈到的房价飞涨，无钱购房的局面大量发生，政府面对高额的房价应当做什么呢？政府今日需要做也能够做的事，就是如何对房地产市场给予有效控制，政府收取的土地出让金能否较大幅度地降低，以保证房价不再在不良房产商的手中呈现为急剧上升；政府收取的土地出让金也不是用来大兴土木，大搞所谓的"形象工程"，而是拿出相当部分用来补贴无房或低房户购房租房用，以保障中低收入人士也能够尽量住到较为适宜的住所。政府还应当拿出大量的土地，建造经济适用房和廉租房，保障中低收入人士也能尽量住到较为适宜的居所。

九、以房养老与房价

政府应当对房产项目大力控制，对不良房产商严加管制。比如，一套普普通通的住宅，价格达到上百万，能否搞一点政策公开、账目公开。这个百万元房价中，政府收取税费占取了多少，农民出让土地得到了多少，建造成本花销了多少，房产商的利润又达到多大，其中的"猫腻"又有多少，是否都能一五一十地彻底曝光？居民购买房屋真正能做到清清楚楚、明明白白。然后由全社会人士分析判断该房价是高是低，购买该住宅是否合适，乃至对虚报高价、牟取暴利的房产项目，像对石油那样征收特别税，都是很有必要的。如此，才能彻底让居高不下的房价回归实处。

政府还应当做什么呢？首先是管好自己，不要成为高房价推波助澜的源泉，甚至是房价居高不下的罪魁祸首。为什么会发生高房价，重要原因之一是地价太高。地价太高收取的钱财又到什么地方去了？被一些地方政府统统拿走了。当政府将土地作为一种商品"招拍挂"时，自然是希望该土地商品拍卖的价格越高越好。据我们对某个著名地区的调查，房价在半年之内上涨了30%，改革开放的前沿城市——深圳的房价，更是在短短一年里房价上涨50%之多。这一现象是如何出现的呢？这无疑值得我们深思。

> 比如，某城市的一个地块要拍卖，政府官员事先主动将当地有名的房产商召集一起，并在最好的酒店予以招待，希望大家在土地拍卖时，都能够去"捧捧场"尽量将该地块的价格拍上去。这样政府既能多拿钱，又能显示当地经济快速发展的好势头。果不出其然，一块面积区区50亩，3.333万平方米的地块，拍卖价竟然达到近5亿元，亩均千万元，每一平方米土地的价格高达15000元。若考虑规定

政府还应当做什么呢？首先是管好自己，不要成为高房价推波助澜的源泉，甚至是房价居高不下的罪魁祸首。

的容积率为2，每平方米楼面价的价值即高达7500元。在这样的地块建造的商品房，又应当达到怎样的天文数字呢。

房产商为什么要作出这种赔本生意呢？奥妙在于这个高地价一经出台，第二天该地块方圆两三平方公里的地盘上，不论是在售楼盘，或是等待出售的二手房，统统将房价提升2000多元。堤内损失堤外补，何况这个高价地块过几年后，房价又会出现上升。政府高兴，房产商乐意，老百姓遭殃，下一届政府被迫遭殃，要为前届政府的"短视行为"埋单。

一些地方政府为了谋求更高收益，期望能够以更高地价出让土地，而对于没有直接经济收益的经济适用房和廉租房却毫无兴趣。

有篇文章专门讲到一些地方政府"卖地生财"，直接导致房地产市场的结构失调。新中国历次财政改革的结果，大都是中央政府与地方政府的一种利益分配关系的大调整，中央财政收入在财政总收入中占据的比重是不断增长，地方财政所占份额则是不断下降。但地方却被要求承担更大的公共责任，诸如基础教育、基础设施建设、公共安全和公共卫生等，使得地方政府的财政缺口日益严重。

在这种情况下，作为预算外收入的土地出让金收益，就成为一些地方政府弥补财政缺口的自然选择。一些地方政府为了谋求更高收益，期望能够以更高地价出让土地，而对于没有直接经济收益的经济适用房和廉租房却毫无兴趣。据统计，近三年全国土地出让金收入累计达9100多亿元，一些市、县、区的土地出让金收入已经占到财政收入的一半，有的作为预算外收入，甚至远远超过同级同期的财政收入。由此导致的结果就是，地价、房价和租金居高不下，廉租房、经济适用房却供给大大不足，群众利益因此受损。即使中央政府愿意调控房价，一些地方政府又是否乐意将好不容易到手的资金大量让出呢？

还需要加以说明的是，当以房养老能够对多数居民（如经济状况中上、有相当价值的住宅等）的养老问题发生相当功用之时，国家对这部分人员担负的养老重任，就得到了较大的减轻。如果政府能将这部分节约的资源，用于改善经济状况差、无住房的贫穷人士的养老问题，以房养老不仅是有房者的"福音"，对无房者也是件大好事。

如果政府能将这部分节约的资源，用于改善经济状况差、无住房的贫穷人士的养老问题，以房养老不仅是有房者的"福音"，对无房者也是件大好事。

（六）先降房价，再说以房养老

有位"愤青"言道："我觉得以房养老不适合我国国情。首先我们从国家目前的经济状况来看，贫富差距较大，有人还没有解决温饱问题，而我国的房价却不断上涨，对老百姓来说一套房子就得花去他们的一生的精力，工薪阶级用二三十年的时间还贷款来买房子，你觉得他们有可能把自己辛辛苦苦得来的房子抵押给银行吗？我觉得是不可能的，还是'以儿养老'实际一点。以房养老的倒按揭要顺利开展，前提是房价继续坚挺下去，那样的话，我估计从农村出来的人是90%不能买房，最终导致贫富差距进一步恶化，社会矛盾进一步加剧。"

某位人士如此写道："以房养老很自然地把老百姓的切身利益，与房产商高价卖楼捆绑在一起，这真是一件让人左右为难的事：要是房价下跌，未来房产抵押评估时就会贬值，也许领到的钱还不够填平当年的按揭付出；要是房价不断上涨，购房门槛也会水涨船高，支付的成本更加高昂。这种困扰必然出现在中低收入人群中，而我们这个群体正是担心老无所养的那一部分。说到底，'以房养老'的

目前客观存在的高房价，"压迫"着普通老百姓买不起房，鉴于房价的迅速上涨，大家又不得不顾及自身的经济实力，争相贷巨款买房，免得将来更买不起房，这是一个巨大的矛盾。

倒按揭模式，折射出中低收入群体深深的无奈。在'要吃饭还是要住房'的抉择下，我们只好一再降低自己的生存底线。如果有越来越多的人选择以房养老的倒按揭，结果必然是加速了房价的攀升、房地产行业的暴利。民众既是高房价的'肇事者'，也是最大的受害者。无论哪种情况，都是我们不希望看到的。"这话说得是较实在的。

"愤青"对以房养老是做了一定思考的，发现了房价与以房养老的相互关联。房价上升就可以用同样状况的住房，将养老问题解决得更好一些。但房价的过快上升，则预示着风险的相应加大。事实上，随着经济社会的发展，房价是会有一定幅度的上升，但却不可能做持续上升。一般而言，有上升就必然会有下跌。上升得越快就会跌得越惨。最近几年，我国的房价持续快速拉升，但这只是在特定时期下的特殊情况，是住房商品化以激进的方式修正了我国数十年以来的低房价现象。

目前客观存在的高房价，"压迫"着普通老百姓买不起房，鉴于房价的迅速上涨，大家又不得不顾及自身的经济实力，争相贷巨款买房，免得将来更买不起房，这是一个巨大的矛盾。老百姓即使是对此过高的房价"敢怒又敢言"，也不可能收到任何很好成效。国家对此组织了宏观调控，各项政策法规、金融贷款制度调整就是纷纷出台，也起不到太大功用。在这种状况下，一般老百姓可以采取的办法，就只能是在已经购买好的住房上多打主意。既然买房子很不容易，那就应当让住房为老百姓"多服些务"、多发挥些功用。以房养老正可以在这方面起到相当效应。

十、以房养老的开办

（一）以房养老要考虑中国国情

在以房养老推出的背景中，涉及理念和经济发展等问题，价值观也不能不提到。美国老太太的超前消费观念，在我国目前来说还不是很现实的，特别是老年人，而年轻人还容易接受些。这和我国几千年以来的教育习惯有关。从古至今，我国的教育是先苦后甜，要有积蓄，要造福于后人，等等。

在美国的教育和中国的教育中，最大的差异是在理念上。理念又在经济发展中占有重要地位。在美国的教育模式中，首先是自己要有能力赚到钱，然后以自我为中心，自我享受。这是和我国的教育理念不一样的。所以，就这个问题来看，价值观在我们国家的思想里面，是和美国人不一样的，特别是占了我国现有人口的三分之二农村。农村是以勤俭节约为主，而美国老太太的消费观念在农村人看来是浪费。

有位网民认为，以房养老和以儿养老两种养老模式，体现了中国和美国两个国家的民俗差距，也是文化差异。就我来看，这只是一个时间问题。如果中国继续这样发展下去，以房养老就会成为我国未来的一种养老模式，因为强

以房养老倒按揭模式是否推出，完全是国人自己说了算的事项，为什么一定要以美国的制度法令马首是瞻？

势经济带来强势文化。这是必然的结果。如果我国的经济发展能和美国一样的水平或者超过。那么，这个以房养老就不会对我国带来很大的冲击。

以房养老倒按揭模式是否推出，完全是国人自己说了算的事项，为什么一定要以美国的制度法令马首是瞻？美国有的好东西，我们需要大量借鉴吸收，拿过来为我所用；美国没有的东西，只要它真正对国人有好处，我们也完全可以标新立异，而不必顾及美国人是否会同意。这就像我们平日里做研究一样。做研究首先要选课题，假若这个课题是权威大家认可的，并给予诸多好评的，大家一窝蜂齐涌而上；但如这个课题有权威大师提出过反对意见，或还没有研究过，那么这个课题的状况是前景再好，对老百姓是再有好处，大家也不大会光顾。

以房养老在美国之所以受欢迎，是美国的社会文化和公民意识决定的。在美国，青少年、成年人、老人以生活独立为自我精神的满足。美国的老人以年轻时的积累来安顿自己的晚年，国家也有健全的体系来保障老人的生活，更重要的是美国社会的多元化和思维的开创性，决定了以房养老在美国的盛行。中国的以儿养老秉承了中国几千年的传统文化，在中国得到绝大多数人的认可，适应了中国的国情，必将长期盛行。外国的思想观念和中国的差别还是很大，再加上中国的国情和个人的情况不一，选择适合自己的养老方式就行了。

如认为以房养老和以儿养老是两个国家的民俗差距，也是文化差异。这句话说得过于绝对，美国这样的国家，并非是将以房养老放在首要位置上加以考虑的，反抵押在整个美国的业务开办，只是近20多年的事情；这一业务的轰轰烈烈则是在21世纪到来之际才开始的。尽管美国的父母对养儿防老，不是很为注重，但也非完全不去理会这么回事。相反，许多美国老太太对中国的三代同堂的大家庭生活模式，倒是羡慕得很。美国老年人去世后，所遗留的财产在大多数的情形下，是由儿女亲友们继承。并非说，大家都参与以房养老业务，都要将自己的房产在自己的有生之年里消耗得干干净净为止。

这位读者有一点说得很对，"强势经济带来强势文化"，20世纪80年代初，广东经济借改革开放风气之先，发展速度很快，大家曾以会说粤语为荣；90年代到目前，我们向美国学习最多，接受美国的新事物最快，英语成为最为时髦的语言；21世纪后，中国经济社会发展势头强劲，潜力十分看好，华语的学习在世界各地都举办得轰轰烈烈。以房养老的推出，固然受到美国开办倒按揭业务的启发，但更为重要的是我国的养老保障、住房拥有状况、老龄化危机的态势，已经迫使大家不得不向这一方面思索和努力。

以房养老的推出，固然受到美国开办倒按揭业务的启发，但更为重要的是我国的养老保障、住房拥有状况、老龄化危机的态势，已经迫使大家不得不向这一方面思索和努力。

（二）国家对以房养老应给予高度重视

笔者在电视台做以房养老的节目时，有位观众认为，以房养老可以作为国人养老方法中的一种不错选择。要真正将以房养老这一项大事业做成功，国家必须在其中担负起重要的责任来。原因是，中国已经进入老龄社会，虽说有部分老人有退休金养老，但毕竟还是没有养老金的人占多数。尤其农民和老龄下岗工人，他们的养老确实是中国一个重中之重的问题，说实在的，用法律和道德强制年轻人必须养老也不是不可以，毕竟养儿防老是中国几千年留下来的传统美德，现在的年轻人，我

国家对以房养老和倒按揭事项应当给予高度的重视，这话是说到点子上来了。

们也不能说他们不孝顺，不愿意养老。

国家对以房养老和倒按揭事项应当给予高度的重视，这话是说到点子上来了。在我国有个特点，任何事情只要国家能给予足够的重视，做起来就相当快，成功的把握性也要大得多。相反，如果国家对此尚且不够重视，还没有足够认清以房养老的价值和意义，或者虽然看到以房养老的重要功用，却又限于各种条件限制等，迟迟未能成行；那么这个事情的开办甚至是事先的大量研发工作，也要遇到相当的障碍。

以房养老可以作为中国人养老方法中的一种不错选择，是很对的。中国即将进入老龄社会，虽然说有一部分人有退休金养老，但毕竟中国还是没有养老金的人占多数，尤其是像农民和老龄下岗工人，他们的养老确实是中国一个重中之重的问题。说实在话，用法律和道德强制年轻人必须养老也不是不可以，毕竟养儿防老是中国几千年留下来的传统美德，现在的年轻人，我们也不能说他们不孝顺，不愿意养老。那么为什么说对没有养老金的老人养老是中国一个重中之重的问题呢？原因有：一是进入老龄社会后，没有养老金的人占中国总人数的比例高，容易引起社会不安定；二是中国已经较长时间实行计划生育政策，每个家庭基本都是独生子女，一对已婚年轻人要赡养四个老人，从经济上、生活起居上、老人生病的照顾上，这对年轻人都会出现心有余而力不足现象，当这个现象成为普遍现象时，它就不是一个家庭子女孝不孝顺的问题，而是一个国家出现的大社会问题。国家对这个问题应该尽早引起高度重视。

以房养老的业务开办涉及养老保障和住房保障两大事项，这都是政府应当给予深切关注的话题。倒按揭业务的开办事先又必须将研发工作放在首位来加以考虑。这之中需要投入大量的时间、金钱和心血，需要组织广泛的社会家庭调查，了解中老年人对此的意愿想法和建议要求；需要组建强有力的以房养老学术研究的理论体系，需要围绕倒按揭这种金融产品的定价、风险防范等，组织相当的金融工程、保险精算；需要搜集调研世界各国倒按揭制度的制定与运作中的成功经验与教训，以及其他种种话题。这些都是个人单枪匹马不可能做到的，也非某个金融保险机构的力量就可以顺利完成的，必须政府出面才能取得最好的效果。

这些都是个人单枪匹马不可能做到的，也非某个金融保险机构的力量就可以顺利完成的，必须政府出面才能取得最好的效果。

　　在全国政协十届五次会议举办的"积极应对人口老龄化"记者招待会上，全国政协人口资源环境委员会副主任郑斯林提到了房屋反向抵押贷款的养老融资方式。郑斯林表示，这种方式由于涉及相关法律、评估标准、继承权等问题，还需要对很多问题的防范措施加以研究。但这件事情已经引起了国家的高度重视，按郑斯林的话来说："这个办法是国际上通常采用的做法，我个人认为势在必行。"

　　民政部前副部长、中国老龄协会会长李宝库对以房养老就表示出了赞同，他说："这在市场经济条件下是可以去探索的，如果银行和老年人都觉得好，也不一定非要把房子留给自己的子女，作为市场经济的运作模式，先做试点，再推广都是可以的。"

　　2007年10月17日，民政部副部长窦玉沛在参加中国网的"中国访谈"栏目时表示，将以三种方式推动以房养老在中国的开展。窦玉沛介绍称，第一种方式是老人把自己的房产交给由政府背景的公益机构或者银行，其养老费用由公益机构或者银行来按月提供，到这位老人故后，剩余部分交给相关继承人；第二种方式是"以房换养"：老人把房子交给福利机构，然后享受福利机构的服务，老人的

任何事情都要用一分为二的观点去看待、去分析，究竟是以房养老还是以儿养老，都要因人而宜、因条件而宜。

房子由福利机构出租，在过世后房产由福利机构处置；第三种方式叫"以房自助养老"，就是老人把自己的房产提前卖给一个公益机构，公益机构一次性把钱给他，他再从公益机构把房子租回来住，只是按约支付租金。对此，窦玉沛也承认，我国社会保障体系的建设有一个过程，养老的资金、服务保障等方面需求较大，采取这种方式也是尝试。

中国保监会有关负责人在2003年6月接受媒体采访时曾明确表示："通过向保险公司反向抵押获取养老金，是国际上解决老年人养老问题的一种方式。目前中国的保险公司尚未开发此类寿险产品，但保监会正在与有关部委协调，组织有关保险公司研究此类寿险产品。"由此看来，"倒按揭"的出台是可以期待的，房产作用可延伸为"养老"。

我们热切期待着这一天的到来。

（三）以房养老只能在城市中流行

有位"beautychy"先生提出，以房养老虽然是一种先进的想法，但是在中国的实施进程会较为缓慢。中国人的传统观念及以房养老的复杂程序，都会制约其在中国的发展。比如养老保障的政策在农村还不普及，农民的经济条件也达不到。在农村以儿养老比较适合。但如上所论，以房养老只能在城市中流行，到农村普及可能还需要一个时期。

任何事情都要用一分为二的观点去看待、去分析，究竟是以房养老还是以儿养老，都要因人而异、因条件而异。在城市，当前的中老年人中多子女的少，独生子女的多，甚至还有无子女的，而且都是忙事业的多，顾及家庭的少。用老百姓的话讲是"不大能指望得上"。所以说，城市里以房养老比较适合，多数人也能接受这种新模式。农村养儿防老的传统思想还根深蒂固，大多数农民家庭子女都在两个或以上，认为子女多，特别是儿子多，心里才踏实，还很固守以儿养老。

"Beautychy"讲到城市中适宜于以房养老，而农村家庭较适应养儿防老。从大的社会环境方面来考虑确实是如此。如农村住宅是价值低、变现难，难以对外出售。某些宗法家族意识还较为浓厚的农村，即使说这些住宅要出售，也只能首先在家族内部消化，哪怕这个出价远低于正常市价。还应当看到的是，随着城市化进程的加快，除城市近郊的农村和靠近乡镇机构中心的农村外，许多农村都在逐步萎缩中。城市化的加快，事实上正是以农村人口相继进入城市，农村尤其是边缘落后地区的农村逐步衰落为代价。这些地区的农村确实难以实施以房养老。

倒按揭模式有利于完善农村养老体制。由于种种原因，我国农村的社保养老体系尚未完全建立，老年社会保障的政策和措施还无法到位，农民的养老问题日益突出，还主要依赖于养儿防老这种传统模式。农民是一个庞大的阶层，农村具有最广大的市场。而原有的养老保险制度仅限于国有部门，社会化程度很低，且养老保险层次单一。农民大多有自己的住房，在人均收入还呈现低而不稳的前提下，用住房养老不失为一种解决农民养老问题的有效方法。

农村社会里，养儿防老的观念天然地浓郁于城市。但在今日的农村社会里，也出现了许多新问题。比如，随着上亿打工者相继进入城市，农村的人口结构在老化。我们在对某些农村组织的调研中看到，许多原本是上千人口的大村庄，目前竟只

农村的这些留守家庭中，养儿防老在种种情形下已经只是一句空话。

有二三百人的留守人士。这些人口中还大多是五六十岁以上的老年人和数岁的小孩，中青年人士已经很少。可以说，农村的养老问题是表现得更为困难，也更值得引起关注的。

农村的这些留守家庭中，养儿防老在种种情形下已经只是一句空话。货币养老、社会养老保障的建立，鉴于目前的经济发展情形，相比较城市而言，表现得更难如人意；再加以房养老很难适应于农村社会。这些农村地区的养老问题，是个需要给予认真对待的大难题。我们设想，可以通过以县市为单位，建立若干养老基地，将这些留守老人中的年老体弱、生活自理能力已不大具备者，予以相对集中地供养起来。供养用费除老年人自己支付部分外，财政补贴、乡镇支持和村集体资助都是很为必要的。作为已在外地打工的子女，也必须交纳一定资金，供父母在养老基地的生活用费。如此可将这一问题解决得更好一些。目前浙江省已经实施了农村老人的集中供养制度，由财政出资，以乡镇为单位建立养老机构，但收养范围仅仅限于"三无老人"。我们认为有必要将集中供养的范围做大幅度扩张，老年人愿意进入基地养老者，都应当允许。只是这部分非三无老人需要根据自己的经济负担能力，交付一定的费用才可。而通常意义上的三无老人，则仍旧由财政做无偿供养。

（四）中国老人的住房条件尚不理想

"萧萧"的发言是对的："美国老太太通过这种方式每月可拿到几千美金，我猜想她的住房条件，对中国普通老百姓来说只能是梦想。目前中国很多老人的住房条件并不理想,如果依靠这种贷款每月能有几百元收入就很不错了,潇洒地去各地旅游还是不够的。"

穷人需要以房养老,富人也同样需要以房养老,只是养老的层次与水平有差别而已。

以房养老对所谓的"现金穷人、房产富人"而言,是很需要的,可以将多出的房产价值,尤其是自己身故后仍然遗留的住房价值,变换为养老生活所需要的现金,充分发挥养老保障的功用;对那些"现金富人、房产富人"也是需要的,它可以大大提升养老的生活水平,如像美国老太太那样每个月多拿到数千美元,去世界各地旅游观光,享受新生活。我们不能期望所有的老年人一旦将住房予以变现套现养老时,都能够达到美国老太太的水平。那需要的不是一般的住房,应当是价值数百万的别墅才可以。

"依靠这种贷款每月能有几百元收入就很不错了"。对有钱人而言,每个月增加几百元似乎是无所谓,但对一般的老年人来说,每个月的退休金也就是六七百元,能在此基础上每个月再增加几百元养老金,晚年生活水平便会大大提高,遇到临时性大病重病等,手头也有了几个活钱能对付,那真是要烧高香了。对这些老年人来说,只要大家能解决日常生活最需要的现金流入,就完全可以了,并不期望一定要达到美国老太太那样的程度,如爬长城、做美容、看迪斯尼乐园等。

这正可谓"穷有穷养,富有富养"。穷人需要以房养老,富人也同样需要以房养老,只是养老的层次与水平有差别而已。富裕人士动用以房养老的手段,是锦上添花;贫穷人员参与以房养老事项,却无异于雪里送炭,这就更为珍贵难得。有人认为,没有数百万元难以实现心目中要求的养老标准,否则不可

什么是穷人呢？作为穷困老人的标准界定而言，通常大家只考虑年度收入这一项指标，这是个误读。

能保障体面有尊严的生活。但对一般老百姓而言，就是穷尽一辈子之力，也赚不到数百万元，难道大家都不要"活命"了不成？

什么是穷人呢？作为穷困老人的标准界定而言，通常大家只考虑年度收入这一项指标，这是个误读。衡量人的穷富之分，有收入和财富两个指标。两个指标一般应呈现为正相关性，收入高自然财富拥有的数额多、质量好，反之亦一样。但也有相当多的特例。如许多大城市曾出现了有人开着"宝马"前去领救济款的事项，还有家住三室一厅，储蓄存款数十万，仍然申请低保的事例；那些真正贫困的人士，是家住贫民窟，储蓄存款全无，每个月拼尽全部身力才能得到数百元收入，却无法申请救济补助。

有的老年人是房也有大的，票子也有多的，应当归属于富裕阶层；有的老人是房无钱也无，应属于真正的贫困人士。前者是否采取以房养老都无所谓，愿意这样做更好，可以真正像美国老太太那样出国旅游观光，做自己年轻时代想做而又没有时间和精力做的事。但不采取这个养老办法，小日子过得也还不错。后种人士即使希望实行以房养老，首先没有归属于自己所有的住房，条件就先不具备。有的老年人是被称为"房产穷人、现金富人"；有的老人则正好相反，是"现金穷人、房产富人"。前者需要将多出的现金能通过某种方式购买住房，以解决住房质量，更为舒适地养老；后者则是我们需要被纳入以房养老队伍的大军。

目前，我国的老年人的住房条件不大理想，这是由客观历史的原因造成的。在计划经济时代，大家每个月的工资只有几十元，仅仅是个生活费，但照样为国家作贡献。今日有了大量机会可以凭借本事赚大钱了，却因年龄、身体等原因干不动了。退休金是不宽余的，拥有的房产也多是"房改"的产物，面积小，价值低，功能差。作为养老保障而言，自然不可能追求得标准太高。但只要将以房养老的理念给予较好运用，还是可以在现有状况下，尽量提升养老生活质量的。

> 只要将以房养老的理念给予较好运用，还是可以在现有状况下，尽量提升养老生活质量的。

（五）住房使用期70年会干扰以房养老吗

一提出以房养老，马上就有读者指出其间可能出现的问题。有性急的读者指出："搞错没有，在中国以房养老可是完全行不通的！中国的房子最长只是70年的产权啊，住了几十年的房子哪还能值钱呀，到时候就是个拆迁户，恐怕银行不会在中国开展这个业务，十足的赔本买卖！在中国可能还得养儿防老，除非政府采取其他措施。"在美国生活了9年的赵先生做房地产投资，他认为，倒按揭在国内实施，因土地产权制度的差异，可能会有诸多困难。某位明智人士也提出，"如果你30岁买了房子，60岁把房子抵押给银行，活到80岁，你的房子只剩下20年期限"，房屋的使用权也快到期了，市场价值就很小。

我国住宅的土地使用权最长只有70年，老年人很有可能是还了20—30年贷款后才拥有完整的房屋产权，如果再向金融机构申请例如20年的"倒按揭"，等到金融机构拥有房屋的产权后，土地使用权的剩余时间往往也不多了。如果实施"倒按揭"后，房屋的剩余年限只有不足20年，银行在支付了费用后，发现最后到手的房子只有地面上建筑物的价值，而土地

以房养老得以顺利运行的一大要素，是住房的价值增值，这又是建立在住房附着地价的增值之上。

价值几乎没有，那银行的利润将会很低。基于这一地权制度，在商品房依附的土地使用权到期的情况下，如老人依然活得健康，还怎么去实施倒按揭贷款？

我国现阶段的城市土地是完全归国家所有，个人向国家缴纳土地出让金获得该土地，但根据《中华人民共和国城市房地产管理法》规定，我们对住宅的产权只有70年，也就是说老百姓买到了属于自己的房屋，却因土地使用权70年期限的缘故无法"买断"房屋。这就需要考虑70年到期后，该块土地的权属又应做何变化呢？这种权属的变化，将会给以房养老模式以何种影响？都是很现实地摆在大家面前，不得不需要考虑的首要问题。一般的投资营运事项的决策，70年是个非常遥远的时期，不必对此予以特别关注。以房养老的行为是操作期长，影响面大。住宅价值的升值与否，关系到本行为能否成功；住宅价值的能否升值，在相当程度上取决于地价增长；地价增长的收益及在住户与国家间的份额分配，又取决于70年使用期的尚存年限。

以房养老得以顺利运行的一大要素，是住房的价值增值，这又是建立在住房附着地价的增值之上。作为住房本身，随着时间的推移只能是逐渐的折旧贬损。房价贬值与地价增值相抗衡的结果，是房价的稳步上升。假若将房价与地价的拉升，看做一个长期持续的过程，随着时间的推移，房价是不断拉升的。否则，已经使用了数十年的旧房，为什么还存在有很高的价值，甚至是远远超出新房的价值。但这里需要询问的是，随着时间的推移，距离70年的大限也日渐临近，房价上涨的这笔收益又将归谁所有呢？

我们设想可将"70年土地使用期"这一条款修订为"永久

十、以房养老的开办

使用期",大家购买了住宅,也就购买了该住宅所持续使用年限中所附属土地的永久使用权,同时按年向国家交纳土地使用费。当该住宅被拆迁、征用或重建时,国家按照该住宅的当时价值,给住户以合理补偿。住户即可拿这笔款项重新购买自已所需要的新住宅。

国家未来住宅政策的变化,对以房养老的业务开办会有很大冲击。

土地使用权70年变革为永久使用权是必需的,不仅是为了以房养老的需要,最重要的是这项政策随着70年的临近,必然会对我国的房市、整个国民经济生活的健康运行、老百姓的安居乐业等,都会带来相当的不确定影响,难以应对。即使说我国并不推行倒按揭养老,70年的法律规定也是要作出改变的。目前距离70年尚为时过早,一切负面效应如对整个国民经济生活的健康运行、老百姓的安居乐业的影响尚不明显。

房子是有使用期的,即住房本身的自然使用寿命。70年只是国家目前规定的住宅所用土地的法定使用期,70年使用期满,住房仍旧完好时,并非要将住户一个个都赶到大街上,而是再续办土地使用手续,就可以了。以前,大家猜测续办这个手续可能要交一大笔钱,即重新购买若干年的土地继续使用权。但据全国人大常委会在2007年会议的讨论,这笔续交费也会免除。毕竟在大家购买住宅时,已经一次性地交纳了一大笔钱财,这笔钱财足以保障大家能继续住在该住房中,不必每日计算70年大限来临时,居住问题将会怎样解决;也不用担心70年马上要到期,房价会发生无谓的波动。在这种状况下,70年使用期的问题对以房养老的实施,几乎可以不再作为一个问题来考虑,也不必顾及其对以房养老行为实施的任何重大影响。

国家未来住宅政策的变化,对以房养老的业务开办会有很

215

倒按揭养老的模式推出，国家需要为此修订及重建的法律法规将是较多的。

大冲击。政策风险中，有相当内容还应属于城市规划风险。特定机构购买的住宅，在长达 10 数年的持有期中，是否会遇到因城市规划设计变更等原因，如某地段的住宅全部拆迁，或面临回迁或其他变动事项。这种拆迁补偿的相关政策如何？拆迁费能否按市场价补足损失的全部价值？弥补不足时的损失又应当由谁来承担等？市场价值与账面价值的差异形成的盈亏，又应当由谁来承担？这些问题能否顺利解决，直接关系到特定机构参与以房养老业务的积极性。

事实上，倒按揭养老的模式推出，国家需要为此修订及重建的法律法规将是较多的。土地使用期 70 年只是其中大家最为关注的一个小方面。但就是这个很小的方面而言，也有众多内容需要加以评判。这正说明以房养老推出的复杂性非同一般，这一工作的征途也是任重而道远。

（六）过半数受访父母不会选择用房产养老

某报记者经过调查发现，赞成以房养老的人员占到了 34%，不赞成以房养老的人员占据了大多数。在以房养老还是"留房给子"的选择中，过半数的受访父母选择了将房产留给孩子。因此，要在中国开展以房养老，目前不仅有来自操作层面上的问题，还有一定的观念障碍。

在面对是以房养老还是"留房给子"时，过半受访父母选择将房产留给孩子。记者据此认为以房养老在我国的前景不容乐观。但同样的数据，我们的感觉则是正好相反。以房养老理念刚刚推出，马上就有34%的人赞成，情况应该说已经非常好了。随着日积月累，赞成并愿意参与以房养老的人员，必将大幅增长，前景很为乐观。这正像某个故事中所讲到的，有两个推销员一起到一个孤岛上去推销鞋子。结果是整个孤岛上的居民还都是赤着脚，大家都不穿鞋子。一个推销员给公司发回的电报是"情况很悲观，整个孤岛上的居民都不穿鞋子"；另一个推销员给公司发回的电报则是"情况很乐观，整个小岛上的居民还没有穿上鞋子"。面对同样的事实，两个人的观点却是大相径庭。谁的观点为正确呢？前一个推销员是很现实的，他看到了孤岛上居民都不穿鞋子的事实；后一个推销员则看到的是孤岛上的居民尚未穿上鞋子，从长远来看，这个商机实在是大得不得了。

在浙江、上海等沿海经济发达地区，赞成以房养老的比例有50%之多。当然，赞同这个养老创新，并不代表大家就一定会亲身参与以房养老。不赞同以房养老的，则绝大多数不会参与这一业务。在这种情况下，即使说，实质性参与以房养老的人员，只占到老年人的10%也是很高的，是一个很大的市场。仔细算账就很清楚，我国现在有1.5亿老年人，未来还将达到4.2亿。随着经济社会形势的快速发展，大家对以房养老的理解的加深，未来老年人数量的快速增加，日益严重的老龄化危机的压迫，将会有越来越多的老年人参与到以房养老中来。

过半数老年人选择将住房留给子女，这是对的。对此我们毫不奇怪。如果以房养老模式一经推出，马上就有众多人士要求加入，给予坚决支持，那才是非常奇怪的。事实上，即使在倒按揭搞得最好的美国，推出这一业务已经有近20年历史了，也一直是"雷声大，雨点小"，机构惨淡经营。直到21世纪初如何将房产的价值平均分配到老人每月的养老金中，更是一个较难解决的问题。

期，才呈现急剧增长，大众纷纷认可的状态。"按东方人的生活习惯，由子女赡养老人的养老方式更容易被老人自己和社会舆论认可。在得到子女赡养的同时，将自己的住房在百年之后留给后代，也被看做是天经地义的"。我们也多次强调，虽然我们致力于以房养老模式的研究，为此而不遗余力，但儿女养老的特殊优越性，全家老少其乐融融、齐心协力、同甘共苦，还是大家无比向往并积极追求的。老年人并不一定要独自居住，用住宅养老。

（七）倒按揭以房养老过于复杂

倒按揭产品在我国要想形成一定的"气候"和规模，首先要解决与中国传统理念的冲突。从实际操作和技术的角度加以分析，这种业务在国内金融保险机构开展，还具有较大的难度，负责倒按揭业务的机构，需要组织大量的理论上的研究，要进行大量的调研和调查工作，还需要大量的保险精算和金融工程方面的人才。如何将房产的价值平均分配到老人每月的养老金中，更是一个较难解决的问题。笔者认为，近两三年内，这种业务很难在全国范围内展开。因为这一模式的推出的确要克服大量问题，比如机构对经营部门的业绩考核是按年度进行，倒按揭要获得盈利却需要经过较长的时间，在任的经营部门负责人显然不会对任期后才能产生效益的贷款品种产生兴趣等。这都需要我们给予大量、深刻的研究并提出很好的解决方案的问题。

倒按揭好处多多，无疑是深受老年人喜爱的一个金融产品，然而，现实情况是，这一金融新品种和养老模式在中国尚处于空白阶段，原因何在？首先它不是一个简单的保险产品，而是一系列金融产品的组合，其中涉及政府担保、房产评估、抵押贷款、房屋维护、房屋拍卖转让、贬值保险、长期看护险等众多领域。由于涉及面太广，实施起来难度相当大。尤其，由于人生命的不确定性和不动产的价值的波动，风险控制很难管理，这使得与国外相比保险精算水平不甚高的国内保险业望之却步。同时内地的保险公司迄今未具备金融信贷的功能，在得到房子以后，如何处置是一个具体而现实的问题。加之价值评估和价值预测、抵押房屋的管理与维护、收回房屋后的整理与销售等并非保险公司的专长,保险公司和银行都对该产品持谨慎态度。

> "单纯从业务上来说，住房倒按揭的确不失为一种很好的养老方式。"某位股份制银行房贷部门负责人表示，在中国已经逐步进入老龄化社会的现状下，倒按揭是一个较好的解决养老问题的办法。从银行十分看重的收益性方面来说，倒按揭在国内尚处于论证阶段，这是由于倒按揭的做法非常复杂，牵涉到房地产评估、利率确定、人的寿命预期等多个因素。"房产在经过几十年后，到底能价值几何，银行到时能收回多少款，放贷风险有多大等，这些问题都很关键，但目前尚无法解决。"

倒按揭同一般住房按揭贷款不同，绝非一种简单的同一般住房抵押贷款相对立的贷款品种，在其一切方面都是"倒"着来的。资金的流向、风险的凝聚与释放等，一直到有关本项业务开展后，需要编制的资产负债表、损益表、现金流量表及相关的考核指标等，都同正常住房抵押贷款的基本路数有较大差异。这就对本项业务的开展带来了众多的障碍。这

人生命的不确定性和不动产的价值的波动，风险控制很难管理，这使得与国外相比保险精算水平不甚高的国内保险业望之却步。

219

现在谈倒按揭的真正实现，还有点为时太早。但并不妨碍我们将这一事情先做起来，一边做，一边等待并积极促成各项政策法规的完善。

正需要大家给予认真关注并积极参与，进行扎扎实实的理论探讨与实证调研。

这种倒按揭的以房养老模式，在国内的实际可操作性有多大呢？笔者认为它不失为一种社会保障的新方式，这种做法有利于一些孤寡老人实现老有所养，倒按揭模式比较适合此类人群。同时也应强调：以房养老看上去很美，实际操作却很复杂，牵涉到房产评估、个人寿命预期等一系列问题，还要看个人在这些问题上与银行、保险公司等是否能够达成一致。现在谈倒按揭的真正实现，还有点为时太早。但并不妨碍我们将这一事情先做起来，一边做，一边等待并积极促成各项政策法规的完善。如果任何事情都不做，坐待其成，坐而论道是任何事情都无法办的。再者，作为倒按揭业务来说，尽管是风险众多，但大都集中在业务开办的后期，是越到业务结束时，问题表现得越复杂，需要投入的资金越多。而这个业务行将结束在什么时候呢？按照正常情形也就在十多年以后吧。这时候各个方面的政策法规都应当是很完善，各种操作的平台也都建立好了。

（八）倒按揭牵涉面众多

农行北京分行房地产信贷部的负责人说，他们两年前就开始关注倒按揭了，但一直没敢推广，因为风险较大。如贷款期限较长，房产价值会发生变化，老人预期寿命和利率都存在着不确定性，房屋的价格评估难度很大，房屋的使用中有损耗折旧等。另外，如何确定倒按揭利率也是大难题。倒按揭牵涉房地产业、金融业、保险业及相关政府部门，不是简单问题。

倒按揭业务的推出，需要有保险、证券、投资乃至房地产、养老保障部门的相互配合，需要国家财税部门的相关优惠政策，需要从目前的分业经营模式过渡到混业经营模式，需要国家新法规的出台和原有法规的调整，需要转变老百姓数千年传统的习俗观念，显然不是一朝一夕之事。但除反按揭之外的前面所谈各种办法，则大多都是每个家庭从现在开始就可以实地操办，并实现收益的。倒按揭在中国的最终推出，笔者认为它应当是由国务院牵头，综合各个相关部门，共同研究实施的事项，绝非单个银行、保险公司或住房公积金管理中心，就可以率先推出的。

就此事而言，目前的最新进展是，有关部门已经会同保险公司进行可行性市场调研，那么保险公司持什么样的态度呢？我们在询问有关机构后了解到，很多公司对此不愿意发表太多的意见。一位表示可以私下交流的保险公司负责人认为，如果有保险公司介入的话，倒可以分散银行担心的贷款回收的风险。他认为，有实力的保险公司、经纪公司或个人投资者、老年公寓、养老院等机构都可以考虑此项业务。如果是保险公司与老人签订合约，保险公司每月应付给老人的生活费，是由指定相关法律统一规定，还是经双方协商一致来决定呢？通过国外的成功经验来看，经双方当事人协商一致签订一份具有个性化的合同更为可行。如果老人过早逝世，保险公司可用多得部分的一定比例建立基金，而当老人的寿命超过预计寿命时，保险公司可从该基金中得到补偿。

上海市知名的国际认证财务顾问师姜书鹏认为，新加

221

收益总是与风险紧密相伴，这个风险就是不确定性。

坡模式值得借鉴。如果结合中国国情来看，除去流行的美国模式外，最好可以借鉴一下新加坡模式：60 岁以上的老年人把房子抵押给有政府背景的公益性机构，由公益性机构一次性或分期支付养老金，老人去世时产权由这些机构处分，"剩余价值"（房价减去已支付的养老金总额）交给其继承人。如果老人去世后，房屋产权全部归相关机构所有，相信对传统观念深厚的国人来说，不易接受。但如果把"剩余价值"交给继承人，或者允许继承人回购房产的话，操作起来可以留有不少的余地。

各种模式的核心，是如何平衡老人和接受业务的机构之间的利益关系？大的原则是，抵押房产的价值越大，预期该老年人存活寿命越短，每月可得到的养老金就越多，反之就会越少。具体实施中，老人的实际存活寿命可能大于预期，也可能小于预期。在大于预期余命的状况下，老年人可多得到一份保障；在小于预期余命的状况下，则该老人的经济利益要遭受相当损失。这种状况正如美国经济学家评论的那样，是老人同机构之间的一种关于"死亡年限"的博弈。当然，这方面的具体操作事项是很多的，各种办法都可以加以使用，最终结果如何，则"实践是检验真理的唯一标准"。

（九）以房养老有风险

收益总是与风险紧密相伴，这个风险就是不确定性。尤其是像以房养老这种方法的实施，既然能够给大家带来晚年丰足的生活，同时也就将相关的风险一同带了进来。事实上，国家政策、房价、利率、老人预期寿命等都存在着若干不确定性，这种不确定性势必会影响到以房养老所涉及的各利益相关者。

在现实生活中，由于以房养老会遇到众多的不确定性和风险，这些风险不仅有一般商业贷款共有的贷款风险，更有涉及个人消费、住房市场、居民生活而产生的特殊风险。风险的防范很重要，其中可供研究的内容是繁杂众多。如抵押资产的具体定价中，就要涉及预期老年人的生存余命、房价预期的波动状况以及贴现率的测定与调整三大方面，也可以说是三大风险。这些风险的大量出现，使本项业务的推出变得是困难重重。

对不同的人员而言，风险承受度——即个人对风险的承受能力是个重要因素。它受到个人的年龄、家庭地位、职业、职务、财产收入等因素的影响，但个人的能力、素质、面对困难和挫折的意志力等，也是影响风险承受度的直接因素。以房养老的参与者，大都是已进入退休期的老年人，风险承受能力有明显下降。这就需要在以房养老的各种业务的开办中，尽量选择收益稳定、风险较小的方案，摒弃那些预期收益高、风险也会很大的方案。尤其是要注意留有余地和适度保守性，勿使老年人陷入既失去房产，又丧失种种现金流入，被迫流落街头或坐待他人救济的境地。

实施以房养老时，特别是实施其中的倒按揭贷款和售房养老两种模式时，需要考虑种种风险：

第一，以房养老的养老金支付与老年人的寿命有密切关系。预期余存寿命越长，每期应当支付的金额就越少，反之也同样。但老年人预期存活的余命是很难确切判定的。我们可以大致推算在目前的状况下，全国或某个地域的老年人的平均寿命尚有多长，可能还会达到多少，何时办理倒按揭以房养老业

实施以房养老时，特别是实施其中的倒按揭贷款和售房养老两种模式时，需要考虑种种风险。

实施以房养老的风险与不确定性之多，复杂程度之大，正是倒按揭存在的魅力所在。

务，预期这位老年人还有多长的寿命。但具体到某个张三或李四身上，就不一定准确了。

第二，目前要抵押的住房的价值是清楚的。如某位老年人讲到，我这幢房屋的市场价值目前是 60 万元，经过权威机构专家的详细评估论证，也确实如此。但到该老年人死亡的这一天，房价同现在相比，这个房价是会上涨还是会下跌或是仍呈现为大致持平态势，则不清楚。即使说在我国目前的房价走势下，上升是确切无疑的，但上升的幅度会有多大，是 30%、80%，或是像某些人员推断的那样，可以达到翻番增长，同样难以做具体判断。

第三，以房养老是要将若干年后的房产价值提前到现在来使用，这就必须要考虑一个贴现的问题。但贴现率应当为 4% 还是 5% 或是其他，是复利计算，还是单利计算，利率是高一点或低一点，都值得好好研究。如测算三两年的利率走势，经济学家可能会打个保票，但要测定未来十数年的利率走势，却是谁都没有实质性把握。利率要考虑的因素众多，如通货膨胀、国家金融政策等诸多方面。

倒按揭还包括了其他各种风险，比如，购买力的风险、金融机构支付力的风险、政策法规的风险、伦理观念接受程度的风险、住宅实体维护使用的风险等。实施以房养老的风险与不确定性之多，复杂程度之大，正是倒按揭存在的魅力所在。经济发达国家推出这个金融产品，已经有十多年的历史。虽说刚开始走了一些弯路，但最近几年发展的势头却是相当之好。相比较国外而言，我国发展倒按揭业务是更为必要，也更为急迫。借鉴国外好的做法，并根据我国的实际情形加以适当改造，洋为中用，应当是完全可以的。将风险看得过于严重，甚至于完全丧失了推行研发这一险种的动力，则是完全不必要的。

十一、八面来风

（一）专家评议

民政部前副部长、中国老龄协会会长李宝库说，以房养老在市场经济条件下值得去探索，如果银行和老年人都觉得好，也不一定非要把房子留给子女。作为市场经济的运作模式，先做试点，再推广，都是可以的。

  **   **   **   **

复旦大学房地产研究中心主任华伟指出，我国住宅的土地使用权最长只有70年，老年人很有可能是还了20—30年贷款后才拥有完整的房屋产权，如果再向金融机构申请如20年的倒按揭，等到金融机构拥有房屋的产权后，土地使用权的剩余时间往往也不多了。另外，倒按揭还牵涉到税收的问题。能否对提供倒按揭服务的银行豁免房产增值部分的所得税，未来可能施行的物业税是否包括土地出让金，这对于商业银行能否提供此项金融服务来说，都是至关重要的。

  **   **   **   **

全国人大代表、广东省劳动和社会保障厅厅长方潮贵认为以房养老似乎不可行，不太符合中国的国情。养老最好还是通过社会保险来完成，因为目前社会保障体制是越来越健全。参

加养老保险，每个月个人交的钱并不多，单位还会帮着交一部分，但是买房子单位是不会帮着交钱的。

**   **   **   **

中国人民大学老年学所所长杜鹏教授认为，现在国内已经具备了实行这种养老方式的基本条件，但目前步入老年的人，大部分是单位分房，致使以房养老的模式在短时间内不会有太充分的发展。市场培育和成熟还需要十几年时间。真正有条件以房养老的人，是现在四五十岁、购有商品房的中年人，等他们步入老年时，以房养老将是他们的一个选择。不过，这种养老方式不会成为中国主流。随着社会保障机制的健全和完善，很多老人有了自己稳定的收入来源，除非遇到重大事故，否则不用以房养老。

**   **   **   **

广东省政协委员、深圳市罗湖区政协副主席林万泉在大会发言时建议，广东省可以推出住房反向抵押贷款，允许房屋所有人在保有所有权，继续使用的情况下，以住房作为融资的担保，拿贷款来养老。这样既能激活庞大的老年消费市场，又能达到补充养老的效应。

林万泉说，我国城市居民住房自有率已接近82%。广东省居民拥有住房的家庭户比例远远超过上述比例，一套房成为老人一生积蓄的现象也占相当高的比例。多数老年人是在计划经济年代分到的房，购房消费投入并不大；但这批人退休后的养老金也普遍较低，广东省退休金平均水平在2000元以内，随着房价高涨，这些老年人陷入"房子富翁、现金穷人"的尴尬境地。拥有价值昂贵的房子，可能还要逐月交纳不菲的物业管理费，却只能靠微薄的养老金维持窘迫的生活。

　　林万泉表示，可由政府综合职能部门出面，成立课题组组织相关部门调研。结合实际进行利益分析、风险分析与评估，对广东省住房反向抵押贷款业务的推出作出具体规划。此外，应出台多项政策支持，包括采取灵活的税收政策、银行与保险机构根据情况提供补贴、修改阻碍住房反向抵押贷款的规则等，为住房反向抵押贷款的发展创造良好制度条件。

　　**　　　　　**　　　　　　　　**　　　　　　**

　　某建设银行人士认为，随着时代的进步，传统的伦理观念肯定会发生变化，中国会逐步与国外接轨，倒按揭的市场将逐步成熟。倒按揭推行的难度很大，但对银行来说，只要操作得好，应该是一个盈利的好品种，对社会来说也具有积极意义。

　　**　　　　　**　　　　　　　　**　　　　　　**

　　浦东发展银行广州分行个贷中心总经理黄宇征认为，住房倒按揭贷款是一项比较复杂的系统工程，如果银行来做，涉及银行在老人身后，能否将房产抵押品变卖、升值或贬值后的利益和损失如何结算、房屋被拆迁或毁损怎么办，甚至遗产的处理是否合理等诸多问题。在目前，按国家银行法规定，在银行只能从事资金的存、贷及结算业务的前提下，倒按揭贷款所涉及的住房变卖处理等环节，显然超出银行现有经营范围。银行不是典当行，不可以像典当行那样有权处置抵押物品，而是有诸多法律监管的。从根本上讲，倒按揭贷款更应该是一项社会保障业务，而不是银行业务。

　　**　　　　　**　　　　　　　　**　　　　　　**

　　某国有银行负责人认为，老人的子女可以选择今后再把该房产买回，待老人离世后，子女只要把这些年银行支付给老人的总额偿还银行，再按消费贷款利率支付利息，那么房子仍旧

227

是子女的。

　　**　　　　　　**　　　　　　　　　　**　　　　　　**

　　获得AFP金融理财师资格认证的工行理财经理刘卓，对倒按揭作出了这样的评语："这是一个解决养老问题的办法，肯定会有它的客户群。"她同时提到，由于房产价格市场走势的分析、人均寿命预期、金融利率的变化等等不确定因素，以及随着时间的推移，风险性增大的特点，使得银行开展倒按揭业务时将面临巨大的风险。"即使这项业务可能会受到国家的补贴，倒按揭保险业务也能分散部分风险，但在银行设计这项业务时，很大一部分风险肯定还是要由客户承担"。人们可以及早做理财规划，避开以房养老这条"华山绝路"。

　　**　　　　　　**　　　　　　　　　　**　　　　　　**

　　某记者认为，"我认为，未来倒按揭业务的客户群肯定是中低端客户，尤其是低端客户。从理财的角度看，现金流充裕的人不会选择用这种方式处置自己的房子。"这又给以房养老模式添上了一笔"无奈"的色彩："这个模式很可能是在其他路都无法可走之下的最后一条后路。"

　　**　　　　　　**　　　　　　　　　　**　　　　　　**

　　海淀法院民一庭副庭长马军认为，"'以房养老'在一定程度上会减少有关房屋继承方面的诉讼。"该院2004年和2005年共审结有关房屋继承方面的诉讼案达200余件。"当事人在法庭上因遗产继承官司而反目。此外，有一些老人因得不到孩子赡养而将子女告上法庭。如果能实现'以房养老'，对于仅有一套住房的老年人来说，可解决养老问题，同时也可避免孩子们为遗产而起纷争。"

　　**　　　　　　**　　　　　　　　　　**　　　　　　**

某人大代表认为,目前能接受以房养老的可能只有极少部分家庭,是国人的观念左右着。因为中国人习惯将财产留给子女。如果将住房抵押,子女会失去房产的继承权,很可能就不肯照顾他们了,很多老人不愿放弃亲情来换取现金。

**　　**　　　　**　　**

上海社科院房地产研究中心研究员顾建发认为,在研究欧美、东南亚诸国的老年住宅成功经验之后,总结出一些颇值得借鉴的要素:政府支持、慈善基金赞助、开发商投资、政府给予开发商部分税费减免、土地方面采取优惠措施出让。

**　　**　　　　**　　**

某经济学家认为,"倒按揭有可能将健全老年社会保障体系与居民已经取得的住房产权很好地结合起来。这种进一步结合创建的新金融工具,将有利于解除老年人养老的忧虑,对于我国现实条件下扩大内需也具有积极的推动作用。有鉴于此,倒按揭不失为一个有价值的创新性设想。"

**　　**　　　　**　　**

某报记者作了一个小调查,发现无子女的夫妻对以房养老比较感兴趣。家庭经济状况好,子女收入高的夫妻,对此也较愿意接受。相反,一些退休金紧巴巴、子女收入一般的老年人,对之抵抗性较强,表示省吃俭用也要将房产留给儿孙。

(二)积极赞成者

避免老来无可靠的生活来源,现在世界已是老龄化。这样对子女也能减轻经济负担!希望中国也能早日实行以房养老的

办法！

**　　　　　**　　　　　　　　**　　　　　**

以房养老还是感觉很新鲜。而且我觉得我们应该积极吸收好的信息资源。当然了，这只是从我们观念上来讲的。换个角度，用审视的眼光看待这个问题的话，那就真的可能会出现很多让我们无奈的"问题"。但这并不代表在我们国家推行不起来这项政策。只是有很大的局限性罢了。而且我想如果真的推行起来的话，政府首先会将它推向有独立房子而且生活水平较高的退休老人们。理由很简单，他们有自己的房子，不必再采纳儿女的意见，也不容易引起不必要的家庭纠纷。就像改革开放初期，国家提倡的政策是"先让一部分有能力的人富起来，然后再带动更多的人富起来"。我想对于这项政策的实施应该是一个意思吧！

**　　　　　**　　　　　　　　**　　　　　**

随着社会经济的发展和观念的更新，以房养老在中国可能会有一定的发展，尤其是那些没有子女的老人和"丁克"夫妇采取这种方法，可以很好的解决自己的养老问题，对一部分思想超前的年轻人，会成为一种新的养老方式。

**　　　　　**　　　　　　　　**　　　　　**

我比较支持这种方式，首先可以减轻子女的负担，现在生活水平提高了，消费水平也上升了，家庭支出与日俱增，以房养老可以适当增加家庭收入，缓解经济困难家庭的支出。其次可以减轻国家的负担，现在各大中城市都面临着人口老龄化的问题，国家社保机构已入不敷出，在这样的情况下，以房养老的形式不但可以缓解这种压力，更可以提高退休人员的收入，使他们的生活更有保障。

**　**　　　　**　**　　　　　　　**　**　　　　**　**

我看完全可行。现在不愿意为父母养老的人不在少数，老人对儿女也是一种拖累。现在都是独生子女，两个独生子女结婚后，如果要为两方父母养老，就是两个人养四个老人，那是多大的负担啊。以房养老就可以避开这些问题。老人自己单独生活，不和子女住在一起，也省去很多麻烦。不是有一句方言叫"人多自乱"吗？如果我老了肯定是要以房养老的。这样自己自在，也为儿女省去拖累，省去很多麻烦。

**　**　　　　**　**　　　　　　　**　**　　　　**　**

我觉得这是一个不错的观念，比较支持。现在的社会情况已经与我们父母甚至祖父母那辈人不一样了，那个时候国家鼓励多生多养，几个孩子共同赡养两位老人，每个孩子对父母承担地只是部分赡养义务，负担并不是很重。现在，由于实行了计划生育，每家只有一个孩子，当父母们年老的时候，就变成了一个孩子要赡养二位甚至四位老人，负担远远大于从前。从社会角度来看，"以儿养老"已逐渐不能适应社会发展了。况且，现在每家人几乎都有一两套房子，以房养老就可以合理利用起来。在世的时候可依靠房子得到社会资助，一旦过世后，房子还可以返还社会继续供人使用，既不会造成资源浪费，又可以合理而有效的使用固定资产，使其变为流动资金，一举两得，何乐而不为呢？

**　**　　　　**　**　　　　　　　**　**　　　　**　**

我赞成这种养老模式，对于每个人来说，老了都希望有个依靠，要么有个可以依靠的人，即儿女们；要么有足够养老的钱，在行动不便的时候可以花钱雇个保姆照料生活，这样就可以安享晚年了。

231

以房养老是一种新生的养老模式，相对于养儿防老，保险系数更高一些。儿女生活条件好又孝顺的话，下半生倒是不用担心；但如子女连自己的日子都过不好，就算有孝心，也是心有余而力不足；还有一些子女，生活条件并不差，可就是不愿意赡养老人，兄弟姐妹之间你推我，我推你，老人就成了一个皮球，被踢来踢去，这种事情在农村可是很常见的。养儿防老这个观念，能否防老的重点落在"儿"字上，受这种观念的影响，更多的家庭都愿意生儿子。现在大部分家庭都是独生子女，为了实现这种想法，很多人不惜使用各种方法达到目的，这就使得中国的人口比率严重失调。据说现在中国的光棍已经达到了4000万人，除了采取计划生育政策外，及时调整人们的观念也是势在必行的。

**　　　　　**　　　　　**　　　　　**

其实想一想，这种模式还是挺好的，对不同的家庭有不同的作用。比如对没有子女或没有儿子的家庭来说，这是一个很不错的选择；对于有子女的家庭，可以让他们各自自立自强，因为孩子早早知道不可能再躺在父母的温床上享受了，必须自己去打拼自己的天下。事实上现代社会竞争如此激烈，子女有子女的难处，他们在外打拼，也很少有时间来照顾父母，只能偶尔逢年过节回家看看，以儿养老几乎成了空话。随着人们思想观念的变化，只要沟通得当，这种以房养老我想会被越来越多的人接受的。

**　　　　　**　　　　　**　　　　　**

我觉得这种模式不错，希望加以大力宣传，不管是对老人还是对孩子，这种意识的渗透都是有好处的。可以说是给我上了一堂课。长久以来，我们提倡"养儿防老"，是希望老有所养，老有所继，是中国几千年来的意识积淀。以房养老是对我们现行模式的强有力补充，为我国实行计划生育所带来矛盾的解决，提供了有效途径。

    **   **   **   **

赞成。老年人只要能有一套房子就能安享晚年。自给自足，不用依靠儿女，不是儿女的负担，中国的银行不知道能不能实行这种贷款，如果能，会给老人很大的方便。

    **   **   **   **

以房养老四个字，包含了中国老百姓最关注的两件大事：房子和养老。中国老百姓中有一种尴尬的现状，叫"房子富人、现金穷人"。意思是说，买房子是大多数中国人人生首要的奋斗目标。结果往往是，当一个人真正拥有一套住房时，多年积蓄也基本耗尽，成了空守房子的"穷人"。房子和现金成了一对不折不扣的冤家。不巧的是，两者却全是养老三要素的成员（另一要素为医疗）。这对冤家使人难以抉择，房子不得不住，买房的钱又不得不花，然而明天的生活又该怎么办？

    **   **   **   **

倒按揭使那些前半辈子给房子"当牛作马"的人，在后半辈子翻了身。在不影响居住的前提下，还可以用房子来"反哺"晚年生活。中国老百姓买房子的信心指数和生活安全感，无疑会随着倒按揭地到来增加许多。

    **   **   **   **

小谷(人寿保险公司职员)说："我个人是比较接受这种模式的。我读研究生的时候，老师就曾经在课堂上提到过它。我觉得挺好的，老了以后能够自食其力，减轻亲人的负担。这种方法在国外是比较普遍的，我想将来在国内也是可行的，对现

233

在的养老公积金的偏差也是一种有效修正。我认为目前 20 —
45 岁之间的中青年人应该都会慢慢转变观念,最终接受这种养
老模式。"

**　　　　**　　　　　　　**　　　　**

胡女士(教师)认为:房奴当了这么多年,每个月还债累死
人,生活质量下降了不少。如果在养老这种关键问题上,房子
能发挥作用,让我们的生活先苦后甜,也值了。

**　　　　**　　　　　　　**　　　　**

IP 无效(网友)说:"我有位香港朋友去美国养老,由于他
退休以后才去美国,用美国当地的说法是'对美国没有贡献',
因此他得不到美国公民的社会保险和医疗保险。他要享受美国
的福利待遇,因此他就把他的房子作了抵押。这是一个不错的
解决办法,当然并不适应社会各阶层。"

**　　　　**　　　　　　　**　　　　**

以房养老,我觉得对于我们这个年龄的人来说是件好事。
如果真有这样的事,我想大多数人都会以这种方式养老。"养
儿要防老"这句话我想在现今的社会已经不时兴了。我曾经去
过敬老院,那里居住的老人有很多各不相同的遭遇。

**　　　　**　　　　　　　**　　　　**

我非常赞同以房养老代替"以儿养老",这是一种发展趋
势,是社会进步的表现。仿佛更能够给人自由,青年一辈不会
被沉重的经济负担压得喘不过气来。我们都是 1 + 1 = 3 这种
家庭模式,最终导致的结果就是一对小夫妻面临至少是四位老
人,甚至更多,以儿养老是非常不现实的,而以房养老或其他
有效办法,一定会不断出现,并被我们这代人学习、接受和采
纳。以房养老是对传统以儿养老的改革,是社会发展和人们观

念更新的体现，是有利于政治经济的发展，社会的进步，是能使人们生活水平提高的大好事，我们应当大力推荐。

　　**　　　　　　**　　　　　　　　**　　　　　　**

　　以房养老的好处极大。从大处来讲，以房养老业务将有助于形成国民经济新的增长点，使民众敢于花钱消费，极大地促进房地产交易。即使是手中薄有家财、不敢消费的老年人也可放心大胆地购买住房，再用住房来养老，做到居住、养老两不误。从中处而言，这将是金融机构一系列金融产品的创新，金融机构反响积极也完全不奇怪。从小处而言，它将是目前方兴未艾的个人理财规划的一大创新，是个人拥有资源的最好运用的结果。它将住房也作为养老资源的一种，大大强固了养老的物质保障；它将家庭中拥有最大的一笔已凝结在住房财富上的价值，给予搞活流动了起来，为人们的生活造福。

　　**　　　　　　**　　　　　　　　**　　　　　　**

　　以房养老有个好处，就是它将使两代人的代际关系，从目前的这种"过度依赖"向各自的自立自强趋进。父母用自己的住房为自己养老时，子女不可能再躺在父母的遗产上过舒心日子，必须自己创业打天下。父母也必须意识到子女的辛苦，在未来"四二一"的家庭结构下，不要说在经济物质资助、生活起居照料上，子女不可能对自己有太多帮助，即使"常回家看看"也因为竞争激烈而往往成为奢侈品。

　　**　　　　　　**　　　　　　　　**　　　　　　**

　　如果这里只问"态度"的话，那当然是乐见其成的。我觉得这种观念真的很新鲜。我认为如果在国内可行的话应该会得到很多人的支持。但是，就像很多朋友说的，大家都很实际，首先考虑的是我们国家的现有发展水平。大家都知道，和美国

相比我们的国家实力确实与其相差很多。就算我们每年国民总产值及各方面都在飞速增长。但是，我们毕竟也只是"同等国家"发展水平中的翘楚。而美国呢？所以，在态度上我们都是很明确、很乐观的。但最终真的实施起来，还是有一定的局限性。

    **   **   **   ****

中国实施了二十多年的计划生育政策，大部分城市家庭都是独生子女，如果儿女们成家了，就得赡养四个老人，这对儿女们来说，一是没时间，二是没精力，三是没有好的经济基础。在社会保障体系尚不健全的条件下，储蓄成了现在主流的自我保障形式，这无疑不利于经济增长和扩大消费，以房养老可以使经济运行更加正常，因为购房本身可以拉动 GDP 增长；住房作为不动产风险很小，随着中国城市化进程的不断加快，城市对住房的需求量会不断增加，使得现有住房有不小的升值空间。以房养老一是可以减轻儿女们对经济压力；二是银行方面等于按揭从消费者手中取得期房，有一定和获利空间；三是不因资金的取得而使自己没有居住权。这种方式如能在国内正常推广，必将有很大的市场。

中国人很强调亲情，但不孝子女不养爹妈的事情也不少。老年人不要把自己的下半生都押在儿女身上，应该要做准备；从另一方面讲，以房养老也减轻了儿女的负担。

各种媒体均有介绍生儿一大帮、到老没人养的悲惨老人，以房养老也为这些可怜的老人老有所养开辟了新的途径！

我个人对以房养老是比较赞成的,中国人的孝道是很让人敬佩的一项美德,可是现代社会年轻人的压力会比较大,还有多方面的原因没有办法过多地顾及老年人。西方很多国家是不留过多的遗产给子女的,这样更能激发子女的创业热情;现在我国还有很多人为争夺遗产闹得不可开交。如果实行以房养老,老年人会比较轻松,过自己的日子就好了。我觉得是一个很好的观念。

　　**　　　　　　**　　　　　　　　　**　　　　　　　**

从儿女的角度来看,现在社会,很多都是三口之家。本人就是一个独生子女,很多人觉得很羡慕,但实际上,独生子女是烦恼最多的,一方面不但要在外面打拼;另一方面有两个老人需要我的照顾,如果以后成家了,就需要一个家庭要我照顾,所以负担要比那些多个兄弟姐妹的子女相对来说要重很多。从这一点来考虑,我也很赞成以房养老。如果父母没有这个能力,我也会尽能力为父母添置一个房子,以备以后万一自己有什么意外,好给父母一个保障。所以本人还是比较赞成以房养老的,但是也不排斥以儿养老,最好是两者能兼得,这样对老人来说,保障会更大一点。

　　**　　　　　　**　　　　　　　　　**　　　　　　　**

在我看来,无论选择何种模式,以房养老好处有三:首先是房尽其用,是个人理财规划的一大创新。把住房也作为一种养老资源,既强固了养老的物质保障,也让家庭最大一笔财富的价值流动起来。其次是可使两代人的代际关系从"过度依赖"向各自独立趋进。再次是,有助于形成国民经济新的增长点,即使是手中薄有家财,不敢消费的老年人也可放心大胆地购买住房,再用住房来养老,做到居住、养老两不误。由之促

进房地产交易。目前唯一期待的是金融机构的大胆探索和创新，在以房养老业务上迈出第一步。

  **   **   **   **

  父辈难以接受，年轻人乐意看到以房养老。我认为，我的父母一辈人是不能接受的，因为他们受传统思想的影响太大，难以接受新事物。但是对于我来说，是可以接受的，因为现在社会竞争越来越大，生存压力也越来越大，而且我们这一代的家庭到以后多为"四二一"的形式，到时两个年轻的夫妇要负担四个老人和一个小孩子，他们的压力可想而知。如果家庭成员个个身体健康，那倒还好办些，但是如果任何一个人有了大病或天灾人祸呢？所以能把房子变成现金来养老，能减轻子女的负担，也减轻自己的负担。

  **   **   **   **

  俺的态度是明确不过的，就是坚决支持以房养老，或者说，俺们这代人不要指望下一代为自己养老送终，换句话，儿子既要照顾自己家庭，还要顾及"俺们＋他们（岳父母）"这四个"老不死"的，压力太大了。说老实话，真的不忍心让唯一的孩子受这份洋罪，还是自己早些动手，为了今后，丰衣足食来得更加实际。

  我支持美国老太太以房养老的举动，这是人家西方的传统，享受生活在先，不用去忧虑月末还有没有钱去买几个鸡蛋充饥，呵呵，虽然，俺不赞同这个观点，但是，的确是享受快乐生活的好途径。

  **   **   **   **

  不过，说到底，俺们还是聪明过西人的，俺们筹划的东东，还多了个"连环式"以物抵押，连环享受贷款，供几套房产呢。

呵呵，虽然投机成分多了一些，国家也开始对房地产及配套按揭政策进行控制。但还是可以实现以房养老，为自己的将来多多考虑一下。

对于当代年轻人，他们的观念比起俺们这代人更加现实，更加会规划考虑。换句话，他们这代人，婚姻的条条框框变化多多，形式也多种多样，丁克式多多，婚姻的不确定性也多多，为自己考虑的东西自然多多，这种能力比俺们人到中年的一代人要强得多呢！

    **   **   **   **

是否采取以房养老模式，这要看老人自己喜欢怎样的生活方式，应该由他们自己决定。作为儿女有义务赡养老人，老人愿意与自己住在一起，愿意守在家里的，可以选择以儿养老，如果老人喜欢走动的，选择以房养老又有何不可呢？

很多人会说，让老人自己以房养老是不孝，缺乏了国人的传统美德，是中国传统道德所不容许的。但是，有没有想过，很多人虽然是以儿养老了，但子女白白将老人的房子据为己有，还不很好地养育好父母，那还不如以房养老好呢！中国有多少子女在得了老人的房产之后，会让父母高高兴兴地到处旅游呢？事实上，很多老人不但将房子给了子女，还在家里给子女们累死累活地做着事情。这种以儿养老又有什么真正养老的实质意义呢？

是否采取以房养老模式，这要看老人自己喜欢怎样的生活

    **   **   **   **

按我的想法，如果在中国这种模式能可行的话，我是非常愿意以这种方式来养老的。同时，我早就鼓励父母将自己动迁时分到的房子卖了，有了钱就出去玩玩，开开眼界。一辈子辛辛苦苦，也该享受享受了。

我认为以什么形式不重要，重要的是先以老人意愿为主，让他们过得称心，才是让老人们养好老的关键。

** ** ** **

以房养老是未来发展大趋势，应该提倡。现在很多家庭都是独生子女，一个家庭通常要赡养双方四个老人，压力非常大，纠纷也时常产生。随着家庭结构的变化和消费水平的提高，养儿防老的难度已越来越大。房产可能是很多老人最大的一笔财产，他们习惯于将财产留给子女。当这笔财产交给子女却得不到他们的照顾时，老人的生活就将面临很大的风险。利用倒按揭从相关机构每月领取一定数额的生活费，来改善自己的生活，这样更加稳定，也会减轻子女的负担。

** ** ** **

我觉得以房养老的确是一种可行的养老方式，它可以解决一部分老人的养老问题。这种方式的出现是社会发展的一种趋势，它增加了一种养老方式的选择，对从前的以儿养老是一种补充。尤其对于一些孤寡老人或儿女不尽赡养义务的老人，是一种很好的模式。对特定人群来说有其独特的优势。但目前这种模式还不太完善，实行起来可能存在一些细节上操作的困难，应该在实践中不断完善，使它的程序更便捷，金额发放更合理、准确。让所有的老人们都能有适合自己的选择，让每个人都能度过幸福的晚年。这种以房养老模式的出现是一种社会进步的表现，应该不断加以完善。

** ** ** **

现在，人的负担本身就很重，提高自己的生活质量都需要付出很大的代价，如果还要完全负担老年人的生活，那更是难上加难。这不是批评年轻人不愿意照顾自己的父母，而是从现实生活考虑，生活压力的确是太大了，如果能用以房养老的方式，年轻人就会生活的轻松一些，不用为自己没有照顾好父母感到内疚，所以年轻人大部分应该会赞成这种养老方式。

  **   **   **   **

对于老年人来说，看到自己的孩子那么辛苦的养家，心里也一定不好受，如果不依靠孩子就能生活得很好，那他们一定比自己的子女还要开心。而且也不用担心要看子女的脸色过活，最重要的是这样可以很好地支配自己的晚年生活，不用担心要靠别人，这样对他们也是最好的选择。

因此，不管从哪个角度分析，以房养老都是个皆大欢喜的好方式。

  **   **   **   **

尽管说以房养老在中国还让很多的老年人无法接受，但却是个不错的建议，这并不是说我们做子女的就可以不管不顾生我们养我们的父母了，而是让他们有更多的时间和精力，更自由的经济来选择他们喜欢的生活方式，现在的人，每天总是忙、忙、忙，好像总是没完没了的，尽管有对父母照顾赡养的心，有时候也是心有余而力不足，没办法的事情，于是让父母的寄托不再全部是儿女，也可以像那位外国老太太一样出去旅游，去认识新的朋友，去拜访他们的老朋友，过他们想过的生活，这也是很理想的。总的来说，中国人毕竟是中国人，传统中还是很希望过那种儿孙绕膝，其乐融融的生活。我们做子女的，应该尽可能给他们这种亲人的关怀和经济上的照顾，这就是比较符合我们国情的养老方式了。

  **   **   **   **

中华民族的传统思想有时候真的很"害"人，禁锢了人们

241

的思想，好多人做人只是为了别人，为了不让别人说闲话，不让别人看不起，但是真正的快乐在哪里呢？幸福又是什么呢？只有解放思想才能解放生活，才能达到幸福快乐的目的。快乐是自己找自己争取的，不是靠别人给你的。放眼未来，我相信，随着我们国家的日益富强，社会保障体制的日益完善，新时代成长起来的一代青年，必将会比我们的父辈更独立，更自强，更有创造力。我支持以房养老。

　　＊＊　　　　　　＊＊　　　　　　＊＊　　　　　　＊＊

　　以房养老可先用未来钱。我认为以房养老是非常可取的，毕竟到自己年老的时候，子女也有了自己的一套房，用不着为子女再留下什么，当然，如果有的话更好，如果经济情况一般，我建议还是以房养老的好，这样经济不用子女负担，也不用过分依赖子女，而且有这样稳定的物质保障，生活会过得更好些。换句话说，即使自己见了上帝之后，子女一般也是将这多出的一套房出租或是卖出，既然这样，何不先用"未来钱"呢？

　　＊＊　　　　　　＊＊　　　　　　＊＊　　　　　　＊＊

　　钱财都买房了，养老怎么办？以房养老让年轻人吃苦，老年人潇洒。年轻人吃苦是应该的，不算苦。相反一点苦都不能吃，那是很不利于将来的事业发展的。老年人吃苦才叫做真苦。"以房养老"可以使年轻人艰苦创业打天下，又使老人们过得更自在、更潇洒。

　　＊＊　　　　　　＊＊　　　　　　＊＊　　　　　　＊＊

　　我非常赞同"以房养老"，这是一种发展趋势，是社会进步的表现。支持的方法就是从我做起，从现在做起，认认真真做好这种养老防老的打算，不要指望也不可能指望孩子来给老龄化社会中的我们这代人来养老。孩子们开始创业立世的时候，我们这代人就开始超出50岁；孩子们的事业开始有成，成家立业，有了自己孩子的时候，我们已经步入60岁之上。这个时候，孩子要供养自己的孩子、养房子养车，还有夫妻双方的四位老人，爷爷奶奶、外公外婆四位老人。不用多说，就可以感受到孩子的压力。与其等待孩子来给自己以儿养老，还不如我和老公现在就为自己的将来筹划一番，我想应该不算晚，还是有时间可以安排的。自己操心好自己就行了，也为孩子们减轻一点负担，使得他们不必一辈子为沉重的经济负担压得喘不过气来。

　　**　　　　　**　　　　　　　**　　　　　　**

　　现在很多家庭都是独生子女，一个家庭通常要赡养双方四个老人，压力非常大，纠纷也时常产生。随着家庭结构的变化和消费水平的提高，养儿防老的难度已越来越大。房产可能是很多老人最大的一笔财产，他们习惯于将财产留给子女。当这笔财产交给子女却得不到他们的照顾时，那么老人的生活将面临很大的风险。利用这种方式从相关机构每月领取一定数额的生活费，来改善自己的生活，这样更加稳定，也会减轻子女的负担。

　　为此，我赞同"以房养老"。

　　**　　　　　**　　　　　　　**　　　　　　**

　　以房养老要老人自己能够看得开一些。我觉得很好，很合理，这要看老人是否能看得开。很多老人都想在自己离开后能给子女留下些什么。我们在电视上可能经常会看到不孝顺的子女骗父母的财产，得手后甩手抛弃老人的情况，为争夺老人的财产不顾父母的大有人在，父母受媳妇气的也不占少数。如果老人想想，子女不能养自己，为什么自己不能看开点，用这种

方式安静地过完余生，尤其是一些没有退休金的老人，老了以后没有收入，子女因为生活本身困难或者不孝顺而不能养他们。以房养老的人有自己的空间，有个人的自主权，也有与儿女相聚的快乐，用这种方式每个月自己都有固定的收入，而不用犯愁生活的吃住问题，何乐而不为？

我个人很倾向于这种看法，人为什么要把自己的命运寄托在别人的身上，即使是自己的儿子，也会有众多的矛盾与摩擦，两代人的代沟是不可避免的。

**　　　　**　　　　　　**　　　　**

我想是否以房养老要看老人的生活态度而定。老人自己喜欢怎样的生活方式，应该由他们自己决定。作为子女有义务赡养老人，老人愿意与子女住在一起，愿意守在家里的，可以选择以儿养老，如果老人喜欢走动的，选择以房养老又有何不可呢？

也许很多人会说，让老人自己以房养老是不孝，缺乏了中国人的传统美德，是中国传统道德所不容许的，但是有没有想过，很多人虽然是以儿养老了，但子女将老人的房子据为己有，那还不如以房养老好呢！中国有多少子女在得了老人的房产之后，让自己的父母高高兴兴地到处旅游呢？事实上，很多老人不但将房子给了子女，还在家里给子女们累死累活地做着事情。这种以儿养老又有什么真正的养老的实质意义呢？

按我的想法，如果在中国这种模式能可行的话，我是非常愿意以这种方式来养老的。同时，我早就鼓励我父母将自己的动迁时分到的房子卖了，有了钱就出去玩玩，开开眼界。一辈子辛辛苦苦，也该享受享受了。

我认为以什么形式不重要，重要的是先以老人意愿为主，让他们过得称心，才是让老人们养好老的关键。

    ＊＊   ＊＊   ＊＊   ＊＊

我是非常赞成以房养老模式的，但并不认为这一模式是唯一的、排他的。现代养老模式肯定不是传统的养儿防老，但在现代社会条件下，随着金融创新业务的日新月异，可以选择的模式其实很多，关键是老年人要不断提高自己的经济能力，能力越高选择越多。

    ＊＊   ＊＊   ＊＊   ＊＊

陆先生(国有商业银行职员)认为，我觉得这个想法不错，虽然实施有难度，不过先在部分试点城市搞，应该不会有什么大碍吧。每个城市经济生活水平和社会观念可能不尽相同，我觉得在上海、北京、广州这些大城市试行，可能大众的接受度会更高。以房养老真正实施起来，对国家资产也是一种盘活，而且能在很大程度上解决养老的问题。至于"房产留给后代"，这些观念虽然历行数千年，但是以后不排除会逐步退出。想想看，十年前大多数国人还很难接受贷款买房呢，现在已经很少有人买房不贷款的。

    ＊＊   ＊＊   ＊＊   ＊＊

中国目前实施的独生子女政策,将来的人口结构是倒金字塔形的，在未来的20年左右，中国住房很有可能会出现过剩的情况。因为现在一个普通家庭通常都有三套或更多住房(四个老人二套住房，一对年轻人一套住房)，如果老人去世了，一个家庭就多出2套住房，而"四二一"家庭结构的，自己最多用二套房。请问多出来的房子怎么办？租给谁？卖给谁？还不如抵押给银行来得方便。

（三）有保留意见者

我觉得，在我国经济达到一定发展水平后，引进发达国家的以房养老，才具备必要的条件，这一模式在那个时候才能真正得到推广普及。

以房养老模式的流行，取决于我国商业银行风险控制能力的进一步提高。因为很难想象，一个对贷款风险都无法有效控制的商业银行，能够在复杂的金融创新业务中控制风险。我个人觉得，银行或其他金融机构开展面向老人的以房养老创新业务时，首先要提高风险精算能力，即要准确地测算老人的平均年龄和死亡率，要准确地建立老人体检结果与预期寿命的函数关系模型，否则很可能把本来是很好的事情变成又一个新的金融风险；其次，必须要准确地确定老人房产的实际继承人，并要老人遗产继承人签署同意函，否则将可能出现严重的法律纠纷，而且我国的现行法律对产权的保护非常薄弱，有可能在维护社会稳定等似是而非的借口下，法院会无理剥夺银行作为房产权益人的合法利益。对于这一点，目前我国商业银行显然还不普遍具有开展以房养老业务创新的条件。

**　　　　**　　　　**　　　　**

广东省政协委员、工行广东省分行行长黄明祥认为，住房反向抵押贷款作为一种养老方式，在一些西方发达国家比较流行，是因为这些国家的外部环境、法律条件等都比较完善，房屋产权也较为清晰。但就中国目前来说，法律、市场、产权等都不够完善。此外还关系到一个金融准入的问题，因为它毕竟还存在一定风险。住房按揭是一个民生问题，目前还主要采用本人即第一还款人的方式，就中国的国情来说，如果推出这样一项政策，可能会出现有人利用政策来套利的情况。

　　**　　　　**　　　　　　　　**　　　　**

　　上海市人大代表周人明是四川北路街道党工委书记，长期在社区一线工作。他说，目前能接受以房养老的可能只有极少部分家庭，主要是观念问题。因为中国人习惯将财产留给子女，对绝大多数上海老人来说，房产是他们最大的一笔财产。在一些多子女家庭，老人会把房产留给愿意照顾他们的小辈。而且许多老人已退休多年，对于靠一份养老金维持生活并无不满。如果将住房抵押，子女很可能就不肯照顾他们了，很多老人不愿放弃亲情和关爱来换取现金。

　　不过，对于无子女的，或子女较为富裕、开通的，以及子女在国外的空巢老人来说，这种养老方式还是比较合适的。此外，不少50多岁的中年人对"倒按揭"很感兴趣。因为和在职时相比，他们退休后的收入将明显降低，加上他们多为独生子女家庭，经济压力要小得多，不一定要将房产留给孩子。有关部门可以根据我国国情，逐步尝试。

　　**　　　　**　　　　　　　　**　　　　**

　　在农村，这种以房养老模式是不能流行起来的。养儿防老的观念已经深入人心。另外，房子是一生的积累，这幢房子有一家大小太多的记忆，是辛苦的见证，勤奋的见证，老人舍不得将房子投资掉，他们不会像国外老太太那样时尚地旅游，而更愿意在乡下清清静静地过日子，在思念儿女的时候可以听听他们的声音，翻翻相片，而且我觉得乡下一幢房子的价格也可能不够去国外旅游，更重要的是，老人们可能没这个心情。

　　**　　　　**　　　　　　　　**　　　　**

247

除非迫不得已，否则绝不考虑以房养老。银行等金融机构的算盘比我们老百姓精多了，它们付给我们的每月倒按揭费用，可能还比不上把房子用来出租的月租金呢。而且金融机构往往会设立很多霸王条款，履约中途如果出现变故，这中间的损失肯定还得我们来承担。反正跟机构打交道，就容易被动，所以还是中国式以房养老好，毕竟通过以租养老的方式，房主更能掌握自动性。

　　　**　　　　　　**　　　　　　　　**　　　　　**

以房养老模式的推行，客观上对老人与其子女的关系产生影响。也就是说，其子女将在这一模式下放弃部分继承权益，同时获得减少部分赡养义务的自由。对于传统上非常重视"家族"、"孝顺"、"亲情"等儒家传统的中国而言，要广泛接受带有典型契约社会特征的以房养老，还需要观念的转变过程、社会舆论的鼓励和支持等配套。

　　　**　　　　　　**　　　　　　　　**　　　　　**

我不赞成用以房养老代替以儿养老。以房养老不合中国传统，中国的以儿养老更具有人情味。以房养老不利于人们亲情关系的发展。毕竟房子只是一幢房产，它是没有感情的，最多只能用来获取一定的金钱来请人养老，但这不可能代替老人和子女之间的亲情和血脉关系，也不会像子女那样更好地照顾老人。

我认为，养儿防老更现实一些，当你老了以后，你的衣食住行都要人老照顾的时候，自己的儿女来照顾自己会更体贴、更亲切一些。老人最怕孤单，有儿女在身边就更踏实一些。另外，养儿防老无后顾之忧，不会担心透支。反之，以房养老你就会靠外人来照顾自己的衣食住行，这样我感到很凄凉，假如自己活的岁数大一些,你不会担心会透支你的以房养老的那部分财产价值吗? 所以我还是赞成养儿防老!

    **   **   **   **

从目前的情况看,以房养老在城市特别是大中城市已经得到了部分人群的认可,但广大农村和小城镇占主导地位的,仍然是传统的"养儿防老"。鉴于中国计划生育政策涵盖城市和农村,而农村人口占中国总人口的大部分比例,且社会保障体系尚未普遍建立,其实是最需要探讨提高老人经济能力,减轻子女赡养义务的区域。如何将以房养老模式推广到农村并被广泛接受,仍是需要解决的课题。只有这一模式被城乡多数人群所接受,才能发挥重大社会意义。

    **   **   **   **

我国城乡房产价格的巨大差异,在很大程度上限制了以房养老模式的全面推广。虽然,农村、小城镇的生活指数远低于大中城市,但生活指数的差异远远小于房产作为"高价值商品"在城乡间的价格差异。在目前状态下,不排除农村房产抵押所获不足以养老的窘境,这个问题的解决绝不能依靠行政命令或财政补贴解决,只有通过逐步缩小城乡差距,在社会发展中逐步解决。

    **   **   **   **

一味的说以房养老和以儿养老哪一种更好,我想这是不正确的! 这两种方法都各有优点,养儿防老是中国几千年来传统的养老方法,并不会因为少部分人对老人的不好,而去反对这种养老方法,至于以房养老,我只能说它给我们的养老方式增多了一种选择。每个人和家庭都是不同的、有差异的,这就决定了不可能有能够放之四海而皆准的养老方法,但是总的原则

249

还是有的，怎么样让老年人晚年过得更好，这就是我们应该遵循的原则！

　　**　　　　　　**　　　　　　　　**　　　　　　**

以房养老是个好理念，以儿养老也不能丢，中西结合，取其精华，去其糟粕。新理念要适用我国的现有民俗才行，不要一味跟风。以房养老是对不孝儿女的一种打击，也是对老年人利益的一种保护。以儿养老是我国的优良传统，是家庭和睦的一个重要关键。父母养小，儿女养老。

　　**　　　　　　**　　　　　　　　**　　　　　　**

至于完全用以房养老代替以儿养老，这种一刀切的提法也不正确，它违背了中国人尊老爱幼，赡养老人的伦理道德，子女尽最大的能力赡养老人是必须的，在子女力所不能及的时候，以房养老可以作为一种辅助养老的办法。当然，国家还可以出台更多利民的养老方法和政策，来扶助老人的养老问题。

　　**　　　　　　**　　　　　　　　**　　　　　　**

虽然说以房养老是一种新的时尚的消费观念。但是我还是比较赞成以儿养老的观念。我觉得既然父母把你生下来了，他们给了你最初的生命，之所以你能活着，有自己的生活，有自己的天空，全是因为父母长辈。他们给了我们生活的保障，而我们是他们的亲人。亲人就是最亲的人。那他们老了以后，最理所应当的就是保障他们的生活。那时候他们已经没有什么自我保障和再去赚钱的能力了。就算是还有能力，他们为我们操劳了大半辈子，我们也应该让他们好好歇歇了，把他们对我们的养育之恩好好地报答一下。这是我们做子女应尽的责任，也是我们对亲情的肯定。

　　**　　　　　　**　　　　　　　　**　　　　　　**

虽然我喜欢传统模式的以儿养老，但是不可否认，这种以房养老模式也是一种很好的想法和发展趋势。有的老人可能没有子女，而且现代社会越来越多的夫妻不要孩子，这种想法可以说就是很好的。再就是事业很成功、子女能力很强、生活可以很独立的这种老人。子女虽然说应该为父母养老，但对这种老人来说，没有什么事情需要子女操心，也不需要再去操心子女的什么情况。在这种情况下，老人就可以用以房养老的方式来过属于他们自己的生活，可以到处的旅游，这也不失为一种好的生活方式。

所以我保持中立态度。

    **   **   **   **

无论国外的经验和做法如何先进，在引进时都要充分考虑到国情民俗的实际状况。我觉得以房养老虽然在美国行得通，但不合适中国国情。首先是观念问题：有多少老人会开明地将自己的房产抵押出去？其次是经济问题：在大多数人还未真正富裕的境况下，房产没有了，下一代将住在哪里？第三是地区差别：在经济发达地区和相对落后地区的现实条件完全不一样的情况下，标准如何确定？第四是风险问题：房价、产权都不是一成不变，在一个相对长期的时间里，金融机构是否愿意承担这样的风险？第五是政策法规问题：以房养老牵涉到房地产业、金融业、社会保障，以及诸多相关政府部门，怎样协调统一？最后是方式问题：生搬硬套显然是行不通的，那么如何让这样一条养老资金的新式渠道，具有中国特色呢？

    **   **   **   **

在以后的20年左右，中国住房会出现过剩的情况，现在一个普通家庭有三套或更多住房（四个老人两套住房，一对年

轻人一套住房），如果老人去世一个家庭就多出两套住房，而"四二一"家庭结构自己最多用两套房，请问多出的房子怎么办？谁会积极去买旧房子？银行也不是傻子，为什么一定给你的房子贷款，即便给你钱又能给多少。最终受害的总是老百姓……

  **   **   **   **

我觉得中国很难实行这个模式，因为现在中国很多穷人没有钱买房子。以儿养老虽说在中国已有很多人不大指望了，但我觉得投保还可以，养老保险是最可靠的。

  **   **   **   **

现在这个年代，父母含辛茹苦培育下一代，没有几个是真正希望年老时靠儿女养活自己，主要是年纪越大越是需要那份亲情、关怀和体贴。无论是以房养老还是别的，都替代不了以儿养老。

  **   **   **   **

我觉得在现在的中国，以房养老还不是很现实，首先中国老人没有外国老人那么潇洒，他们一辈子为的都是儿女，即使是购买的这些房子，都是预备在自己过世后留给儿孙后辈的。而且中国人历来注重亲情，要是哪个儿子或女儿对父母不孝敬，是会受到社会道德的谴责和承担相关的法律责任的。我爸爸常常对我说，你们的压力也挺大的，我们现在还能做就不指望着你们给我们多少钱了，我们自己能够照顾自己，他们想的仍然是如何的为儿女做出更多的贡献，有这样的父辈，是我们的福气，请问我们有什么理由不孝敬父母，不为他们防老呢？中国的父母在骨子里仍然是有以儿养老想法的。

  **   **   **   **

我不是很赞成，我认为至少在中国还是行不通。就经济而言中国和美国根本就不是一个档次。在国外，就算是一般普通的家庭生活条件，也是有车有房有花园，这在中国手头有点钱的人家里来说也算是奢侈的。外国人根本就不需要为自己的温饱问题担心，国家会养着。外国老人为丰富自己的晚年生活，多搞点钱花也无可厚非。但中国有许多人连温饱都保证不了，别说有房子了。所以他们必须养儿防老，而且要多生点儿子，是儿子不是女儿，这也是中国遗留下来的封建思想。

**   **   **   **

现在谈有房子的人，如果父母为了子女，想让子女不要那么辛苦，又要养孩子，还要养自己，于是乎就以房养老，试想等自己过世了，子女们的房子就没了，那子女们住什么，那不还是得花大笔钱来买房子。开句玩笑话，可能到时买的还是父母那套房子，养父母也许要花个 10 多万元，但是买房子可能要 20 多万，现在的房价涨得跟什么样的。所以，我认为以房养老在国外确实行得通，但在中国我不赞同，至少我不会这样做。

**   **   **   **

我个人认为以房养老可能会减轻子女的负担，现在都是独生子女，一对夫妻要负担四位或四位以上的老人，负担会很重，在年轻人中持支持态度的占大多数。但对中国的老人来说，还是喜欢养儿防老，年纪大了，体弱多病，光有钱是不够的，还需要亲人的照顾，并且中国的国情，有钱的老人还是少数的，像农村的老人，一生辛苦就挣了间瓦房，抵押的钱能够他用到老死吗？如果出现了大病，会有钱医治吗？我觉得中国要实行这种以房养老的养老模式，必须是福利跟得上才能行得

通。

  **   **   **   **

  以房养老是一种很新颖的观念,只是恐怕我们暂时难以接受,需要一个过程。中美两国的文化有很大差异,美国人崇尚独立,孩子成人后自谋生路,很少再依赖家人;而我们更注重亲情,赡养父母是我们中华民族的优良传统,哪个子女若不赡养自己的父母,将被骂作不肖子孙,受到世人谴责。同样,哪个父母若不抚养自己的子女,也会被骂作"没良心"。其实养儿也不一定养老,但在我们的亲情纽带中,这是必不可少的一环。假如哪位老人想以房养老,可能被我们认为他的子女不管他,或者断绝子女关系了,他没有办法而为之,这是让我们无法理解的。另一方面,"可怜天下父母心",哪个父母死后都想留一点东西给自己的子女,房子可能是很多家庭唯一的财产,不留给子女,还能留给谁呢?如果以房养老可能会被别人骂,死了都没人管。这只是两种文化、思想观念的不同,我们还是需要一个接受过程的。

  **   **   **   **

  不完全赞同也不完全反对,如果在没有儿女的情况下以房养老是不错的方式,可以解决部分老人不能养老的问题,这对国家的发展应该有促进作用,但这种以房养老的老人们花费大量的金钱,肆无忌惮的开支也不是允许的,应该有量的控制。

  **   **   **   **

  住房倒按揭贷款险种的推行应当慎重,否则有越俎代庖之嫌。保险制度建立的目的,主要是对特定的危险事故所造成的损失进行分散和补偿,以稳定社会生产和生活秩序。在保险关系中,被保险人以固定、微小的保险费支出,换取遭受保险事故时的补偿；而保险人则将分散的保险费集中起来积累成巨大的保险基金，保证事故发生后及时补偿。正所谓"无危险则无保险"、"千家保一家"。

反观老人住房倒按揭贷款这一寿险品种，却有些偏离了保险活动的基本运行规律及方式，实际上是将保险与房产抵押乃至转让等经营性活动捆绑在一起。这不可避免地带上商业交易化的投机色彩。由于其经营方式不像普通保险中"交保费、领保金"那么简单，容易引起老人与其子女之间关于赡养、遗产继承等方面的争议。

　　**　　　　　　**　　　　　　**　　　　　　**

陈先生(股份制银行部门经理)指出，据说外地已经有银行在研究相关的理财产品，但是我觉得其中还有很多操作细节有待商榷。首先是怎么确定房产抵押的利率，像最近两年，国内的金融存贷利率几乎每半年调整一次；其次是房产品每年的价格也在波动，几年之间房价可能完全两样，期间的意外损失较难预计估算；再次是银行的经营范围是否存在越界？虽然现在很多银行也有少量房产拍卖，但这毕竟跟以房养老所形成的大规模房源量不可同日而语，老人去世后，这些房产如何处理？国内的房子，说到底只是拥有70年产权。总之，这是个专业化程度很高的工作，即使这项政策得以推行，我个人认为也很难成为银行的主流业务。

　　**　　　　　　**　　　　　　**　　　　　　**

冯女士(公务员)说："我觉得还是中国式以房养老更有保障性，更符合国人对房子的终极追求。舶来品的做法就目前来看，还存在很多不适合中国国情的地方。一想到自己辛辛苦苦攒钱买房，每月从牙缝里省出银子交按揭，不就为了那本产权

证吗？如果到头来又把房子抵押出去，那不是终点又回到了起点，白忙乎一场吗？"

**　　　　**　　　　　　**　　　　**

伟大的德国哲学家黑格尔讲到了"存在的即为合理的"。一个事物能够存在，尤其是像遗产继承，养儿防老这样的传统观念，在已经存在了数千年的状况下，更有其合理之处。虽然倒按揭在美国十分流行，而且从这个制度本身而言是非常好的，但从中国人的观念来看，能否被接受确实存在问题。不过，观念是需要改变的，市场是需要培养的。或许若干年后，倒按揭的模式会逐渐被接受的。

**　　　　**　　　　　　**　　　　**

赡养老人是子女应尽的责任。我们的社会好像还没有到大家都"遗弃老人"的程度。大多数老人都希望有一个温馨的家，如果老人不顾亲情，独自办理以房养老，就会给人造成"子女不孝"的感觉，也无端地让子女承受不必要的舆论压力。事实上，目前能接受以房养老的只是极少部分家庭，只有当一些老人将这笔财产交给子女却又得不到子女的照顾，老人的生活面临很大风险时，才会出此下策，谁愿放弃亲情和关爱来换取现金？当然，对于无子女或子女家境较为富裕的，以及子女在国外的空巢老人，那又自当别论。

（四）坚决反对者

以房养老应该是社会的一种倒退，也是人性恶劣的一面。现在的社会充斥着各种利益，"不养老人"的现象大量存在。对于以房养老代替"以儿养老"，也是一种无奈的选择，我的态度是支持。

　　**　　　　　　　**　　　　　　　　**　　　　　　　　**

以房养老，是房产商与建设部的一个阴谋，他们想为已经处境困难的开发商接续资金链，并进而推高房价，用心何其毒也。现在的一些人啊，天天就是拍脑袋想问题。能有人彻底查清提这个议案的人的底细吗？让我们看清这些人的丑恶嘴脸！

　　**　　　　　　　**　　　　　　　　**　　　　　　　　**

我觉得以房养老不适合我国国情，首先我们必须从国家目前的经济状况来看，贫富差距较大，有人还没有解决温饱问题，我国的房价却不断上涨，对老百姓来说一套房子就得花去他们一生的精力，而工薪阶级用二三十年的时间还贷款来买房子，你觉得他们有可能把自己辛辛苦苦得来的房子抵押给银行吗？我觉得是不可能的，还是以儿养老比较实际一点。

　　**　　　　　　　**　　　　　　　　**　　　　　　　　**

我对以房养老持反对态度，我认为养老并不仅仅是指经济上的供给支持，而在很大程度上是指在亲情上的关怀！一个人特别是老年人，在他感情最脆弱的时候是很需要别人的关怀的，人到老年，肯定感觉做所有事情都力不从心，往往会认为自己不行了、没用了，产生一些低落情绪。在这个时候唯有亲人守护在旁，呵护开导才能令他走出困境。以房养老虽然能在经济上让老年人在生活上没有后顾之忧，然而却并不如膝下儿孙成群、老有儿所养！

　　**　　　　　　　**　　　　　　　　**　　　　　　　　**

说以房养老在中国流行，是不是有点夸大其词、危言耸听了？我想无论是国内还是国外，那种血缘关系是任何东西永远

也代替不了的。"养儿防老"是小农时代的产物，人们一旦老了，就不能劳动了，没有了收入，现在我国的许多农村还是如此，就需要子女来赡养。但随着人们生活水平的提高，老有所养问题解决了，"养儿防老"的意义就有了变化，这更应当是个道德的约束。

**　　　　**　　　　**　　　　**

以房养老的本质意义和花钱雇人照看老人，没有什么不同！对于没有后人的老人当然是个好办法。这样的事一点也不新鲜，在农村若是没有后人的所谓绝户，就是由其亲朋好友来照顾，最后房屋财产也归这个人所有。但说一千道一万，这都是不得已而为之，我想没有一个老人愿意让别人来管，哪怕是这人照顾得再好！

**　　　　**　　　　**　　　　**

坚决反对，这从侧面反映出了现在人性的淡漠、亲情的淡漠。让老人以房养老是子女的不孝。虽然在中国这种现象还不多，可能美国人很容易接受这种现象，也可以轻松地面对这种现象；但是这是在中国，这里有中国的国情，中国的国情就是"百行孝为先"。

**　　　　**　　　　**　　　　**

这玩笑开得够大的呀。买得起房的人，不愁养老问题。如果养老都有问题了，哪有钱买房。这种有矛盾的问题也有人提出来。提出此建议的人一定是哪个房屋开发商的家属。天啦！下岗工人同志们今后的日子怎么过呀？

**　　　　**　　　　**　　　　**

我们家就一个孩子，我会把房子留给孩子的。我觉得我们老两口吃点苦不要紧，但是一定要给孩子创造一个良好的生活环境，否则在现在的高房价下，年轻人不安居很难乐业。再说了，如果真把房子抵押了，左邻右舍传出去，肯定会拿孩子说事，比如不孝顺之类的，名声也不好啊。

＊＊　　　　＊＊　　　　＊＊　　　　＊＊

我比较难接受这种方式，我觉得除非老人保障太差，才会想到把房子抵押到银行，如果这样的话，做晚辈的也太不尽责了。我们这一代基本上都是独生子女，我们当然更应该赡养父母，跟他们一起住，否则他们老来会很寂寞的。

＊＊　　　　＊＊　　　　＊＊　　　　＊＊

"倒按揭"将直接对当事人即老年人的观念挑战。中国传统的消费观念就与国外不同。"发肤受之父母，家财遗之儿女"，中国传统的观念就是父母总要为儿女留下一定的财产，而其中很重要的一部分就是不动产。中国的老人宁可自己苦一点，也不愿儿女受苦，因此财产是一定要留下的。我们常听到的"中国、美国两位老妇人买房的故事"以及信用卡的使用方面都是中西方消费观念差别的事例。老人的财产支配观念，也影响到老人对"倒按揭"的接受程度。

＊＊　　　　＊＊　　　　＊＊　　　　＊＊

"倒按揭"还将受到老人晚辈的观念挑战。赡养老人是中华传统美德，同时也是法律规定的义务。遗弃、虐待甚至都是刑事犯罪。父母含辛茹苦地把儿女拉扯大，到老生活困难的话，子女难道会撇之不顾，非要让老父母把房子抵押？于法于理，都不相容。

而且，周围的朋友、邻居又会如何看待这样的子女？中国人对于别人怎么看自己是非常看重的。"不孝"的骂名并非所有人都愿意承担的。

　　子女也有继承遗产的愿望。不管子女是孝与不孝，继承遗产的想法恐怕人人都有。虽然从法律上来说，只要老人健在，就没有继承权，也没有资格谈继承。但继承的观念毕竟已流传了数千年，在老人和子女的心里都是根深蒂固的。

责任编辑:洪　琼

图书在版编目(CIP)数据

以房养老漫谈/柴效武 著. -北京:人民出版社,2009.5
ISBN 978 - 7 - 01 - 007778 - 9

Ⅰ. 以…　Ⅱ. 柴…　Ⅲ. 住宅-抵押-信贷管理-中国　Ⅳ. F832.45

中国版本图书馆 CIP 数据核字(2009)第 031084 号

以房养老漫谈
YIFANG YANGLAO MANTAN

柴效武　著

人民出版社 出版发行
(100706　北京朝阳门内大街166号)

北京龙之冉印务有限公司印刷　新华书店经销

2009 年 5 月第 1 版　2009 年 5 月北京第 1 次印刷
开本:710 毫米×1000 毫米 1/16　印张:17
字数:250 千字

ISBN 978 - 7 - 01 - 007778 - 9　定价:39.00 元

邮购地址 100706　北京朝阳门内大街 166 号
人民东方图书销售中心　电话 (010)65250042　65289539